Gabriele Vocke

NEUER GROSSER ZIMMERPFLANZEN RATGEBER

Die 250 schönsten Zimmerpflanzen von A-Z. Mit Gärtnertipps und Pflegeanleitungen

Sonderausgabe

2003 Trautwein Garten-Edition
Genehmigte Sonderausgabe

Chefredaktion: Ilse Hell
Redaktion: Sabine Hoogen
Produktion: Wolfram Friedrich
Umschlaggestaltung: Anke Steinbicker
Symbole: Ulla Häusler
ISBN 3-8174-5280-2
5152804

Mehr Infos im Internet unter www.compactverlag.de

Ein grünes Zuhause

Immer mehr Menschen verwandeln ihre Wohnung in eine blühende Oase und schaffen sich ein grünes Zuhause. Gärtnereien bieten dazu eine Vielzahl an blühenden oder nicht blühenden Gewächsen an - für jeden Geschmack ist etwas dabei.
Damit Ihnen die Auswahl, die nicht nur für botanische »Anfänger« schwierig ist, leichter fällt, stellt dieses Buch die 250 schönsten Zimmerpflanzen in einzelnen Porträts von A–Z auf einen Blick vor. Dabei ist auch dem Trend, sich immer mehr Pflanzen von »draußen« nach »drinnen« zu holen, mit der Vorstellung von solchen neuen Zimmerpflanzen entsprochen worden. Dennoch können 250 Pflanzenportraits nur eine Auswahl aus der Gesamtzahl aller Pflanzen präsentieren; deren vollständige Auflistung ist auch nicht das Anliegen des vorliegenden Buchs. Dafür werden als kleines „Extra" aber auch einige seltene Gewächse vorgestellt, die Ihrer Wohnung einen individuellen Stil verleihen.

Zimmerpflanzen von A–Z informiert nicht nur über die richtige Pflege der Gewächse. Sie lernen auch das Äußere der Pflanze kennen, erfahren, wann die Blütezeit ist und wie die Blüten aussehen.
Damit die grünen Lebewesen in Ihrer Wohnung den richtigen Platz bekommen, wird genaue Auskunft über ihre **Lebensbedingungen** gegeben. Sie können sich die Pflanzen also genau nach den Gegebenheiten Ihrer Wohnung aussuchen. Auch über den **Umgang** mit Zimmerpflanzen, über die ideale Wassermenge zum **Gießen**, die beste **Erde** etc. wird alles Notwendige gesagt.
Besonderen Spaß macht es, die Pflanzen selbst zu züchten. Auch über die **Vermehrung** gibt dieses Buch dataillierte Auskunft und es enthält wertvolle **Gärtnertipps** zum optimalen Gedeihen der Pflanzen.

Damit Sie sich schnell auch einen optischen Eindruck verschaffen können, sind alle 250 Pflanzenporträts mit farbigen **Fotos** versehen. Das erleichtert nicht nur die Standortwahl in der Wohnung, sondern natürlich auch den Einkauf.

Ausführlichere Angaben zu Pflege, Vermehrung etc. im Anhang bieten Ihnen die Möglichkeit, sich ausgiebig über Ihr grünes Hobby zu informieren.

Falls trotz sorgfältiger Pflege die eine oder andere Pflanze das Kränkeln beginnt und zum Beispiel ihre Blätter abwirft, ist das meist die Folge einer falschen Pflege oder eines ungeeigneten Standorts. Sollte dieser Fall eintreten, lesen Sie das Pflanzenporträt einfach noch einmal durch. Dann werden Sie sicherlich feststellen, wie dem Gewächs zu helfen ist.

Zimmerpflanzen von A–Z ist ein Nachschlagewerk, in dem man immer wieder gerne nachblättert. Denn ein »glückliches Händchen« für die grünen Lebewesen zu haben, ist kein Zufall, sondern beruht auf detaillierten Kenntnissen über das jeweilige Gewächs.

Zur schnellen Orientierung steht am Anfang jedes Pflanzenporträts ein Abschnitt mit den wichtigsten Grundinformationen.

Folgende, neben dem Text stehende Symbole geben Auskunft über Pflegeintensität, den Standort und Feuchtigkeitsbedarf der Pflanze:

 heller bis sonniger Standort

 halbschattiger Standort

 schattiger Standort

 hoher Feuchtigkeitsbedarf

 mittlerer Feuchtigkeitsbedarf

 geringer Feuchtigkeitsbedarf

 Vermehrung

 Gärtnertipp

 weiches Wasser

 Nassraum-Pflanze

 Schlafzimmer-Pflanze

 Kinderzimmer-Pflanze

 Büro-Pflanze

Außerdem werden die Pflanzennamen zusätzlich durch Farbleisten gekennzeichnet. Über die Farbzuordnung können Sie auf einen Blick leicht feststellen, um welche Pflanzen es sich handelt und für welchen Wohnbereich sie geeignet sind:

- Grünpflanze
- blühende Pflanze
- Nassraum-Pflanze (Küche, Bad)
- Schlafzimmer-Pflanze
- Kinderzimmer-Pflanze
- Büro-Pflanze

Neben den Symbolen finden Sie am Ende des Buchs ein Spezialverzeichnis mit den Pflanzennamen sowohl in Deutsch-Latein als auch in Latein-Deutsch.

Inhalt

Agave

(Agave)

Blütezeit:	Grünpflanze
Familie:	Agavengewächs
Heimat:	Mexiko, trop. Südamerika

Das immergrüne, dickfleischige Blattgewächs ist eine beliebte Zierpflanze für Haus und Balkon. Die fleischigen Blätter bilden eine Rosette und sind mit Stacheln besetzt. Häufig wird die Agave mit der Aloe vera verwechselt. Hierbei geht es jedoch um Pflanzen unterschiedlicher Familien. Besonders attraktiv ist die Agave potatorum. Ihre breiten, graugrünen Blätter sind wachsartig bereift, und die gezahnten Blattränder tragen recht gefährliche Stacheln.

Standort
Agaven sind anspruchslos. Sie begnügen sich mit einem warmen, sonnigen Standort sowohl im Haus als auch auf der Terrasse. Ein Problem ist meist die Überwinterung der reichlich Platz beanspruchenden Pflanze an einem hellen, aber kühlen Platz von 2-5°C.

Pflege
Im Sommer braucht die Agave reichlich Wasser. Wenn die Pflanze im Wohnraum steht, muss sie gelegentlich auch besprüht werden. Alle 14 Tage wird sie während der Wachstumsphase gedüngt. Während der kühlen Winterzeit wird die Agave noch minimal gegossen, also fast trocken gehalten. Das Umtopfen der ausladenden Pflanze mit den zahlreichen Stacheln, die leicht abbrechen können, ist nicht einfach und sollte nur bei Bedarf vorgenommen werden. Agaven wachsen in einer lehmig-sandigen Blumenerde.

Vermehrung
Die meisten Zimmerarten bilden, wenn sie älter werden, kleine Seitensprösslinge. Diese werden von der Mutterpflanze getrennt und als Ableger neu eingepflanzt.

Gärtnertipp
Die spitzen Stacheln einiger Agaven-Arten sind Gefahrenquellen für Kinder. Daher sollten die Stacheln an den Enden durch aufgesteckte Korken unschädlich gemacht werden.

Agave

Akazie

(Acacia)

Blütezeit:	März–Mai
Familie:	Schmetterlingsblütler
Heimat:	Australien

Als Zimmerpflanze kommt nur Acacia armata, der Kängurudorn, in Betracht. Die falsche Mimosenart blüht von März bis Mai mit winzigen, gelben Blüten, kleinen Blättern und weit nach außen ragenden Staubgefäßen. Die Pflanzen bleiben im Zimmer ziemlich klein, sie wachsen auch entsprechend langsam.

Standort
Ein sonniges Südfenster ist ideal. Schattige Standorte lassen diese schöne Zimmerpflanze verkümmern. Im Sommer ist ein windgeschützter Standort im Garten oder auf der Terrasse empfehlenswert. Im Winter sollte der Standort kühl sein; ein helles Treppenhaus oder ein helles Schlafzimmer kommen hierfür in Betracht.

Pflege
In den Sommermonaten regelmäßig mit kalkfreiem Wasser gießen. Während der Wintermonate sehr trocken halten. Akazien werden im Rhythmus von 2 Jahren umgepflanzt. Dazu sollten Sie auf alle Fälle ein kalkarmes Substrat verwenden.

Vermehrung
Im Frühjahr erfolgt die Vermehrung über Stecklinge, die an einem kühlen Platz bewurzelt werden.

Gärtnertipp
Gelbe Blätter oder Blattfall sind ein Zeichen von zu warmer Überwinterung.

Akazie

Allamande

Allamande

(Allamanda cathartica)

Blütezeit:	Juni–September
Familie:	Hundsgiftgewächs
Heimat:	trop. Südamerika

Eine tropische Schönheit ist die rasch wachsende Rankpflanze mit ihren leuchtend gelben Trichterblüten. Die Allamande schmückt sich nicht nur mit auffallend schönen Blüten, sondern auch mit glänzenden, hartlaubigen Blättern.

Standort
Die Pflanze braucht einen vollsonnigen Standort, ein Südfenster ist ideal, ein Westfenster ist ebenfalls möglich. In der Mittagszeit muss schattiert werden, denn bei praller Sonne verbrennen Blüten und Blätter. Nur wenn die Licht- und Wärmeverhältnisse gut sind, fängt die Pflanze auch zu blühen an. Mit normalen Raumtemperaturen kommt die Allamande das ganze Jahr über gut zurecht. Im Winter sollten die Temperaturen am besten zwischen 15 - 18°C liegen.

Pflege
Während der Wachstumszeit von April bis November muss die Pflanze reichlich mit weichem Wasser gegossen und wöchentlich gedüngt werden. Im Winter ist die Wasserzufuhr auf ein Minimum zu beschränken und die Düngezufuhr einzustellen. Die tropische Schönheit will auch mit hoher Luftfeuchtigkeit verwöhnt werden, mit anderen Worten, sie muss mit lauwarmem, kalkarmem Wasser häufig besprüht werden. Es ist angebracht, ihr eine Rankhilfe zu geben. Zum Umtopfen der Pflanze im zeitigen Frühjahr sollten Sie eine kräftig humose Erde mit einem pH-Wert um 6 verwenden.

Vermehrung
Durch Stecklinge unter Folie bei Raumtemperaturen von mindestens 27°C.

Gärtnertipp
Die Pflanze verträgt keine Zugluft. Sie bekommt dann leicht Schildläuse. Vorsicht! Die Allamanda ist in allen Teilen giftig.

Aloe

(Aloe vera)

Blütezeit:	Grünpflanze
Familie:	Liliengewächs
Heimat:	Südamerika

Die Aloe vera, die Pflanze der Pflanzen, die nicht nur Kleopatra zur Verführerin gemacht hat, hat die deutschen Märkte erobert. Beim Kauf ist darauf zu achten, dass sie mindestens 30 cm groß und ihre Blätter prall gefüllt sind. Rein äußerlich gesehen, zählt die Aloe vera nicht zu den schönsten Zimmerpflanzen, im Gegenteil, die dickfleischige Sukkulente wirkt eher bescheiden gegenüber anderen. Es sind eben ihre heilenden Eigenschaften, die diese Pflanze so begehrenswert machen. Aloe ist nicht gleich Aloe. Es gibt über 300 verschiedene Arten auf der Welt. In unseren Breitengraden beschränkt sich allerdings das Angebot auf folgende vier Aloearten: die Aloe barbadensis und Aloe vera, auch Aloe ferox genannt, die vielfach in der Medizin Verwendung findet; die Aloe wickensii mit ihrem langen, dekorativen Blütenschaft und die Aloe striata. Die zwei zuletzt genannten sind bei einigen Hobbygärtnern bereits vorhanden, besitzen jedoch nicht die Eigenschaften der Aloe vera.

Standort
Hell, aber nicht vollsonig, im Sommer warm, im Winter kühl bis zu 5°C. Die ausge-

wachsene Pflanze kann bis zu 1 m erreichen. Sie besitzt dann 15 bis 20 rosettenförmig angeordnete fleischige und spitz zulaufende Blätter, die an den Rändern sägeartig gezahnt sind. Sie beansprucht daher viel Platz in der Breite.

Aloe vera

Pflege

Eigentlich kann man bei der genügsamen Pflanze kaum etwas falsch machen, es sei denn, sie wird emsig gegossen, denn Staunässe ist der Tod aller Aloearten. Die sukkulente Pflanze besitzt nur schwach entwickelte Wurzeln und fault dann von unten ab. Gegossen wird einmal in der Woche, nur bei extrem warmen und sonnigen Standorten im Sommer zweimal wöchentlich. Gedüngt wird während der Wachstumsperiode einmal im Monat. Und wenn Sie das Gießen vergessen sollten, ist das nicht tragisch, die Pflanze überlebt bis zu einem halben Jahr. Die Blätter verlieren dann natürlich erheblich an Volumen. In Bezug auf ihre Widerstandsfähigkeit bei Trockenheit und Temperaturschwankungen, die im Bereich von 3-30°C liegen können, gibt es keine anpassungsfähigere Pflanze. Aloe vera ist eine ideale Pflanze für Gießunlustige. Zum Umtopfen oder Neutopfen im Frühjahr brauchen Sie ein sandiges Erdsubstrat.

Vermehrung

Ab dem dritten Jahr bildet die Pflanze Kindel. Um die Mutterpflanze nicht zu schwächen, werden diese bei einer Höhe von 15 cm abgetrennt und neu eingetopft.

Gärtnertipp

Damit es nicht zur gefürchteten Staunässe kommt, sollten Sie in jeden Blumentopf eine Dränageschicht aus Tonscherben oder Blähton geben. Die Aloe vera gehört als Erste-Hilfe-Pflanze auf jede Fensterbank in Küche oder Bad. Sie wirkt antiseptisch, hilft sofort bei Verbrennungen, Schnittwunden sowie bei Wespenstichen; Narben verheilen gut durch sie. Auch ist das Gel der Blätter in der Kosmetik für die wöchentliche Gesichtsmaske unentbehrlich. Es wirkt erfrischend, adstringierend und hautstraffend.

Alokasie

(Alocasia)

Blütezeit:	Grünpflanze
Familie:	Aronstabgewächs
Heimat:	Ostindien, Philippinen

Die aparte Alokasie ist eine Pflanze für Kenner und ein Blickfang auf jeder Fensterbank. Noch ist die Alokasie sanderiane mit den weißen Blattadern und gebuchteten Rändern in den hiesigen Breiten relativ unbekannt, obwohl sie zu den schönsten Blattgewächsen zählt. Ihre ausdrucksvoll metallisch glänzenden Blätter sind sehr attraktiv, die Blüten hingegen sind wie bei allen Aronstabgewächsen unscheinbar. Die interessanten, pfeilförmigen Blätter mit ihren weißen Blattadern verführen zum Kauf. Bedenken Sie aber vor dem Kauf, dass die Alokasie nicht zu den pflegeleichtesten Zimmerpflanzen gehört. Sie kann ohne Tropenklima auf Dauer nur sehr schlecht gedeihen.

Alokasie

Standort

Diese schöne tropische Pflanze verlangt viel Pflege. Sie braucht gleichmäßige Wärme, etwa 22°C rund um das Jahr, außerdem eine hohe Luftfeuchtigkeit. Wenn Sie kein entsprechendes Gewächshaus oder einen Wintergarten besitzen, wird es schwierig. Sie müssen durch tägliches Besprühen, möglichst mit kalkfreiem Wasser, Tropenklima vortäuschen und ihr einen halbschattigen Standort bieten.

Pflege

Gießen Sie die Pflanze regelmäßig, aber mit wenig Wasser, dem Sie einen Tropfen Flüssigdünger zufügen. Damit gelangt die Pflanze zu stattlichem Wuchs. Innerhalb von 15 Monaten kann die Alokasie dank des optimalen Standorts und der regelmäßigen Düngung 3,15 m erreichen, wobei das einzelne Blatt 1,30 m in der Länge misst. Der Umfang der Pflanze beträgt etwa 12 m. Die aparte Alokasie darf nie nasse Füße bekommen, eine Dränageschicht aus Tongranulat wirkt vorbeugend. Das Frühjahr bzw. der Frühsommer ist die beste Zeit, eine Alokasie an das Zimmerleben zu gewöhnen. Im Frühjahr wird die Pflanze umgetopft. Dazu sollten Sie eine Mischung aus Lauberde, Torf und etwas Spagnummoos verwenden.

Vermehrung

Eine Aussaat ist möglich, aber sehr langwierig. Üppig gewordene Pflanzen können Sie teilen, indem Sie Teile der Wurzelstöcke abschneiden und bei hoher Wärme und Luftfeuchtigkeit mit geringer Bodenfeuchte antreiben. Entscheidend für den Erfolg ist, dass die abgeschnittenen Wurzelstücke kleine Triebansätze zeigen und waagerecht eingepflanzt werden.

Gärtnertipp

Wichtig ist, die Pflanze öfter zu drehen, damit sie sich nicht einseitig entwickelt.

Alpenveilchen

(Cyclamen persicum)

Blütezeit:	Mai–Februar
Familie:	Primelgewächs
Heimat:	Kleinasien

Eine kühle Schönheit ist das Alpenveilchen. Sein Name ist etwas irreführend, denn die Wildform unserer heutigen Topfpflanze ist nicht in den Alpen, sondern in Kleinasien beheimatet. Dort wächst die Pflanze in kühler, schattiger Umgebung. Demzufolge fühlt sich das Alpenveilchen nur in mäßig geheizten Räumen wohl, und nur so hält seine Blütenpracht über Wochen. Es gibt rund 14 Sorten mit völlig unterschiedlichen Farben und Blütenformen.

Standort

Kühle Wohnräume von bis zu 12-15°C. Geeignet sind das Schlaf- oder Gästezimmer, aber auch das helle Treppenhaus ist ein idealer Standort für das Alpenveilchen. Ein luft-trockener Raum mit über 20°C bedeutet dagegen den sicheren Tod der Pflanze. Raumtemperatur und das richtige Gießen sind entscheidend für den Erfolg mit Alpenveilchen.

Alpenveilchen

Pflege

Alpenveilchen müssen mit Fingerspitzengefühl gegossen werden, und zwar stets von unten in den Übertopf. Bewährt hat sich auch das Bewässern über einen Saugdocht, der von unten durch die Wasserabzugsöffnung in die Erde der Pflanze gesteckt wird. Dabei taucht sein Ende in das Wasser des Übertopfs. Niemals sollten Sie das Alpenveilchen von oben direkt in die Knolle begießen, weil das Wasser in diesem Fall zwischen den fleischigen Stielen Fäulnis von Blüten und Blättern auslöst. Wichtig ist, dass die Pflanze selbst nicht im Wasser steht. Deshalb wird der Übertopf bis zur Hälfte mit Kieselsteinen angefüllt. Zur Pflege gehört das Entfernen abgestorbener Blüten und welker Blätter. Aber weder Blatt- noch Blütenstiele dürfen abgeschnitten werden, sie werden lediglich mit einer kurzen drehenden Bewegung ausgezupft. Von Oktober bis April sollte das Alpenveilchen regelmäßig gedüngt werden. In der Ruhepause von Mai bis September wird nicht gedüngt, aber mäßig weitergegossen, sodass der Erdballen nie austrocknet. Ein Standortwechsel in den Garten unter den lichten Schatten eines Baumes wäre ideal. Wenn im September das Alpenveilchen einen neuen Austrieb zeigt, wird die Knolle flach in humose Erde umgetopft, so dass noch 1/3 sichtbar bleibt. Im Spätherbst, wenn die Blätter voll entfaltet sind und der Blütenansatz sich bildet, sollten Sie phosphorbetonten Dünger verwenden.

Vermehrung

Die Vermehrung des Alpenveilchens ist schwierig und sollte dem Fachmann überlassen werden.

Gärtnertipp

Achten Sie beim Kauf darauf, dass möglichst viele Blüten noch knosprig sind. Es lohnt sich übrigens, Alpenveilchen zu kultivieren, denn einmal über die Winterphase gebracht, werden sie besonders gut.

Amaryllis

(Hippeastrum vittatum)

Blütezeit:	Oktober–April
Familie:	Amaryllisgewächs
Heimat:	Südamerika

Die Amaryllis ist ein wahres Blütenwunder. Je größer die Zwiebel, desto schöner die Blüte. Aus einer Zwiebel von 20-28 cm Umfang können zwei Blütenschäfte mit je vier Blüten hervorgehen. Die Blütezeit reicht je nach Art von Oktober bis in den April hinein. Die stattlichen Blüten in Weinrot, Weiß, Rosa halten immerhin bis zu 3 Wochen.

Amaryllis

Standort

Je mehr Licht die Amaryllis bekommt, um so intensiver färbt sich die Blüte. Während der Blüte darf die Pflanze keine volle Sonne bekommen, sonst welkt die Pracht vorzeitig dahin. Sobald die Amaryllis erblüht, ist ein kühlerer Standort angebracht.

Pflege

Während die Zwiebel treibt, brauchen Sie sich um das Gießen kaum zu kümmern. Der Wasserbedarf steigt, kurz bevor die Blüte aufbricht. Sobald sich die Blüten öffnen, muss die Pflanze gedüngt werden. Wenn Sie es gut mit der Amaryllis meinen und die Pflanze auch nach der Blütezeit weiter mit Nährstoff versorgen, aber von August an das Düngen einstellen und das Gießen stark reduzieren, können Sie im Frühjahr auf weitere Blüten hoffen. Damit die empfindlichen Wurzeln weder durch Staunässe noch durch Knicken beeinträchtigt werden, kommt zunächst eine Dränage in Form von Tonscherben in das Pflanzgefäß, darauf eine Schaufel Topfpflanzenerde, die andeutungsweise zu einem Kegel geformt wird. Auf die Spitze des Kegels wird dann die Zwiebel gesetzt und ihre Wurzeln rings um den Kegel ausgebreitet. Die Erde füllen Sie nur soweit auf, dass noch 2/3 der Zwiebel aus der Erde herausragen. Gießen Sie nun die Pflanze leicht an und stellen sie an einen hellen, warmen (20°C) Ort.

Vermehrung

Der günstigste Zeitpunkt für die Trennung von Mutter- und Tochterzwiebel ist nach der Blüte, bevor das Blattwachstum einsetzt. Achten Sie darauf, dass die Tochterzwiebel schon ein paar eigene Wurzeln gebildet und ausreichend Blattwerk hat.

Gärtnertipp
Brandneu sind die gefüllt blühenden Züchtungen. Allerdings sind es vorerst noch Raritäten.

Aralie

Aralie

(Fatsia japonica)

Blütezeit:	Grünpflanze
Familie:	Araliengewächs
Heimat:	Japan

Die Aralie ist eine dankbare und sehr anspruchslose Zimmerpflanze mit zügigem Wuchs. Die langgestielten, handförmigen, glänzend grünen Blätter sind sieben- bis neunmal gelappt.

Standort
Die prachtvolle Blattpflanze eignet sich für kühle, halbschattige Räume. Im Sommer ist ein Aufenthalt im Freien wünschenswert, da die Pflanze viel frische Luft braucht. Überwintert wird die Zimmeraralie bei etwa 10°C, notfalls im Keller. Abgehärtete Pflanzen können in milden Weinanbaugebieten sogar im Freien verbleiben. Die Aralie ist für ein gelegentliches Abbrausen der Blätter mit kalkarmem Wasser dankbar.

Pflege
Während der Sommermonate ist die Erde mit nicht zu hartem Wasser gut feucht zu halten. In den Wintermonaten sollten Sie nur mäßig gießen. Gedüngt wird von April bis September wöchentlich. Gut ernährte Exemplare müssen jährlich in humusreiche Erde umgetopft werden.

Vermehrung
Die Vermehrung erfolgt einfach über Stecklinge.

Gärtnertipp
Der Rückschnitt von jüngeren Pflanzen fördert die Verzweigung, ältere hingegen verlieren dadurch ihren attraktiven Wuchs. Bei zu trockener Luft können Blattläuse auftreten.

Aschenblume

(Cineraria)

Blütezeit:	Juni–September
Familie:	Korbblütler
Heimat:	Kan. Inseln, Afrika

Die einjährige Aschenblume ist nach der Blüte wegzuwerfen. Diese Pflanzen, auch bekannt als Cinerarien, sind in den feuchten, kühlen Bergen der Kanarischen Inseln beheimatet. Gegen Ende der Winterzeit erfreut diese farbenprächtige Pflanze mit ihren margeritenähnlichen Blüten. Der kompakte Wuchs und die unzähligen Blüten mit und ohne Auge, ein- oder zweifarbig, haben der fast in Vergessenheit geratenen Pflanze zu neuem Aufschwung verholfen. Aufgrund ihrer grauen Blattunterseite wird sie auch Aschenblume genannt. Im Volksmund heißt sie auch Läuseblume, weil sie häufig von Blattläusen befallen wird.

Aschenblume

Standort
Hell und luftig, optimal sind Temperaturen zwischen 16 und 18°C. In normal beheizten Räumen ist die Haltbarkeit der schönen Blüte stark eingeschränkt.

Pflege
Die Pflanze ist gleichmäßig feucht zu halten, Blätter erschlaffen, sobald die Pflanze zu trocken steht. Ein gelegentliches Tauchbad bekommt der Pflanze gut. Verwenden Sie zum Tauchen und Gießen möglichst kalkfreies, lauwarmes Wasser. Die blühende Pflanze muss wöchentlich gedüngt werden. Abgestorbene und abgeblühte Teile sind sofort zu entfernen.
Umtopfen und Vermehren lohnen sich nicht.

Gärtnertipp
Um die Blütezeit zu verlängern, sollten Sie beim Kauf auf alle Fälle auf knospige Pflanzen achten. Auch ein kritischer Blick unter die Blätter ist empfehlenswert, denn die Läuse sitzen immer unter dem Blatt.

Australische Silbereiche

(Grevillea robusta)

Blütezeit:	keine bei uns
Familie:	Silberbaumgewächs
Heimat:	Australien

Das mehrjährige Bäumchen wird auch Seideneiche genannt. Die Pflanze ist aufgrund ihrer silbrig glänzenden, nadelartigen Blätter ein beliebter Blickfang für Zimmer und Diele.

Standort
Die Silbereiche sollte in einem größeren Holzkübel an einem halbschattigen, hellen, luftigen Standort in normaler Zimmertemperatur stehen. Nur im Winter muss sie kühler untergebracht werden, bei einer Temperatur von etwa 6-10°C. Wichtig ist, dass Sie die Pflanze Anfang des Jahres, wenn sich der neue Austrieb zeigt, öfter besprühen, um die Luftfeuchtigkeit etwas zu erhöhen.

Pflege
Die Grevillea darf weder zu viel noch zu wenig Wasser bekommen. Ballentrockenheit ist genauso schädlich wie Staunässe. Es empfiehlt sich, die Fingerprobe vor jedem Gießvorgang zu machen. Bei nährstoffreicher Erde braucht die Pflanze nicht gedüngt zu werden. Zum Umtopfen im Frühjahr sollten Sie eine vorgedüngte Einheitserde verwenden.

Vermehrung
Die Vermehrung ist einfach. Sie wird während der Sommermonate mit Stecklingen durchgeführt.

Gärtnertipp
Die Pflanze wächst eintriebig. Jeder Rückschnitt ist sinnlos, er verstümmelt die Pflanze, führt aber nicht zur Verzweigung.

Australische Silbereiche

Avocado

Avocado

(Persea americana)

Blütezeit:	Grünpflanze
Familie:	Lorbeergewächs
Heimat:	Nord-, Südamerika

Die Avocadopflanze wird selten im Handel angeboten, kann aber zum Nulltarif selbst gezogen werden. Während der Baum in seiner tropischen Heimat bis zu 20 m erreicht, wird die reine Grünpflanze im Zimmer etwa 1 m hoch.

Standort
Hell, sogar sonnig darf der Standort sein, mit hoher Luftfeuchtigkeit. Die Pflanze kann ganzjährig im Zimmer stehen bleiben. Während der Sommermonate ist sie in normaler Zimmertemperatur gut aufgehoben, im Winter sollte sie nach Möglichkeit kühler stehen, 10-12°C wären ideal; eine zu warme Überwinterung führt zu Blattfall.

Pflege
Die Avocado reichlich mit temperiertem und weichem Wasser gießen und besprühen. Im Winter wird die Pflanze dann nur noch minimal mit Wasser versorgt. Während der Vegetationszeit sollten Sie sie alle zwei Wochen mit Flüssigdünger ernähren. Das Umtopfen geschieht im Frühjahr in Einheitserde mit Lehmzusatz.

Vermehrung
Der Avocadokern wird mit drei Zahnstochern über einem Wasserglas so befestigt, dass seine Wurzelansätze gerade das Wasser berühren. Etwas Geduld müssen Sie jetzt aufbringen, denn es kann Monate dauern, bis sich der Kern teilt, aus dem der Keimling sprießt.

Gärtnertipp
Ganz besonders wichtig beim Antreiben: der spitze Trieb muss nach oben stehen, und die minimalen Wurzelansätze müssen unbedingt ins Wasser reichen.

Azalee

(Rhododendron)

Blütezeit:	September–April
Familie:	Heidekrautgewächs
Heimat:	Ostasien, China, Japan

Die Azalee zählt zu den Favoriten der Zimmerpflanzen. Kein Wunder, diese Pflanze bringt Farbe ins Zimmer. Der größte Teil der bei uns käuflichen Topf-Azaleen gehört der indischen Azalee Rhododendron simsii an. Bis heute sind rund 2000 Hybriden und Sorten aus diesem 50 cm hohen Strauch entstanden. Im Handel werden etwa 50 Arten als Büsche, Hochstämme und Pyramiden angeboten. Von September bis April erfreut Sie die Azalee mit einfachen und gefüllten Blüten in Weiß-, Rosa- und Rottönen. Auch zweifarbige Sorten werden auf dem Markt angeboten. Neben der indischen Azalee sind auch japanische Azaleen (Rhododendron abtusum) im Handel. Diese Pflanzen sind meist etwas kleinblütiger und können bei mildem Klima im Garten überwintern. Azaleen gehören zu den Zimmerpflanzen, die Jahr für Jahr schöner und größer werden.

Azalee

Standort
Azaleen brauchen helle, kühle Räume mit Temperaturen von höchstens 18°C. Auch schätzt die Azalee den Aufenthalt im Garten. Sie können sie samt dem Topf an einem halbschattigen Platz eingraben. Vor dem ersten Frost kommt sie, wie alle Kübelpflanzen, ins Haus und muss langsam an die Raumtemperatur gewöhnt werden, damit sie nicht alle Blütenansätze abwirft.

Pflege
Azaleen werden grundsätzlich durch ein Tauchbad gewässert. Der Erdballen sollte durchdringend mit kalkfreiem Wasser getränkt werden, ohne es zu Staunässe im Übertopf kommen zu lassen. Dazu wird die Pflanze bis über den Topfrand ein- bis zweimal in der Woche ins Wasser gestellt. Wer von üppig blühenden Azaleen träumt, dem ist anzuraten, Flüssigdünger jedem Tauchbad hinzuzusetzen. Verblühtes ist ebenso regelmäßig zu entfernen wie grüne Triebspitzen, damit die ganze Kraft der Blütenbildung zufließen kann. Nach der Blüte wird die Azalee auf 5 cm zurückgeschnitten. Dadurch wird die Verzweigung der Pflanze angeregt. Umtopfen sollten Sie nur, wenn der Ballen vermoost und bis zum Topfrand verwurzelt ist. Dann heißt es, ringsherum den Wurzelballen mit der Gabel aufzurauhen und die Pflanze in eine spezielle Azaleenerde umzutopfen.

Gärtnertipp
Ballentrockenheit ist der Tod jeder Azalee. Je nachdem, wie lange der Zustand der Ballentrockenheit gedauert hat, zwei oder mehr Tage, könnte noch ein intensives, zimmerwarmes Tauchbad mit 1 bis 2 Tröpfchen Spülmittel (entspanntes Wasser) die letzte Rettung sein.

Bambusgras

(Bambusa aspera)

Blütezeit:	Grünpflanze
Familie:	Gramineae
Heimat:	China

Der Bambus ist der König der Gräser und eine ideale Pflanze fürs Badezimmer. Der Bambus hält aber auch Einzug in unsere Wohnräume und er nimmt von Jahr zu Jahr an Beliebtheit zu.

Bambusgras

Standort
Hell, aber nicht sonnig. Vor allem braucht der Bambus eine hohe Luftfeuchtigkeit, darum ist er für Nassräume bestens geeignet. Während der Sommermonate kann er auch im Freien stehen. Im Winter sollte die Raumtemperatur mindestens zwischen 16-17°C liegen.

Pflege
Im Sommer braucht die Pflanze viel Wasser, sie muss bis zu zweimal wöchentlich gegossen werden. Im Winter gießen Sie nur wenig und nur dann, wenn die Erdoberfläche trocken ist. Ein Fußbad schadet nicht, aber Vorsicht vor Staunässe. Alle 14 Tage in der Wachstumsperiode düngen, sonst werden die Blätter gelb. Der Bambus sollte im Frühjahr umgetopft werden.

Vermehrung
Die Vermehrung der Pflanze erfolgt durch Teilung oder Wurzelausläufer.

Gärtnertipp
Der Zimmerbambus ist in seinen Pflegeansprüchen mit dem Farn zu vergleichen.

Bananenbaum

(Musa)

Blütezeit:	Juli–August
Familie:	Bananengewächs
Heimat:	Afrika, Australien

Eine äußerst dekorative Pflanze mit großen grünen Blättern und interessant hängendem Blütenstand. Allerdings können Sie auf seine süssen Früchte und damit auch auf die vorausgehende Blüte nur dann hoffen, wenn Sie die Pflanze im Wintergarten stehen haben.

Bananenbaum

Standort
Viel Licht, bei älteren Pflanzen auch volle Sonne. Die ganzjährige Raumtemperatur sollte möglichst zwischen 20-23°C liegen, mindestens aber bei 12°C. Die Pflanze braucht besonders viel frische Luft, wobei Zugluft unbedingt zu vermeiden ist.

Pflege
Im Sommer braucht die Banane reichlich und möglichst weiches Wasser. Vorsicht ist beim Gießen geboten. Wenn die Sonne scheint, dürfen keine Wassertropfen auf die großen Blätter gelangen. Gedüngt wird in der Wachstumsperiode im Abstand von 14 Tagen. Entsprechend der Lichtverhältnisse wird im Winter wenig gegossen und nicht mehr gedüngt.

Vermehrung
Eine Vermehrung aus Seiten- und Wurzelsprossen ist sehr schwierig. Am besten ist es, die Fortpflanzung dem Gärtner zu überlassen.

Gärtnertipp
Die Banane ist eine dominante Solitärpflanze.

Baumfreund

(Philodendron)

Blütezeit:	Grünpflanze
Familie:	Aronstabgewächs
Heimat:	trop. Amerika

Die rund 250 im tropischen Amerika beheimateten Philodendronarten wachsen als Lianen in den Wipfeln hoher Bäume. Ihre Blätter sind je nach Art ganzrandig, herzförmig oder geschlitzt und gebuchtet. Empfehlenswert ist die aufrecht wachsende Art P. selloum. Die bekannteste und anspruchsloseste Sorte ist P. scandens, eine zierliche Ampelpflanze mit herzförmigen Blättern.

Baumfreund

Standort
Die Pflanze des Dschungels liebt helle, jedoch vor praller Sonne geschützte Standorte. An halbschattigen Plätzen gedeiht der kletternde Baumfreund gut. Allerdings müssen Sie damit rechnen, dass an zu dunklen Plätzen der kompakte Wuchs verloren geht, das Laub kleiner und die Blattabstände größer werden. Normale Zimmertemperaturen von 18-25°C liebt diese Pflanze.

Pflege
Die schnell wachsende Pflanze hat einen hohen Wasser- und Nährstoffbedarf. Sie muss regelmäßig gegossen werden, ohne dass Staunässe entsteht. Zum Gießen sollten Sie möglichst ein nicht zu kalkhaltiges Wasser verwenden. Im Sommer wird alle 2 Wochen und im Winter monatlich gedüngt. Eine hohe Luftfeuchtigkeit liebt der Philodendron, allerdings kommt er auch mit trockener Zimmerluft zurecht. Vor allem dann, wenn Sie seine Blätter regelmäßig abwischen, also von Staub befreien, denn auch dadurch wird die Luftfeuchte erhöht.

Vermehrung
Für die Vermehrung gibt es verschiedene Möglichkeiten: durch Absenker, Abmoosen, Kopfstecklinge oder Aussaat.

Gärtnertipp
Kletternde Philodendren können Ihnen leicht über den Kopf wachsen. Dann können Sie zur Schere greifen und die Pflanze beliebig weit zurückschneiden.

Baumwolle

Baumwolle

(Gossypium)

Blütezeit:	Juli–August
Familie:	Malvengewächs
Heimat:	Indien

Die interessante einjährige Topfpflanze können Sie problemlos aus Samen anziehen, sonst auch kaufen. Es gibt die G. herbaceum mit gelben Blüten und purpurnem Schlund oder die G. hirsutum mit weichen bzw. hellgelben Blüten, die sich rosa bis purpurrot färben.

Standort
Diese Pflanze sollten Sie ganzjährig sonnig, warm und luftig bei Zimmertemperatur halten. Sobald sich die Früchte bilden, darf es etwas kühler werden.

Pflege
Baumwolle muss reichlich mit weichem Wasser und Dünger verwöhnt werden. Staunässe ist jedoch unbedingt zu vermeiden. Für gelegentliches, indirektes Besprühen ist die schnell wachsende Pflanze dankbar.

Vermehrung
Die Aussaat erfolgt bereits im Januar/Februar an einem hellen Standort bei 20°C und guter Bodenfeuchtigkeit. Stecken Sie die schwarzen Samen etwa 1 cm tief in die Erde. Decken Sie die Anzuchtschale mit Folie ab. Die Keimung erfolgt relativ rasch. Sobald die Pflanzen im 5-Blatt-Stadium sind, wird in 12er-Töpfe pikiert. Wichtig ist von jetzt an ein sonniger, zugfreier Standort.

Gärtnertipp
Bedenken Sie, dass die Baumwolle auf der Fensterbank Platz braucht. Von den im Herbst sich öffnenden Fruchtkapseln können Sie die Samen für die nächste Aussaat abnehmen.

Baumwucherer

(Dendrobium)

Blütezeit:	März–Juni
Familie:	Orchideengewächs
Heimat:	Indien, China

Dendrobium-Arten zählen zu der zweitgrößten Gattung der Orchideengruppe. Hinsichtlich der Pflegebedingungen werden zwei Hauptgruppen unterschieden: die weich- und die hartohrigen. Die erste Gruppe verlangt kühle Temperaturen; sie ist daher dem erfahrenen Liebhaber vorbehalten. Die zweite gedeiht bei mehr Wärme; sie kann auch in Wohnräumen bei hohem Lichtangebot und hoher Luftfeuchtigkeit stehen. Die beliebteste Art D. nobile bildet an ihren langen, bambusähnlichen Stängeln zwischen März und Juni wunderschöne, rosafarbene Blüten.

Baumwucherer

Standort
Diese Pflanze benötigt einen sehr hellen, aber kühlen Standort, am besten am Südfenster, geschützt vor praller Sonne. Schwierig ist es, die erforderliche Temperatur einzuhalten. Sie darf in der Blütezeit 10°C nicht überschreiten. In der Vegetationsphase sind Temperaturen über 20°C gewünscht. Eine hohe Luftfeuchtigkeit ist für die Pflanze lebensnotwendig.

Pflege
Von März bis September muss diese Orchideenart reichlich mit kalkfreiem Wasser versorgt werden, im Winter wird sie dagegen trockener gehalten. Um die Luftfeuchtigkeit zu erhöhen, werden Dendrobien vor allem in den Morgenstunden mit abgestandenem Wasser besprüht. Zum Düngen, und zwar von März bis September im Abstand von 14 Tagen, brauchen Sie einen speziellen Orchideendünger. Falls erforderlich, können Sie die Pflanze nach 2 bis 3 Jahren in ein Orchideensubstrat umtopfen.

Vermehrung
Diese erfolgt nach der Blüte durch Abtrennen von kleinen Pflanzentrieben.

Gärtnertipp
Die rosafarbenen Hybriden sind beliebte Schnittblumen.

Begonie

(Begonia-Elatior-Hybriden)

Blütezeit:	März–Oktober
Familie:	Begoniengewächs
Heimat:	Amerika, Asien, Afrika

Diese Zimmerpflanze ist eine beliebte, preiswerte Blütenpflanze, die aus einer Kreuzung zwischen Begonia socotrana und Knollenbegonien-Hybriden entstanden ist. Sie hat die Fähigkeit, im Winter zu blühen. Alle Begonien sind ihrer Herkunft nach Schattengewächse. Sie stammen aus den tropischen Regenwäldern oder subtropischen Gebieten. Viele unter ihnen wachsen in Gebirgswäldern in Höhen bis zu 4000 m als bodendeckende Pflanzen, in hängender Form oder als Aufsitzer von Bäumen (Epiphyten). Daher gibt es unter den Begonien auch eine Großzahl von Ampelgewächsen. Durch Züchtungen sind in den letzten Jahren erstaunliche Blütenformen und -farben entstanden.

Standort
Halbschattig bis schattig. Volle Sonne verkraftet die Elatior-Begonie, im Gegensatz zu der immerblühenden Begonie semperflorens, die als Zimmerpflanze jedoch weniger in Betracht kommt, nicht. Am besten gedeiht sie in gut gelüfteten, mäßig warmen Wohnräumen bei hoher Luftfeuchtigkeit.

Pflege
Begonien brauchen regelmäßig und reichlich möglichst weiches Wasser. Allerdings müssen Sie darauf achten, dass Blüten und Blätter beim Gießen nicht nass werden. Feuchtigkeit auf den Blättern erhöht das Risiko von Pilzbefall. Staunässe vertragen Begonien überhaupt nicht, deshalb ist eine gute Dränageschicht aus Tonscherben oder Blähton im Kulturtopf anzuraten. In der Regel wird die Pflanze nach der Blüte weggeworfen. Bei einem optimalen Standort können Sie allerdings versuchen, die Pflanzen weiter zu kultivieren. Hierfür wird sie nach der Blüte bis auf 10 cm zurückgeschnitten und umgetopft. Dazu brauchen Sie eine humose, durchlässige Erde.

Vermehrung
Hobbygärtner können die Pflanze nach der Blüte aus Triebstecklingen vermehren.

Begonie

Gärtnertipp
Begonienblüten halten in der Vase bis zu 10 Tagen. Sie haben auf flachen Tellern schwimmend eine besonders dekorative Wirkung.

Bergpalme

(Chamaedore elegans)

Blütezeit:	ganzjährig
Familie:	Palmengewächs
Heimat:	Süd-, Mittelamerika

Wie die meisten Palmen, ist auch die Bergpalme sehr genügsam und widerstandsfähig. Sie zählt zu den wenigen Palmen, die selbst im Zimmer blühen. Aus den Blattachseln wachsen rötlich gelbe Blütenstängel. Jungpflanzen werden häufig zu mehreren Exemplaren gepflanzt. Der elegante Pflanzenwuchs kann sich nur bei der Einzelpalme entwickeln, wenn ihr dünner Stamm mit den zierlichen, leicht überhängenden Wedeln genügend Spielraum hat.

Bergpalme

Standort
Die Pflanze sollte hell bis halbschattig stehen, direkte Sonneneinstrahlung ist unbedingt zu vermeiden, denn in ihrer Heimat wächst die Bergpalme als Unterholzpflanze. Ideal ist ein Ost- oder Westfenster. Im Sommer verträgt sie normale Raumtemperaturen, in den Wintermonaten von Oktober bis Februar sollte sie nicht wärmer als 15°C stehen.

Pflege
Im Sommer braucht die Pflanze reichlich Wasser, das kalkfrei sein sollte. Ein wöchentliches Tauchbad in Wasser, damit sich der Erdballen richtig vollsaugen kann, ist sehr empfehlenswert. Damit die Pflanze uneingeschränkt atmen und assimilieren kann, sollte sie vom Frühjahr bis in den Herbst hinein etwa alle 4 Wochen übersprüht werden. Im Winter werden die Blätter durch feuchtes Abwischen entstaubt. Gedüngt wird von Mitte März bis September wöchentlich. In den Wintermonaten sollten Sie der Pflanze eine Ruhepause bei 15°C gönnen. Während dieser Zeit wird sie nicht gedüngt und auch nur sparsam gegossen.

Vermehrung
Die hartschaligen Samen werden zunächst in warmem Wasser vorgeweicht und anschließend zum Keimen in ein Sand-Torf-Gemisch gelegt. Achten Sie dabei unbedingt auf eine Raumtemperatur von 25°C. Das Aussaatgefäß ist mit einer Plastikfolie zu umhüllen. In der feuchtwarmen Umgebung keimen die Samen schneller. Auch Schösslinge am Fuße der Palme können abgetrennt und wie Stecklinge behandelt werden.

Gärtnertipp
Bei einem falschen Standort können sich Schildläuse und Spinnmilben einstellen. In der Regel ist dann die Luft zu trocken oder der Standort zu kühl.

Betelpalme

Betelpalme

(Areca)

Blütezeit:	Grünpflanze
Familie:	Palmengewächs
Heimat:	Malaiische Inseln

Die Betel- oder Betelnusspalme ist auch als Minikokospalme im Handel erhältlich. Sie ist durch die dekorative Kokosnuss, aus der sie entsteht, zwar sehr beliebt, aber leider nicht ganz einfach in der Pflege. Junge Pflanzen besitzen noch keine gefiederten Wedel. Erst bei älteren, etwa zweijährigen Pflanzen, kann von einer Fiederpalme die Rede sein. Sie wächst als Einfach- oder Mehrfachstamm mit glattem Kroneschaft. Bekannt sind 15 Arten der Betelnusspalme.

Standort
Betelnusspalmen brauchen einen halbschattigen bis hellen und immer feucht-warmen Standort. Die Raumtemperatur darf nie unter 18°C fallen. Tagsüber verträgt die Palme eine Temperatur bis zu 25°C, wobei die Luftfeuchtigkeit 60% betragen sollte.

Pflege
Junge Pflanzen benötigen sehr viel Wasser, aber nur temperiertes, kalkfreies Wasser ist zum Gießen oder Sprühen geeignet. Gegen ein ständiges Fussbad ist nichts einzuwenden. Stellen Sie den Tontopf zu diesem Zweck in einen mit etwas Wasser gefüllten Untersatz und sprühen Sie die Blätter häufig an. Umtopfen sollten Sie erst nach 2 bis 3 Jahren in Einheitserde.

Vermehrung
Durch frische Samen im Frühjahr. Die Keimzeit beträgt 2 bis 3 Monate.

Gärtnertipp
Der Fruchtstand dieser Pflanze ist ein Narkotikum.

Birkenfeige

(Ficus benjamina)

Blütezeit:	Grünpflanze
Familie:	Maulbeerbaumgewächs
Heimat:	Indien

Zwar ist die Birkenfeige verwandt mit dem Gummibaum, aber nicht ganz so robust wie dieser. Dennoch ist die Pflanze sehr beliebt. Durch ihre eleganten, zierlichen, leicht hängenden, meist dunkelgrünen Blätter wirkt sie grazil. In ihrer Heimat wächst sie zu stattlichen Bäumen heran, bei uns kann sie durchaus 2,50 m erreichen. Auch weissbunte Varietäten sind sehr beliebt, wie beispielsweise der anspruchslose Ficus starlight.

Birkenfeige

Standort
Birkenfeigen brauchen viel Licht. Ist der Standort zu dunkel, fallen die Blätter ab. Pralle Sonne verkraftet die sensible Pflanze ebenso wenig wie Zugluft und Temperaturschwankungen. Das ganze Jahr über sind Temperaturen um die 18°C ideal. Bei steigender Wärme muss die Luftfeuchtigkeit durch Sprühen erhöht werden. Birkenfeigen lieben eine gleichmäßig warme Umgebung und die regelmäßige Pflege. Buntblättrige Sorten wie Ficus benjamina „Hawaii“ brauchen mehr Licht und Wärme sowie eine höhere Luftfeuchtigkeit als die grünblättrigen Arten.

Pflege
Nur mit temperiertem, weichem Wasser mäßig gießen. Die Birkenfeige verlangt nach einer gleichmäßigen Wasserversorgung. Ihr Wurzelballen darf weder zu feucht noch zu trocken sein. Die Pflanze ist für gelegentliches Übersprühen der Blätter mit nicht zu kalkhaltigem Wasser dankbar. Von März bis September wird wöchentlich gedüngt, im Winter kaum oder gar nicht. Oft leidet die Birkenfeige in den dunkleren Wintermonaten so stark an Lichtmangel, dass ein starker Blattabwurf erfolgt. Sie können die Pflanze im Frühjahr bis zum nächsten Auge zurückschneiden. Damit regen Sie die Pflanze zur neuen Blattbildung an.

Vermehrung
Überalterte, verkahlte Pflanzen können durch Abmoosen verjüngt werden.

Gärtnertipp
Alle Ficusarten haben die Eigenart, sich dem Licht zuzuneigen. Drehen Sie von Zeit zu Zeit den Topf ein wenig, damit die Pflanze nicht krumm wird.

Bischofsmütze

(Astrophytum)

Blütezeit:	Juli–August
Familie:	Kakteengewächs
Heimat:	Mexiko

Es gibt die Pflanze mit und ohne Stacheln. Der grüne bis braungrüne Kakteenkörper der unbestachelten Bischofsmütze ist mehrjährig und von kleinen, weißen Punkten überzogen. Im Sommer erfreut die Bischofsmütze mit aus der Mitte entspringenden gelben Blüten.

Standort
Bedornte Arten sollten hell, ohne direkte Sonneneinstrahlung stehen; grüne, unbedornte Arten brauchen dagegen einen halbschattigen Standort. Die ideale Raumtemperatur während der Sommermonate liegt bei 20°C. Im Winter sollte sie nie mehr als 8°C betragen.

Pflege
Das wasserspeichernde Gewächs wird im Sommer nur wenig und im Winter überhaupt nicht mehr gegossen. Wichtig ist, dass die Raumluft trocken ist und die Pflanze so gut wie nie gedüngt wird. Zum Umtopfen sollten Sie Kakteenerde verwenden, der Sie Sand hinzufügen.

Vermehrung
Sie erfolgt durch Samen und führt selbst bei unerfahrenen Hobbygärtnern zum Erfolg.

Gärtnertipp
Entscheidend für die Blütenbildung ist eine kühle Überwinterung dieser Kakteengruppe.

Bischofsmütze

Blattbegonie

Blattbegonie

(Begonia-Rex-Hybride)

Blütezeit:	Juni–August
Familie:	Begoniengewächs
Heimat:	trop. Südamerika

Eine genügsame Pflanze, begehrt wegen ihrer auffällig schön gefärbten und geformten Blätter. Die Musterung der Blätter kann rot, rosa, bronze, schwarz und grün sein. Zuweilen überraschen die Pflanzen auch mit zarten, kleinen Blüten, die ein hübscher Kontrast zu den Blättern sind.

Standort
Hell und warm, viel Licht, aber keine pralle Sonne. Auch Zugluft oder die unmittelbare Nähe von Heizkörpern bekommt der Pflanze schlecht. Wenn Sie aber indirekt durch Sprühen oder mittels eines Luftbefeuchters für eine hohe Luftfeuchtigkeit von 50-60% sorgen, dann wird die Blattbegonie sich besonders gut entwickeln.

Pflege
Gleichmäßig mit abgestandenem Wasser gießen. Wichtig ist, dass weder Staunässe

noch Ballentrockenheit vorkommen. Es reicht, wenn Sie während der Sommermonate alle 14 Tage mäßig düngen. Zum Umtopfen brauchen Sie ein torfreiches Erdgemisch.

Vermehrung
Die Vermehrung erfolgt im Frühjahr aus Blättern. Dazu schneiden Sie die Adern an den Kreuzungspunkten eines Blattes durch und legen dieses auf eine mit feuchtem Sand gefüllte Schale, sodass die Schnittstellen den Sand berühren. An den Schnittstellen entwickeln sich nach einigen Wochen die jungen Pflänzchen, die Sie, sobald sie groß genug sind, einpflanzen können.

Gärtnertipp
Blattbegonien mögen keinen Standortwechsel und wünschen sich einen flachen Topf, denn ihre Wurzeln gehen in die Breite und nicht in die Tiefe. Als Ampelgewächs ist besonders die Tigerbegonie zu empfehlen.

Blattkaktus

(Epiphyllum)

Blütezeit:	April–Juni
Familie:	Kakteengewächs
Heimat:	Mittel-, Südamerika

Durch Züchtung kam es zu großblütigen Pflanzen. Unter den Hybriden sind weißblühende Sorten ebenso wie alle möglichen Rottöne zu finden.

Standort
Im Sommer sollte der Blattkaktus hell und warm etwa bei 20°C, aber vor praller Sonne geschützt stehen. Im Gegensatz zu vielen anderen Kakteengewächsen braucht der Blattkaktus während der Sommermonate eine hohe Luftfeuchtigkeit, die bei 50-60% liegen sollte. Im Winter braucht die Pflanze eine deutliche Temperaturabsenkung auf etwa 8-10°C.

Blattkaktus

Pflege
Von März bis September wird der Blattkaktus regelmäßig mit warmem Wasser gegossen und alle 14 Tage mit einem Kakteendünger ernährt. In der winterlichen Ruhepause wird ab Oktober das Düngen völlig eingestellt, die Wassergaben werden stark reduziert. Umzutopfen ist die Pflanze erst nach Jahren. Dazu brauchen Sie eine mit Torf vermischte Kakteenerde.

Vermehrung
Die Vermehrung ist langwierig, kann aber mit Samen durchgeführt werden.

Gärtnertipp
Der Blattkaktus ist für die Hydrokultur geeignet.

Blaues Lieschen

(Exacum affine)

Blütezeit:	Juli–September
Familie:	Enziangewächs
Heimat:	trop. Afrika, Asien

Einjährige, problemlose Blütenpflanze mit herzförmigen, glänzenden Blättchen und kleinen, duftenden Blüten. Vorwiegend wird die Pflanze mit einfachen, blauvioletten Blüten angeboten. Gelegentlich gibt es die Pflanze auch mit gefüllter Blüte. Das Blaue Lieschen wird auch weißblühend angeboten.

Standort
Hell bis halbschattig, vor praller Sonne schützen. Die Pflanze wünscht sich reichlich frische Luft und ganzjährig Temperaturen um 20°C. Vorsicht vor Zugluft.

Pflege
Das Blaue Lieschen darf nur mäßig gegossen werden, im Winter besonders sparsam; empfehlenswert ist kalkfreies Wasser.

Blaues Lieschen

Vermehrung
Durch Aussaat im Januar/Februar. Es geht um einen Lichtkeimer, daher darf das Saatgut nicht mit Erde bedeckt werden. Schneller geht die Anzucht über Stecklinge, die Sie im Frühjahr schneiden und in Anzuchterde bewurzeln.

Gärtnertipp
Zupfen Sie welke Blüten ab, damit fördern Sie die weitere Knospenbildung der Pflanze.

Bogenhanf

(Sansevieria)

Blütezeit:	Grünpflanze
Familie:	Liliengewächs
Heimat:	trop. Afrika

Der Bogenhanf, in Afrika beheimatet, zählt zu den genügsamsten und widerstandsfähigsten Pflanzen.

Standort
Der Bogenhanf liebt volle Sonne und warme, trockene Luft. Für dunklere Standorte kommen Sansevierien mit grüner Blattzeichnung in Betracht, während die mit goldgelben, längsgestreiften, gerandeten Blättern helle bis sonnige Plätze brauchen, sonst verlieren sie ihre charakteristische Blattfärbung. In praller Sonne allerdings verbleicht die Blattzeichnung, und bei zu dunklem Standort vergeilen die Pflanzen. Mit ganz normalen Zimmertemperaturen kommt die Pflanze gut zurecht, allerdings sollte die Temperatur nicht unter 15°C sinken.

Pflege
Auch bezüglich der Bewässerung ist der Bogenhanf sehr genügsam. Er kommt durchaus einige Tage ohne Wasser aus. Keinesfalls darf die Pflanze übergossen werden oder Wasser in die Blattrosette gelangen. Im Winter wird äußerst sparsam gewässert. Gedüngt wird von Mai bis September im Abstand von 14 Tagen. Zum Umtopfen im Frühjahr sollten Sie Einheitserde mit grobem Sand vermischen.

Vermehrung
Die Vermehrung erfolgt durch das Teilen der Rhizome oder durch einzelne Blattstecklinge im Frühjahr. Die Bodentemperatur sollte etwa 20°C betragen.

Gärtnertipp
Der Bogenhanf reagiert auf Staunässe äußerst empfindlich. Aufgrund ihrer Widerstandsfähigkeit ist die Pflanze auch für Anfänger geeignet.

Bogenhanf

Bougainvillee

(Bougainvillea)

Blütezeit:	März–Juni
Familie:	Wunderblumengewächs
Heimat:	Brasilien

Der Zierstrauch mit seinen großen, farbigen Hochblättern ist eine schöne Topfpflanze. Allerdings ist das tropische Gewächs eine Sonnenanbeterin. Die Pflanze braucht wegen ihres buschigen Wuchses viel Platz sowie eine Rankhilfe. Die Bougainvillee stellt in den verschiedenen Jahreszeiten die unterschiedlichsten Pflegeansprüche.

Standort
Zum guten Gedeihen gehören bei der Bougainvillee reichlich Luft, Sonne und eine regelmäßige Ernährung. Der Kletterstrauch möchte im Sommer warm, nach Möglichkeit auf Balkon oder Terrasse, stehen, im Winter hell und kühl zwischen 8-12°C.

Pflege
In der warmen Jahreszeit muss die Pflanze gut feucht gehalten und von April bis August wöchentlich mit einem Volldünger ernährt werden. Die Sonne bestimmt Blütenfülle und Blütendauer. In nasskalten und sonnenarmen Jahren kommt es nur zum Blütenansatz – das Blütenerlebnis bleibt aus. Im Winter wird nur noch wenig gegossen. Nach der Blüte verträgt die Pflanze einen kräftigen Rückschnitt. Sie treibt danach um so kräftiger aus.

Gärtnertipp
Bougainvilleen zählen zu den sehr kälteempfindlichen Pflanzen. Sofern Sie Ihre Pflanze ins Freie gestellt haben, müssen Sie sie im Herbst wieder ins Haus holen.

Bougainvillee

Brassie

Brassie

(Brassia)

Blütezeit:	meist ganzjährig
Familie:	Orchideengewächs
Heimat:	Mittel-, Südamerika

Schon im zeitigen Frühling blüht Brassia caidata, eine bizarre Orchidee mit langen, dekorativen Blütenstielen. Orchideenkenner schätzen die lange Haltbarkeit der Blüten an der Pflanze und in der Vase. Die Orchidee hat dicht beieinander stehende Pseudobulben, die Wasser und Nährstoffe sammeln. Auf jeder dieser Pseudobulben sitzen zwei ledrige Blätter. Die Brassia zählt zu den epiphytisch wachsenden Orchideen.

Standort
Die Brassia sollte im Halbschatten eines Zimmers oder Wintergartens so stehen, dass sie leicht zu besprühen ist. Im Sommer wünscht die Pflanze es mäßig warm. Die Tagestemperaturen sollten zwischen 17-20°C, die nachts um 15°C liegen.

Pflege
Gegossen wird stets mit weichem, temperiertem Wasser. Neben dem Gießen ist das regelmäßige Besprühen entscheidend für den Erfolg, denn die Pseudobulben dürfen nicht eintrocknen. Im Winter, wenn die Pflanze kühler steht, kann das Gießen und Besprühen eingeschränkt werden. Gedüngt wird in der Vegetationszeit wöchentlich mit einem speziellen Orchideendünger. Nach Möglichkeit sollten Sie die Orchidee mindestens 2 Jahre im selben Gefäß stehen lassen. Zum Umtopfen brauchen Sie ein spezielles Orchideensubstrat.

Vermehrung
Sie können die Brassia durch Teilung der Pseudobulben oder Aussaat vermehren.

Gärtnertipp
Entscheidend für den Erfolg mit der Pflanze ist eine gute Belüftung des Raums.

Brunfelsie

(Brunfelsia pauciflora)

Blütezeit:	März–Juli
Familie:	Nachtschattengewächs
Heimat:	Brasilien

Die Brunfelsie ist ein sehr dekorativer Blütenstrauch für Wohnräume und Wintergärten. Ihre großen Blüten sind tellerförmig mit gewellten Rändern. Die Blüten sitzen auf langen Rohren über den dunkelgrünen Blättern.

Standort
Wichtig ist für die Pflanze eine hohe Luftfeuchtigkeit und ein heller, vor direkter Sonne geschützter Standort. Im Sommer darf die Raumtemperatur 20°C betragen; im Winter fördert ein kühler Standort bei 10-12°C die Blütenbildung, die Pflanze am besten in Wintergarten oder Treppenhaus ausquartieren.

Pflege
Von März bis September wird die Pflanze regelmäßig mit kalkfreiem Wasser gegossen und wöchentlich gedüngt. Darüber hinaus sollten Sie die Pflanze öfters besprühen. Die Pflanze wird es Ihnen mit reicher Blütenpracht danken. Stauende Nässe oder Ballentrockenheit müssen Sie unbedingt vermeiden. Nach der Blüte empfiehlt es sich, die Pflanze zurückzuschneiden, damit sie buschig bleibt. Zum Umtopfen im Frühjahr genügt als Boden Einheitserde.

Vermehrung
Die Vermehrung über die Aussaat oder über halbharte Stecklinge ist schwierig. Die Triebe müssen 6 Monate lang bei gleich bleibenden Temperaturen von 30°C unter Glas gehalten werden.

Gärtnertipp
Für die Bewässerung verwenden Sie am besten weiches Wasser.

Brunfelsie

Bubiköpfchen

Bubiköpfchen

(Soleirolia)

Blütezeit:	Grünpflanze
Familie:	Brennnesselgewächs
Heimat:	Korsika

Das Bubiköpfchen ist eine problemlose Pflanze, die mühelos das ganze Jahr über gleichmäßig zu pflegen ist. Eine nette kleine Ampelpflanze, die zum Begrünen von Ton- und Keramiktöpfen hoch im Kurs steht.

Standort
Ob sonnig oder halbschattig, warm oder etwas kühler, das Bubiköpfchen kommt mit den gegebenen Wohnverhältnissen gut klar. Vorzugsweise steht die Pflanze allerdings im Halbschatten, denn in seiner Heimat überzieht das Bubiköpfchen wie ein grüner Teppich große Flächen von Tälern und Hügeln. Im Sommer ist eine Zimmertemperatur um 20°C und höher, im Winter möglichst zwischen 16-18°C günstig. Bei wärmerem Standort im Winter muss die Pflanze hell stehen.

Pflege
Grundsätzlich darf die Pflanze nur von unten und nie von

oben gegossen werden. Die Pflanze liebt sogar nasse Füße, also kann im Untersatz Wasser stehen bleiben. Gedüngt wird im Abstand von 14 Tagen von April bis September, am besten mit Flüssigdünger im Gießwasser. Achten Sie darauf, dass der Dünger nicht mit den Blättchen in Berührung kommt. Auch für indirektes Besprühen ist das Bubiköpfchen dankbar. Umgetopft oder geteilt wird die Pflanze im Frühjahr. Sorgsam und mit Fingerspitzengefühl muss die Pflanze angefasst werden, denn die Triebe sind sehr empfindlich. Flache, breite Schalen oder Töpfe mit Einheitserde gefüllt, sind für den Flachwurzler zu empfehlen.

Vermehrung
Unansehnliche Pflanzen sollten Sie zur Stecklingsvermehrung verwenden. Sobald ein Trieb mit Erde in Berührung kommt, bildet er schon Wurzeln.

Gärtnertipp
Bubiköpfchen können Sie vom Frühjahr bis zum Sommer immer wieder zurückschneiden, Sie müssen es aber nicht. Ob geschoren oder ungeschoren, das Bubuköpfchen ist eine ideale Pflanze für Anfänger.

Buckelkaktus

Buckelkaktus

(Notocactus)

Blütezeit:	März
Familie:	Kakteengewächs
Heimat:	Brasilien

Die wunderschönen, sehr dekorativen Kugelkakteen zeichnen sich durch ihre auffallend großen, gelben oder roten Blüten aus.

Standort
Hell und sonnengeschützt im Halbschatten. Der richtige Standort ist entscheidend für die Blütenbildung. Vorsicht ist geboten vor der Frühjahrssonne, notfalls muss schattiert werden. Ansonsten sind alle Buckelkaktusarten leicht zu kultivieren, da sie keine besonders kühle Überwinterung benötigen.

Pflege
Der Kaktus sollte regelmäßig mit kalkarmem Wasser feucht gehalten werden. Selbstverständlich müssen Sie auf Staunässe achten. Auch das gelegentliche Besprühen mit warmem, kalkfreiem Wasser in den Abendstunden ist anzuraten. Während der Wintermonate ist nur noch mäßig zu gießen, und die Pflanze nach Möglichkeit kühl bei etwa 10°C zu halten. Von April an sollten Sie das Wachstum mit einem Kakteendünger unterstützen. Umgepflanzt werden jüngere Pflanzen jährlich, ältere nur alle 2 bis 3 Jahre. Gebraucht wird dazu eine spezielle Kakteenerde.

Vermehrung
Durch Aussaat oder Stecklinge ist eine Vermehrung problemlos möglich.

Gärtnertipp
Wenn Sie die Pflegeansprüche dieser Pflanze beherzigen, können Sie an diesem Zimmerkaktus viele Jahre Freude haben.

Buntnessel

(Coleus)

Blütezeit:	Grünpflanze
Familie:	Lippenblütler
Heimat:	top. Asien, Afrika

Farbenprächtige, dekorative Blattpflanze. Aufgrund der nesselähnlichen Blätter wird die anspruchslose Pflanze auch Ziernessel genannt.

Standort
Nur bei voller Sonne bleibt die schöne Färbung der Blätter und der gedrungene Wuchs der Pflanze erhalten. Während der Mittagshitze ist das Südfenster zu schattieren. Sie benötigt in den Sommermonaten normale Zimmertemperatur, im Winter um die 8°C, da bei zu warmem, trockenem Standort Spinnmilbengefahr besteht.

Pflege
Die Buntnessel braucht viel, möglichst weiches Wasser. Während der Sommermonate sollte die Pflanze häufig besprüht werden. Von Mai bis Juni ist die Pflanze einmal wöchentlich zu düngen. Damit die Blätter ihre attraktive Farbenpracht behalten, müssen die unscheinbaren Nesselblüten entfernt werden. Im Oktober sollten Sie die Pflanze stark zurückschneiden, im Frühjahr neu in humose Erde topfen.

Vermehrung
Die Vermehrung erfolgt durch Stecklinge, die in der Erde wie im Wasser schnell bewurzeln.

Gärtnertipp
Im zweiten Jahr verlieren die Buntnesseln ihre Schönheit und die dekorative Farbenpracht, daher sollten Sie durch Stecklinge für Jungpflanzen sorgen.

Buntnessel

Buntwurz

Buntwurz

(Caladium)

Blütezeit:	Grünpflanze
Familie:	Aronstabgewächs
Heimat:	Brasilien

Eine faszinierende Knollenpflanze, die durch ihre fast durchsichtigen, schön gezeichneten Blätter sehr elegant wirkt. Je nach Sorte zeigt der Buntwurz auffallende Blattmusterungen in Weiß, leuchtendem Rosa oder in Dunkelrot. Eine pflegebedürftige Blattschönheit für Kenner!

Standort
Erforderlich ist ein heller, vor direkter Sonne geschützter Standort. Ideal ist ein Ost- oder Westfenster, aber auch ein in der Mittagssonne schattiertes Südfenster kommt in Frage. Die Pflanze braucht das ganze Jahr über gleichmäßige Temperaturen, ideal sind 20-25°C.

Pflege
Im Sommer wird reichlich mit temperiertem, abgestandeneem Wasser gegossen, im Winter gar nicht. Caladien brauchen eine hohe Luftfeuchtigkeit, etwa über 60%, dürfen aber nicht direkt mit Wasser besprüht werden. Ge-

düngt wird von Juni bis August zweimal monatlich mit einem reinen Blattpflanzendünger. Eine humose, durchlässige und nährstoffreiche Erde ist beim Umtopfen erforderlich. Ab November zieht die Pflanze langsam ein, im Dezember sind alle Blätter abgestorben. Die Knollen bleiben so trocken am gleichen Standort stehen.

Vermehrung
Durch Seitenknöllchen, die jedoch erst abgetrennt werden sollten, wenn sich eigene Blättchen gebildet haben.

Gärtnertipp
Niemals die Pflanze mit kaltem Wasser erschrecken. Die empfindlichen Blätter vertragen weder Dusche noch das feuchte Abwischen.

Calla

(Zantedeschia aethiopica)

Blütezeit:	Januar–Mai
Familie:	Aronstabgewächs
Heimat:	Südafrika

Angeboten wird neuerdings die Zantedeschia rehmannii in kompakter Wuchsform mit purpurfarbener Blüte. Bekanntlich ist das, was bei der Calla als Blüte bezeichnet wird, ein Hüllblatt (Spatha) und der gelbe Kolben der Pflanze die eigentliche Blüte. Die Zimmercalla hat pfeilförmige Blätter und eine typische Aronstabblüte mit gelbem Blütenkolben und zunächst weißem, später rotem Hochblatt.

Standort
Sonnig bis halbschattig und warm. Ein regengeschützter Aufenthalt auf der Terrasse oder auf dem Balkon ist von Juni bis September wünschenswert. Nach der Blütezeit ab Mai braucht die Pflanze eine Ruhezeit von etwa 2 Monaten. In dieser Zeit sollte die Calla möglichst hell und kühl untergebracht kaum gegossen und nicht mehr gedüngt werden. Ab Dezember erhält die Calla zur Blütenförderung einen warmen Standort mit viel Licht.

Pflege
Umgetopft wird im August in ein größeres Gefäß mit humusreicher Erde. Von August bis November wird nur so viel gegossen, dass die Erde nicht austrocknet. Ab Dezember sollten Sie die Pflanze wieder reichlich gießen. Die durstige Pflanze außerdem wöchentlich düngen. Achten Sie darauf, dass die Blätter aufgrund der starken Transpiration immer sauber sind.

Vermehrung
Die Vermehrung erfolgt durch Teilung des Wurzelstocks oder der Seitenknollen. Beachten Sie, dass die Knolle der Calla stets flach in die Erde gesteckt wird.

Gärtnertipp
Zu lange, leicht knickende Stiele sind ein Zeichen von zu dunklem Standort. Wenn Sie zu wenig lüften, können Blattläuse auftreten.

Calla

Catharantus

Catharanthus

(Catharanthus)

Blütezeit:	Mai–Oktober
Familie:	Hundsgiftgewächs
Heimat:	Tropen, Madagaskar

Eine dekorative, hübsche und lang blühende Zimmerpflanze. Catharanthus blüht vom frühen Sommer bis in den späten Herbst. Angeboten wird meist C. roseus mit dunkelgrünen, bis zu 7 cm langen Blättern, einer weißen Mittelrippe und 3 cm großen Blüten. Ab und zu gibt es auch Sorten mit weißen Blüten, deren Blütenstand rot oder auch gelb leuchtet.

Standort
Der tropischen Heimat gemäß wünscht sich die Pflanze eine feuchtwarme Atmosphäre an einem sonnigen bis halbschattigen Platz. Der bis zu 1/2 m hohe Halbstrauch darf nicht zu warm stehen. 20°C ist schon die oberste Grenze, sonst werden die Blätter schlaff. Überwintern möchte die Pflanze hell bei 12-18°C.

Pflege
Die immergrüne Catharanthuspflanze muss gut feucht gehalten werden. Im Sommer wird reichlich, im Winter deutlich weniger gegossen. Während des Wachstums ist wöchentliches Düngen ebenso wichtig wie das Besprühen der Pflanze. Im Frühjahr müssen Sie die Pflanzen mit Einheitserde umtopfen.

Vermehrung
Am einfachsten gelingt die Vermehrung der Pflanze mit Stecklingen, die Sie im März schneiden und zu mehreren einpflanzen.

Gärtnertipp
Catharanthus ist eine einfach zu pflegende Zimmerpflanze.

Cattleye

(Cattleya maxima)

Blütezeit:	meist ganzjährig
Familie:	Orchideengewächs
Heimat:	trop. Südamerika

Diese Orchidee ist schwierig zu handhaben und daher für den Anfänger ungeeignet. In ihrer Heimat leben die Pflanzen epiphytisch auf Bäumen.

Standort
Sehr hell, aber keine direkte Sonne. Die tropische Schönheit braucht viel Wärme und hohe Luftfeuchtigkeit. Ideale Standorte sind das Gewächshaus, der Wintergarten bzw. ein spezielles Blumenfenster. Tagestemperaturen von 24-32°C, vorausgesetzt die Luftfeuchtigkeit ist auch entsprechend hoch, sind ideal. In den Wintermonaten sollte die Nachttemperatur möglichst zwischen 13-16°C liegen. Cattleyen, die im Winter und Frühjahr blühen, brauchen nach der Wachstumszeit 6 bis 8 Wochen Ruhe.

Cattleye

Pflege
In der Wachstumszeit häufig mit weichem Wasser gießen, dabei Staunässe unbedingt vermeiden. Im Winter müssen Sie das Gießen auf ein Minimum herabsetzen und möglichst darauf achten, dass die Pseudobulben nicht schrumpfen. Ein direktes Besprühen der Pflanze ist verboten, da Blätter und Blüten sofort mit Flecken reagieren würden. Das Besprühen des Raums, damit eine feuchte Atmosphäre entsteht, ist mehrmals täglich erforderlich. Am besten ist es, wenn Sie die Cattleya auf eine Gitterschale mit Wasserspeicher setzen, um dem Anspruch der hohen Luftfeuchtigkeit gerecht zu werden. Umpflanzen dürfen Sie nur in ein spezielles Orchideensubstrat, und zwar nach der Blüte im Frühjahr. Im Sommer düngen Sie die Pflanze alle 14 Tage durch das Tauchen in Nährlösung. Nach der Blüte im Frühjahr oder Herbst ist eine Ruhezeit von 6 bis 8 Wochen unbedingt einzuhalten. Ab diesem Zeitpunkt ist die Pflanze fast trocken zu halten und nur noch alle 2 bis 3 Wochen zu gießen. Sie sollten sie jedoch täglich einmal besprühen. Das Lichtangebot sollte jetzt besonders hoch sein, damit die Pseudobulben gut reifen können.

Vermehrung
Die Vermehrung der Cattleye ist etwas schwierig. Sie erfolgt nach der Ruhezeit durch Teilung der Bulben, wobei jedes der Teile mindestens zwei Pseudobulben aufweisen muss.

Gärtnertipp
Zur Bewässerung und zum guten Gedeihen dieser Pflanze verwenden Sie am besten weiches Wasser.

Centradenia

Centradenia
(Centradenia)

Blütezeit:	Dezember–März
Familie:	Schwarzmundgewächs
Heimat:	Mittelamerika

Der Halbstrauch aus Mittelamerika ist zur Ampel- und Schalenbepflanzung gut geeignet. Seine vierkantigen Zweige sind besetzt mit kleinen und großen Blättern, die sich gegenüberstehen. Auf der Blattunterseite sind sie leicht rötlich und auf der Oberseite grünlich gefärbt. Von Winter bis Frühling erscheinen rosafarbene Blüten.

Standort
Der Standort sollte das ganze Jahr über schattig sein, denn Sonne verträgt die Centradenia nicht. Dennoch wünscht sie sich die Wärme; 25°C sind gerade ideal, im Winter darf es auch etwas weniger sein.

Pflege
Da die Pflanze keine Ruhezeit hat, wird sie das ganze Jahr über reichlich mit Wasser versorgt und alle 14 Tage gedüngt. Wichtig ist, dass der Ballen nie austrocknet. Im Frühjahr erhält die Centradenia einen Verjüngungsschnitt, danach treibt sie besonders kräftig.

Vermehrung
Die beim Rückschnitt anfallenden Stecklinge werden unter einer Folie in Einheitserde zum Bewurzeln gebracht.

Gärtnertipp
Angeboten werden etwa fünf Arten, darunter C. floribunda, sie blüht ab November in langen Doldentrauben, C. Grandifolia hat kürzere Blütenstände und ist als Ampelpflanze gut geeignet.

Christusdorn

Christusdorn

(Euphorbia milli)

Blütezeit:	Januar–Dezember
Familie:	Wolfsmilchgewächs
Heimat:	Madagaskar

Eine beliebte, anspruchslose, mehrjährige Zimmerpflanze, von der selbst Anfänger nicht enttäuscht werden. Typisch für den Christusdorn ist seine bizarre Wuchsform mit Dornen und winzigen Blättchen. Die zahlreichen Blüten sind rote bzw. gelbe Hochblätter, die in der Regel ganzjährig erfreuen. Die wirklichen Blüten sind unscheinbar und sitzen in der Mitte des Hochblattpaars.

Standort
Am besten vollbesonntes Südfenster. Die pflegeleichte Pflanze fühlt sich wohl bei trockener Heizungsluft und normaler Zimmertemperatur. Ideal zur Zeit der Blütenbildung sind im Winter Temperaturen von etwa 15-18°C; die Temperatur sollte jedoch nicht unter 12°C fallen.

Pflege
Die Pflanze sollte selbst in den Sommermonaten nur mäßig gegossen werden. Im Winter wird sie, je nach Raumtemperatur, noch trockener gehalten. Von April bis September wöchentlich mit Kakteendünger ernähren.

Vermehrung
Die Stecklingsvermehrung ist besonders einfach, wenn Sie sie im Frühjahr vornehmen.

Gärtnertipp
Der Wolfsmilchsaft ist giftig. Daher sollte die Pflanze nur mit Handschuhen angefasst werden. Der Standortwechsel führt zum Blattfall.

Clivie

(Clivia)

Blütezeit:	Februar–Juni
Familie:	Amaryllisgewächs
Heimat:	Südafrika

Clivien waren schon zu Grossmutters Zeiten bekannte und sehr beliebte Zimmerpflanzen. Und das mit recht, denn die Clivie – auch Riemenblatt genannt – ist robust, kaum krankheitsanfällig.

Standort
Die Pflanze liebt es hell bis halbschattig. Als Standort ist ein Ost- oder Westfenster ideal. Clivien sollten nicht umgestellt werden, sie müssen immer mit der gleichen Seite zum Licht stehen, da die Pflanze sonst nicht zur Blüte kommt. Am besten ist es, den Lichteinfall am Gefäß mit Kreide zu kennzeichnen. Temperaturen zwischen 15 und 20°C sind in der Wachstumszeit ideal. Auch ist im Sommer ein Freiluftaufenthalt im Schatten empfehlenswert. Die Pflanze benötigt von November bis Januar eine Ruhezeit bei einer konstanten Temperatur von 10°C; diese ist Voraussetzung für die Blütenbildung.

Clivie

Pflege
Gießen Sie die Clivie möglichst mit kalkfreiem Wasser, der Wurzelballen darf nie austrocknen, sonst kommt es zu braunen Blatträndern. Stehende Nässe und Fußbäder sind unbedingt zu vermeiden. In der Ruhezeit wird die Pflanze kaum mehr gegossen. In den Herbst- und Wintermonaten sollten Sie die Blätter mit einem feuchten Tuch entstauben. Dabei haben sich Bierreste zum Abreiben der Blätter bewährt, sie spenden Glanz und halten den Schmutz lange fern. Jedes zweite Jahr nach der Blüte ist die Pflanze umzutopfen. Als Pflanzensubstrat eignet sich eine Einheitserde mit Lehmzusatz.

Vermehrung
Gut entwickelte, mindestens 20 cm große Seitensprosse (Kindel) mit 4 bis 5 Blättern werden mit einem scharfen Messer von der Mutterpflanze gelöst. Die Seitensprossen müssen eigene Wurzeln haben, sie dürfen beim Abtrennen nicht verletzt werden. Der beste Zeitpunkt hierfür ist das Frühjahr.

Gärtnertipp
Was tun, wenn Clivien nicht blühen wollen? Vermutlich ist die zweimonatige Ruhezeit bei 10°C nicht eingehalten worden. Oft hilft folgender Trick: Erhöhen Sie die Luftfeuchtigkeit durch regelmäßiges Besprühen, halten Sie die Pflanze zusätzlich feucht, indem Sie diese mit warmem Wasser von etwa 40°C begießen, begasen Sie die Pflanze mit Äthylen. Dazu wird ein reifender Apfel neben die Blätter gelegt und eine dünne Klarsichtfolie darüber gespannt. In dem eigenen Ökosystem wird die Blühfähigkeit angeregt.

Columnea

Columnea
(Columnea)

Blütezeit:	März–April
Familie:	Gesneriengewächs
Heimat:	trop. Amerika

Eine anspruchsvolle, sehr dekorative Ampelpflanze mit langen Trieben, kleinen, harten Blättern und roten oder gelblichen Röhrenblüten. Sie blüht von März bis April. In ihrer Heimat wächst die Columnea auch epiphytisch auf Bäumen.

Standort
Möglichst hell, keine pralle Sonne, hohe Luftfeuchtigkeit und Bodenwärme bei Temperaturen um 20°C, so sehen die optimalen Standortbedingungen für das Blütenwunder, die Columnea, aus. Achten Sie beim Kauf auf die Pflegekarte mit Sortenhinweis. Wenn die angegebene Ruhezeit nicht eingehalten wird, kommt es auch nicht zur Blütenbildung. Das aus tropisch-feuchten Gebieten stammende Gewächs liebt eine hohe Luftfeuchtigkeit von über 60%. Die Pflanze darf aber nie direkt mit Wasser besprüht werden, weil sonst Flecken auf Blättern und Blüten entstehen.

Pflege
Gegossen wird regelmäßig, aber ohne Vernässung mit weichem, temperiertem Wasser. Während der Wachstumsperiode müssen Sie wöchentlich düngen.

Vermehrung
Im Frühjahr durch harte Triebstecklinge.

Gärtnertipp
Achten Sie beim Kauf auf neue Züchtungen, sie sind blühfreudig und robust. Zugluft und zu viel Sonne führen zu Blattfall bzw. Blattflecken. Die Pflanze ist für die Hydrokultur geeignet.

Cotyledon
(Cotyledon)

Blütezeit:	März–Juni
Familie:	Dickblattgewächs
Heimat:	Südafrika

Eine sukkulente Pflanze mit fleischigen Blättern, die einen blauen Rand aufweisen. Das Dickblattgewächs wächst sehr langsam und bildet von März bis Juni attraktive, glockenförmige Blüten.

Standort
Ganzjährig möchte die Pflanze sonnig und luftig stehen, im Sommer bei normaler Raumtemperatur, im Winter jedoch möchte sie – entsprechend den Temperaturen in ihrem Heimatland – etwas kühler stehen. Eine Temperatur von etwa bei 5-10°C ist ideal.

Pflege
Im Sommer können Sie die Pflanze recht feucht halten, in der kühleren Ruhepause kann sie trocken stehen. Gedüngt wird während der Sommermonate alle 4 Wochen. Zum Umtopfen brauchen Sie Einheitserde, die Sie mit Sand vermischen. Jüngere Pflanzen werden jährlich, ältere Pflanzen nur noch alle 3 bis 4 Jahre umgetopft. Die beste Zeit für das Umtopfen ist im Februar.

Vermehrung
Die Vermehrung erfolgt aus Samen oder Stecklingen, wobei die einzelnen Glieder abgetrocknet sein müssen, bevor sie in das Erdsubstrat kommen.

Gärtnertipp
Auf hellen Standort achten, bei unzureichenden Lichtverhältnissen verschwindet der rötlich-blaue Rand.

Cotyledon

Crossandre
(Crossandra)

Blütezeit:	Juni–August
Familie:	Akanthusgewächs
Heimat:	Indien

Eine auffallend schöne Pflanze mit lachsfarbenen, bis zu 10 cm langen Blütenähren, die sich apart von dem dunkelgrünen, glänzenden Laub abheben. Die sommerliche Blühperiode erstreckt sich über viele Wochen. Nach dem Abblühen sollten Sie sich von der Pflanze trennen, bevor sie unansehnlich wird und Läuse bekommt.

Standort
Vor allem Wärme und Feuchtigkeit braucht der exotische Zimmergast. Temperaturen um 20°C – bei einer Luftfeuchtigkeit von über 60% – sind erforderlich. Zum Gedeihen gehört ein heller bis halbschattiger Platz ohne direkte Sonne.

Pflege
Die Pflanze muss reichlich mit temperiertem, weichem Wasser versorgt und in den Sommermonaten alle 2 Wochen gedüngt werden. Durch indirektes Sprühen wird die Luftfeuchtigkeit erhöht, dabei darf kein Wassertropfen auf die Blüten gelangen. Pflanzen, die zu trocken geworden sind, können eventuell noch durch ein Tauchbad gerettet werden. Vor Zugluft ist die Pflanze unbedingt zu schützen. Bewurzelte Stecklinge werden in Einheitserde getopft.

Vermehrung
Im März können Sie Ihr Glück mit Kopfstecklingen versuchen, vorausgesetzt. Sie sorgen für eine hohe Bodentemperatur (20-25°C) und gespannte Luft.

Gärtnertipp
Während der Blütezeit müssen Sie regelmäßig die welken Blüten abknipsen.

Crossandre

Cymbidie
(Cymbidium)

Blütezeit:	meist ganzjährig
Familie:	Orchideengewächs
Heimat:	Ostindien, Australien

Cymbidie

Ganz charakteristisch für diese Pflanze sind die großen, ovalen Pseudobulben und die langen, riemenförmigen Blätter. Die außergewöhnlich großen Blüten erscheinen an der Basis der Bulben. Die ungewöhnlich lange Blühzeit der Kahnorchidee macht sie so beliebt. Die Gattung umfasst rund 70 Arten. Sie sind sowohl auf Bäumen, Feldern als auch am Boden wachsend zu finden. Neben den reinen Naturformen werden heute gezüchtete Hybriden in einer großen Farbpalette angeboten. Im Hinblick auf die enorme Blütenhaltbarkeit ist die Pflanze auch als Schnittblume sehr beliebt.

Standort
Hell mit viel Frischluftzufuhr. Ideal sind Temperaturen zwischen 16-24°C. Bei einem solch kühl temperierten Standort ist die Blühdauer besonders lang. Im Sommer sind Orchideen für einen halbschattigen Platz unter Bäumen dankbar. Ab Herbst sind niedrige Nachttemperaturen – um die 12°C – zur Blüteninduktion unbedingt erforderlich.

Pflege
In der Blütezeit von Frühjahr bis hin zum Sommer brauchen Cymbidien reichlich Wasser und Nahrung, aber nur kalkfreies Wasser ist für Orchideen geeignet. Ebenso empfiehlt sich ein spezieller Orchideendünger. In den Wintermonaten nur wenig gießen, damit die Bulben nicht schrumpfen und die Blätter welken. Das Erdsubstrat setzt sich aus Kompost, Lehm, etwas kiesigem Sand, Rinde und Fasertorf zusammen.

Vermehrung
Die Vermehrung erfolgt durch Teilung, sie ist jedoch schwierig und sollte vom Fachmann vollzogen werden.

Gärtnertipp
Orchideen entfalten ihre natürliche Schönheit in Körben und Ampelgefäßen. Vorsicht, Zugluft unbedingt vermeiden, sie kann die Pflanze nachhaltig schädigen.

Dattelpalme

(Phoenix dactylifera)

Blütezeit:	Grünpflanze
Familie:	Palmengewächs
Heimat:	Nordafrika

Die echte Dattelpalme Phoenix dactylifera wächst besonders kräftig. Ihre Wedel sind stark gefaltet. Sie ist nur bedingt fürs Zimmer geeignet, ihr eigentlicher Standort ist die Terrasse, der Garten oder der Balkon. In der kalten Jahreszeit sollte sie im Wintergarten stehen.

Standort
Sowohl die P. canariensis als auch die P. dactylifera sollten im Sommer an einem luftigen Platz draußen stehen. Beide Pflanzen brauchen viel Platz und im Winter einen Standort von 8-10°C. Phoenix roebelenii ist als einzige ganzjährig für den Zimmeraufenthalt geeignet. Sie wirkt durch ihre schmalen, hängenden Fiederblätter sehr anmutig.

Dattelpalme

Pflege
Alle Dattelpalmen brauchen in den Sommermonaten reichlich Wasser und wöchentlich einen Düngeguss. Vorzugsweise sollte mit abgestandenem Wasser gegossen werden. Damit die Wedel nicht austrocknen oder braune Spitzen bekommen, ist das häufige Abwischen mit einem feuchten Schwamm anzuraten. Jüngere Palmen werden alle 2, ältere nur alle 3 bis 4 Jahre umgetopft.

Vermehrung
Alle Phoenixarten lassen sich gut aus Dattelkernen anziehen. Da die Keimfähigkeit nachlässt, sollten frische Dattelkerne so bald wie möglich in lauwarmem Wasser eingeweicht und anschließend in ein Sand-Ton-Gemisch gesteckt werden. Während der Keimzeit ist eine Temperatur von 25°C erforderlich.

Gärtnertipp
Palmen, die im Winter zu warm stehen, bekommen leicht Schildläuse. Bei Palmen, die nicht wachsen, sollte die Erde ausgetauscht werden. Um das Wachstum der Phoenixpalmen in Grenzen zu halten, ist ein Wurzelrückschnitt möglich.

Dickblattgewächs

(Crassula brevicaule)

Blütezeit:	Juni–August
Familie:	Dickblattgewächs
Heimat:	Südafrika

Die artenreiche Gattung der Dickblattgewächse weist unterschiedlichste Wuchsformen auf. Interessant ist die Art Crassula brevicaule mit zarten Blüten und fleischigen, kurzgestielten Blättern.

Standort
Besonders wohl fühlt sich die Pflanze an einem hellen Standort. Aus diesem Grund ist es ratsam, das Dickblattgewächs von April bis September auf den Balkon oder in den Garten zu stellen. Überwintert werden sollte die Pflanze bei 15°C in einem hellen Raum.

Pflege
Wie alle sukkulenten Pflanzen wird das Dickblattgewächs äußerst sparsam gegossen, während der kühlen Überwinterungszeit sollte das Wasser nur tröpfchenweise verabreicht werden. Gedüngt wird von Mai bis August einmal im Monat. Hierzu eignet sich ein Kakteendünger, verwenden Sie nur die Hälfte der angegebenen Menge. Umgepflanzt wird alle 2 bis 3 Jahre in sandige Kakteenerde.

Vermehrung
Die Vermehrung erfolgt durch Triebstecklinge, die in feuchten Sand gesteckt werden.

Gärtnertipp
Das Dickblattgewächs ist besonders pflegeleicht und daher für Anfänger und Berufstätige zu empfehlen. Die robuste Pflanze durchsteht bei nicht zu sonnigem Standort auch im Sommer Trockenperioden von 2 bis 3 Wochen.

Dickblattgewächs

Dieffenbachie

Dieffenbachie

(Dieffenbachia)

Blütezeit:	Grünpflanze
Familie:	Aronstabgewächs
Heimat:	trop. Amerika

Eine bekannte und dekorative Grünpflanze mit außergewöhnlich lebhafter Blattzeichnung. Es gibt mehr als 30 Sorten im Handel, darunter sind etliche mit gelbflächiger Musterung auf der grünen Blattgrundfarbe. Die anspruchsloseste Art ist die Dieffenbachia maculata in verschiedenen Sorten.

Standort
Der Standort richtet sich danach, ob es sich um Pflanzen mit weißgezeichneten oder grünen Blättern handelt. Weißgefleckte oder gelbmarmorierte Arten lieben es im Allgemeinen hell, aber vor direkter Sonne geschützt, damit die aparte Blattmusterung erhalten bleibt. Lediglich die grünblättrigen Arten, wie z. B. die Dieffenbachia humilis, können auch im vollen Schatten wachsen. Die Zimmer-

temperatur sollte im Sommer bei 20°C liegen, im Winter mindestens 15°C betragen.

Pflege
Während der Wachstumsperiode von März bis August reichlich mit handwarmem, kalkfreiem Wasser versorgen. Ab dem September wird die Pflanze sparsamer gegossen. Gedüngt wird mäßig, aber re-gelmäßig einmal in der Woche. Die Dieffenbachie schätzt eine erhöhte Luftfeuchtigkeit, indirektes Besprühen mit gefiltertem Wasser gehört zur Pflege. Vorsicht, das Aronstabgewächs verträgt keine Zugluft. Trotz aller Fürsorge wird die Pflanze mit der Zeit von unten her verkahlen. Ein Verjüngungsschnitt im Frühsommer ist dann angebracht. Anschließend treibt die Dieffenbachie erneut aus.

Vermehrung
Generell ist die Vermehrung einfach; sie erfolgt entweder durch Stecklinge oder durch 7-10 cm lange, krautige Stammstücke, wobei jeder mindestens eine Triebknospe aufweisen sollte (zu erkennen an den Verdickungen unter der Rinde). Stammstücke werden einzeln oder zu mehreren bis zur Hälfte ihrer Länge in die Erde getopft. Es ist darauf zu achten, dass die senkrecht gesteckten Stammstücke mit dem richtigen Ende in die Erde kommen. Daher empfiehlt es sich, das untere Ende durch einen Schrägschnitt kenntlich zu machen.

Gärtnertipp
Vorsicht vor dem milchigen Pflanzensaft! Dieser enthält Strychnin, ist giftig und reizt Haut sowie Schleimhäute. Die Dieffenbachie ist auch sehr begehrt als Hydrokulturpflanze.

Dipladenie

Dipladenie

(Dipladenia)

Blütezeit:	März–September
Familie:	Hundsgiftgewächs
Heimat:	Brasilien

Viel zu wenig bekannt ist die attraktive Dipladenie mit ihren riesigen glockenähnlichen Blüten in Rosa, Weiß und Dunkelrot, die einen dekorativen Zimmerschmuck abgibt. Im aparten Kontrast stehen dazu die dunkelgrün glänzenden, etwas derben Blätter. Diese lianenartige Schlingpflanze ist als Verwandte des Oleander und der Pflanze Immergrün ebenso robust wie diese.

Standort
Hell bis halbschattig und dabei warm. In den Sommermonaten sollen die Temperaturen zwischen 18-20°C liegen, im Winter etwa um die 13°C, allerdings nicht niedriger als 10°C.

Pflege
Die tropische Schönheit braucht eine gleichmäßig feuchte Erde ohne Staunässe. Um der Vernässung vorzubeugen, ist im Pflanzgefäß eine Dränageschicht aus Tonscherben empfehlenswert. Gedüngt wird die Diplandenie nur von April bis August, während der Ruhezeit nicht. Im Februar wird die Pflanze stark zurückgeschnitten damit sie mit Beginn der Wachstumsperiode wieder kräftig austreibt.

Vermehrung
Die Vermehrung erfolgt im Frühjahr durch Stecklinge.

Gärtnertipp
Der giftige Milchsaft darf nicht mit Haut oder Schleimhaut in Berührung kommen. Bei zu trockener Luft oder zu hellem Standort rollen sich die Blätter.

Doldenrebe

(Ampelopsis)

Blütezeit:	Grünpflanze
Familie:	Weinrebengewächs
Heimat:	Asien, Nordchina

Der attraktive Kletterstrauch aus Asien mit seinen eleganten, weißgrün marmorierten Blättern an roten Stielen ist für den Wintergarten wie geschaffen.

Standort
Die starkwüchsige Pflanze liebt einen hellen bis halbschattigen Standort. Im Sommer Raumtemperatur, im Winter zwischen 2-15°C. Sie können die Pflanze in den Sommermonaten auf den Balkon oder die Terrasse stellen. Während der Wintermonate kann die Doldenrebe ihre Blätter verlieren, im Frühjahr bilden sich neue.

Pflege
Im Sommer müssen Sie reichlich, im Winter äußerst sparsam gießen. Das Düngen sollten Sie während der Wachstumszeit alle 14 Tage vornehmen.

Doldenrebe

Vermehrung
Die Vermehrung erfolgt im April/Mai durch Kopf- oder Triebstecklinge bei einer Bodentemperatur von 15-20°C.

Gärtnertipp
Es empfiehlt sich, im Frühjahr die Pflanze zur Regeneration in frische Erde zu setzen.

Drachenbaum

(Dracaena dermensis)

Blütezeit:	Grünpflanze
Familie:	Agavengewächs
Heimat:	trop. Afrika, Asien

Drachenbäume sind als haltbare und unempfindliche Blattpflanzen sehr beliebt. Sie können im Zimmer 2-3 m erreichen. Je nach Kulturform werden sie grün- und gelbweiß- oder sogar rotgerandet angeboten. Besonders ausdrucksvoll ist die breitblättrige Dracaena deremensis mit ihren schönen weißgrün-gestreiften Blättern. Beliebt ist auch die schmallaubige, dünnstämmige Dracaena marginata und ihre buntblättrigen Sorten. Diese Drachenbäume gibt es mit und ohne Stämmchen. Drachenbäume sind für Pflanzenliebhaber mit wenig Erfahrung empfehlenswert. Die Dracaena fragrans Massengeana ist ein typisch stammbildender Drachenbaum mit zahlreichen Züchtungen wie Knerkii, Lindenii, Massangeana, Rothiana, Stedneri, Victoria.

Standort
Der Standort sollte hell bis halbschattig sein. Die Pflanze kann im Raum stehen, sofern sie noch genügend Licht bekommt. Pralle Sonne und Zugluft verträgt kein Drachenbaum. Am einfachsten zu pflegen ist D. fragrans mit den überhängenden Blättern, während die D. marginata mit einem relativ dunklen Standort auskommt; die D. deremensis dagegen benötigt einen hellen Standort.

Pflege
Im Sommer normal gießen, im Winter sparsamer. Achten Sie darauf, dass der Wurzelballen nie austrocknet. Gedüngt wird von März bis September wöchentlich. Sollte Ihre Pflanze braune Blätterspitzen bekommen, können Sie diese mit der Schere, entsprechend der Blattform, ohne dabei das gesunde Gewebe zu verletzen, abschneiden.

Vermehrung
Die Vermehrung erfolgt durch Stecklinge, Abmoosen und Stammabschnitte wie auch bei der Sorte D. deremensis und D. marginata.

Gärtnertipp
Zu groß gewordene Pflanzen verkleinern Sie durch einen Rückschnitt. Alle Drachenbäume sind ideale Hydrokulturpflanzen.

Drachenbaum

Drehfrucht

(Streptocarpus)

Blütezeit:	März–September
Familie:	Gesneriengewächs
Heimat:	Afrika, Madagaskar

Diese Pflanze ist ein Geheimtipp für Liebhaber. Die Drehfrucht gehört zur selben Familie wie die Gloxinie und das blühfreudige Usambaraveilchen. Ihre farbenprächtigen Blüten, die sich von Frühjahr bis zum Herbst unermüdlich zeigen, macht die Drehfrucht zu einer der schönsten Zimmerpflanzen. Die grazile Pflanze gibt es in Zartlila, Hellblau, Weiß, Rosa und in einem leuchtenden Rot.

Standort
Die Drehfrucht reagiert allergisch auf Rauch, ist also nur für Nichtraucher geeignet. Auch bei zu warmen und zu kühlen Temperaturen oder wenn sie im Zug steht, welken die Blüten schnell dahin. Ideal ist ein Ost- oder Westfenster mit normalen Zimmertemperaturen während der Herbst- und Sommermonate. Die Drehfrucht möchte keinesfalls gedreht werden, sie ist daher als kurzfristig blühender Tischschmuck ungeeignet. Sie sollten die Pflanze von Anfang an auf den richtigen Platz stellen. Während der Ruhezeit von Oktober bis Februar ist ein kühles Schlafzimmer von 10-12°C ideal. Ab März wird sie wieder wärmer gestellt.

Drehfrucht

Pflege
Im Sommer gleichmäßig mit möglichst kalkfreiem Wasser feucht halten, aber bitte nur von unten gießen. Restliches Wasser, das noch im Untersatz oder Blumentopf nach einer halben Stunde steht, ist abzugießen. Wichtig ist, dass kein Wasser in die Blattrosette gelangt, denn dadurch kommt es zu hässlichen Flecken der Blätter und zur Fäulnis der Pflanze. Gedüngt wird wöchentlich von April bis Oktober. Umgetopft wird nach der Winterruhezeit im März. Unbedingt ist dabei für gute Dränage zu sorgen.

Vermehrung
Die Vermehrung erfolgt durch Blattstecklinge. Dazu werden die Blätter entlang des Mittelnervs durchgeschnitten und mit den Schnittflächen in ein Topf-Sand-Gemisch gesteckt. Eine Folie sorgt in den nächsten Wochen für gespannte Luft während der Phase der Bewurzelung.

Gärtnertipp
Trocken gewordene Pflanzen können Sie oft noch durch ein Tauchbad retten. Auf keinen Fall dürfen solche Pflanzen noch zusätzlich mit einem Düngeguss geschwächt werden.

Duftgeranie

(Pelargonium)

Blütezeit:	April–Oktober
Familie:	Storchschnabelgewächs
Heimat:	Südafrika

Zwar sind die Blüten der Duftgeranie unscheinbar, dafür ist ihr Duft erfrischend und angenehm: mal duften die Blätter nach Rosen, mal nach Zitronen, dann wieder nach Pfefferminz. Duftgeranien gibt es in stehender und hängender Form. Die meisten dieser Pflanzen sind Wildarten, so wie man sie in Südafrika findet.

Standort
Wichtig für die Pflanze ist ein luftiger, heller und warmer Standort. Im Winter möchte die Duftgeranie so wie in ihrer Heimat kühl stehen, vorzugsweise bei 10-15°C.

Pflege
Die Duftgeranie ist bekanntlich eine Pelargonie, sie sollte daher selbst im Sommer nur sparsam gegossen werden, während der Wintermonate ist das Gießen kaum noch erforderlich.

Vermehrung
Da die Pflanze mit der Zeit verkahlt, sollten Sie sie rechtzeitig über Kopfstecklinge von 10 cm Länge vermehren.

Gärtnertipp
Bei zu feuchter Erde faulen die Wurzeln, mitunter bildet sich dann auch Grauschimmel auf den Blättern und Knospen.

Duftgeranie

Dyckia

Dyckia
(Dyckia)

Blütezeit:	Juni–August
Familie:	Ananasgewächs
Heimat:	Südamerika

Diese sehr anspruchslose Bromelie kann lange Trockenzeiten überdauern, denn sie ist von Natur aus an extrem trockene Klimazonen gewöhnt. Im Sommer bildet dieses Ananasgewächs an einem langen Stängel etwa 20 cm große orangefarbene Blüten.

Standort
Das ist endlich einmal eine Pflanze, die volles Sonnenlicht liebt und ab Ende Mai auch ins Freie gestellt werden kann. Nach der Blüte stirbt die Mutterpflanze ab. In der Regel hat sie aber vorher schon einige Nebenrosetten gebildet. Im Winter sollte die Dyckia bei 5°C stehen.

Pflege
Die Dyckia darf nur ganz sparsam mit abgestandenem Wasser gegossen werden. Für einen Düngeguss alle 14 Tage ist sie dankbar. Die Nebenrosetten werden im Spätsommer in ein Gemisch aus Einheitserde, Lehm und Ton mit etwas Sand eingepflanzt.

Vermehrung
Die Vermehrung erfolgt durch Nebenrosetten, die Vermehrung aus Samen ist ziemlich langwierig.

Gärtnertipp
Um Staunässe zu vermeiden, empfiehlt es sich, Tonscherben als Dränageschicht zu verwenden.

Echeverie

Echeverie

(Echeverie)

Blütezeit:	Januar–März
Familie:	Dickblattgewächs
Heimat:	Mexiko

Das robuste Dickblattgewächs stammt aus dem sonnigen und regenarmen Hochland von Mexiko. Die niedrig bleibende, mehrjährige Echeverie blüht von März bis Juli mit langgestielten, hochroten Blüten, deren Spitzen gelb gefärbt sind. Attraktiv sind auch die dickfleischigen Rosetten.

Standort
Ein Südfenster ist für die Sonnenanbeterin ideal. Während der Sommermonate kann sie auch ins Freie, Balkon oder Terrasse, gestellt werden. Diese Sukkulente braucht unbedingt viel Licht. Zimmertemperaturen unter 15°C können bereits Verformungen der Blätter hervorrufen.

Pflege
Gießen Sie die Pflanze mittelmäßig und keinesfalls ins Herz der Rosette; Staunässe unbedingt vermeiden, sonst faulen die Wurzeln der Pflanze. Während der Winterruhezeit sollten Sie nur noch ganz sparsam wässern. Beim Umtopfen ist eine Lauberde mit Lehm- und Sandzusatz zu verwenden. Gedüngt wird ausgesprochen sparsam, und das nur in der Wachstumsperiode.

Vermehrung
Sie können die Pflanze sehr einfach über die kleinen Seitensprosse vermehren. Diese werden vorsichtig abgetrennt und in sandig-humose Erde gesetzt.

Gärtnertipp
Die Pflanze wurde zu Großmutters Zeiten Eisgewächs genannt; und das wohl deshalb, weil sich in den ofenbeheizten Wohnungen während der Wintermonate immer ein kühler Raum für sie fand. Während dieser Ruhepause sind Temperaturen zwischen 4-12°C ideal.

Edel-Pelargonie

(Pelargonium)

Blütezeit:	März–Mai
Familie:	Storchschnabelgewächs
Heimat:	Südafrika

Zwar sind ihre Blüten unscheinbar, ihr Duft aber frisch und angenehm. Mal duften die Blätter nach Rosen, Zitronen oder auch Pfefferminz. Edel-Pelargonien gibt es in stehender und hängender Form. Die meisten dieser Pflanzen sind Wildarten, wie man sie in Südafrika findet.

Standort
Wichtig ist der luftige, helle und warme Standort. Im Winter möchte die Pflanze – so wie in ihrer Heimat – etwas kühler stehen, vorzugsweise bei 10-15°C.

Pflege
Die Edel-Pelargonie sollten Sie im Sommer nur sparsam gießen, während der Wintermonate kaum noch.

Vermehrung
Da die Pflanze mit der Zeit verkahlt, sollten Sie sie rechtzeitig über Kopfstecklinge von 10 cm Länge vermehren.

Gärtnertipp
Bei zu feuchter Erde faulen die Wurzeln, mitunter bildet sich dann auch Grauschimmel auf den Blättern und Knospen.

Edel-Pelargonie

Efeu

Efeu

(Hedera helix)

Blütezeit:	Grünpflanze
Familie:	Araliengewächs
Heimat:	Europa, Asien

Der Efeu ist eine bescheidene, selbstklimmende Kletter- und Rankpflanze mit Haftwurzeln. Es gibt ihn mit zahlreichen Blattformen und -zeichnungen und in sehr unterschiedlichen Arten und Sorten. Mit Efeu können Sie so manchen Wohnwinkel freundlicher gestalten. Er ist auch beliebt als Ampelpflanze. Die großblättrige gloire de Marengo ist eine der bekanntesten Efeusorten.

Standort
Schattig bis halbschattig, alle buntlaubigen Sorten müssen heller stehen, aber vor direkter Sonne geschützt. Ideal ist ein Ost- oder Westfenster, denn Morgen- oder Abendsonne liebt der Efeu. Im Winter ist ein kühlerer Standort vorzuziehen, da es sonst leicht zu Schädlingsbefall kommt. Besonders unempfindlich sind Efeusorten, die dem heimischen Efeu im Garten gleichen. Die weißgrüne Sorte Hedera helix ist sehr attraktiv, aber empfindlicher als grünblättrige Sorten. Was die Temperatur anbelangt, so ist Efeu sehr anpassungsfähig. Bei luftigem Standort gedeiht er am besten. Im Sommer sind normale Raumtemperaturen gut, im Winter 0-1°C.

Pflege
Efeu möchte im Sommer relativ feucht gehalten werden, der Wurzelballen darf dabei nicht vernässen. Gedüngt wird von Frühjahr bis Herbst zweimal im Monat.

Vermehrung
Stecklinge können in der Erde oder im Wasser bewurzeln. Sie können auch einen Trieb absenken. Achten Sie darauf, dass mehrere Blattknoten in der Erde liegen, sie bewurzeln nach 6 bis 8 Wochen.

Gärtnertipp
Efeu kann ganzjährig in normale Blumenerde umgetopft werden. Efeu eignet sich auch für die Hydrokultur.

Efeuaralie

(Fatshedera Lizei)

Blütezeit:	Grünpflanze
Familie:	Araliengewächs
Heimat:	Korea, Japan

Die Efeuaralie ist eine Kreuzung zwischen der Aralie und dem Efeu. Hierbei wurde die Kletterfähigkeit des Efeus mit den großen, schönen Aralienblättern ideal ergänzt. Die Efeuaralie ist äußerst widerstandsfähig, sie kommt mit Standorten zurecht, wo andere Pflanzen längst streiken.

Efeuaralie

Standort
Ein unschätzbarer Vorteil ist die Schattenverträglichkeit. Die Pflanze gedeiht am Nordfenster, in Treppenaufgängen, Vorhallen und Büros, alles Standorte, die kein Sonnenstrahl trifft. Während ihr frische Luft gut bekommt, ist ein sonniger Standort zu vermeiden. Daher wünscht die Efeuaralie sich im Sommer auch einen schattigen Garten- oder Balkonplatz. Temperaturempfindlich ist die Pflanze nicht. Im Winter liebt sie es allerdings kühler, zwischen 0-1°C.

Pflege
Bei einem zu warmen Standort oder Zugluft verliert die Pflanze ihre Blätter. Falsches Gießen verträgt die Pflanze nicht; bei zu wenig Wasser wirft sie die Blätter ab, bei zu viel ebenso. Testen Sie die Erdfeuchte immer mit dem Finger. An warmen Tagen sollten Sie die Pflanze übersprühen, von Ende März bis Anfang September alle 14 Tage düngen.

Vermehrung
Hierfür schneiden Sie die Triebstecklinge in der Wachstumsperiode ab. Um die Verdunstungsfläche etwas einzuschränken, wird das Blattvolumen auf die Hälfte reduziert. Am leichtesten ist die Bewurzelung in einem Torf-Sand-Gemisch bei 18°C Erdtemperatur.

Gärtnertipp
Die Blätter sind von Zeit zu Zeit mit Wasser abzuwaschen, da die Pflanze sonst unter dem Staub erstickt. Schneiden Sie die Pflanze bei Bedarf zurück.

Efeutute

(Epipremnum)

Blütezeit:	Grünpflanze
Familie:	Aronstabgewächs
Heimat:	Salomon-Inseln

Der flinke Ranker kann bei großflächiger Bepflanzung als Bodendecker, Ampelgewächs oder für Spalierwände Verwendung finden. Auch an einem Korkstab wird er gern hochgeführt.

Efeutute

Standort
Die Efeutute liebt das ganze Jahr über einen warmen Platz. Wünschenswert ist außerdem eine hohe Luftfeuchtigkeit. Eine direkte Sonnenbestrahlung ist unbedingt zu vermeiden. Beachten sollten Sie noch, dass hellgefleckte Arten mehr Licht brauchen als grüne.

Pflege
Die Erde sollte das ganze Jahr über leicht feucht sein. Gießen Sie nach Möglichkeit mit abgestandenem bzw. entkalktem Wasser. Auch das regelmäßige Besprühen tut der Efeutute gut, ebenso das Abwaschen der Blätter. Von März bis Oktober wird alle 2 Wochen gedüngt.

Vermehrung
Die Vermehrung dient gleichzeitig der Verjüngung der Pflanzen. Zu lange, kahl gewordene Triebe können Sie abschneiden und in einem Glas mit Wasser, dem Sie ein kleines Stück Holzkohle hinzugefügt haben, bewurzeln.

Gärtnertipp
Hin und wieder bilden Triebe auch Wurzeln, wenn sie auf der Erde liegen. Solche Ableger können von der Mutterpflanze getrennt und getopft werden. Die Pflanze ist bestens für die Hydrokultur geeignet.

Eidechsenwurz

(Sauromatum)

Blütezeit:	März–April
Familie:	Aronstabgewächs
Heimat:	Ostindien

Der Eidechsenwurz ist ein so genannter Trockenblüher, also eine Knolle, die ganz ohne Erde oder Wasser eine aronstabähnliche Blüte hervorbringt. Erst wenn die interessante grünlich-violette Blütenscheide mit ihren aparten, weinroten Flecken zu welken beginnt, muss die Knolle in den Boden. Kurios ist auch, dass die schöne Blüte, sobald sie sich geöffnet hat, einen üblen Aasgeruch verbreitet.

Eidechsenwurz

Standort
Halbschattig, ohne Zugluft ist ideal. Nach der Blüte kann die Knolle in den Balkonkasten oder Garten ausgepflanzt werden. Die Pflanze bildet die Blätter erst nach ihrer Blüte.

Pflege
Während der Blütezeit sollte minimal gegossen werden. Nach der Blüte können Sie die Knolle wieder sich selbst überlassen. Wenn Sie Wert auf eine zweite Blüte im folgenden Jahr legen, sollten Sie die Pflanze nach Erscheinen der Blätter wieder regelmäßig, aber mäßig gießen und monatlich einmal düngen. Vor dem Frost muss die Knolle wieder ins Haus. Sie wird trocken, ohne Erde überwintert.

Vermehrung
Der Eidechsenwurz bildet reichlich Brutknollen, die vorsichtig abgetrennt werden können. Damit sie an Umfang gewinnen, sollten sie leicht mit Erde bedeckt werden.

Gärtnertipp
Eine Pflanze für Liebhaber, die das Ausgefallene suchen und den Aasgeruch nicht scheuen.

Eierbaum

(Solanum melongena)

Blütezeit:	August–November
Familie:	Nachtschattengewächs
Heimat:	Südamerika

Die Früchte des Eierbaums sehen in Form und Größe wie aus dem Hühnerei gepellt aus. Und das Schöne daran ist, sie sind essbar. Der eigentliche Wert der ausgefallenen Pflanze ist das Farbzusammenspiel der violetten Blüten mit den noch unreifen, weissen Eiern, aus denen sich später goldgelbe, mandarinenähnliche Früchte entwickeln. Gleichzeitiges Blühen und Fruchten ist die Eigenart vieler Nachtschattengewächse, zu denen der Eierbaum ebenso zählt wie die Kartoffel, Tomate und Aubergine. Seine reifen Eierfrüchte können Sie braten, dünsten oder frittieren. Im Handel ist die auffällige Saisonpflanze von August bis November erhältlich. Auch Grossversand-Gärtnereien bieten sie an.

Standort
Er sollte hell und sonnig bei Raumtemperaturen zwischen 20-25°C sein.

Pflege
In der Wachstumsphase muss die Pflanze wöchentlich mit einem handelsüblichen Flüssigdünger ernährt werden. Es dauert 18 bis 24 Wochen bis sich die ersten bizarren violettblauen Blüten zeigen. Gegossen wird mittelmäßig. Schütteln Sie die Pflanze öfter einmal, damit es zur Bestäubung kommt.

Eierbaum

Vermehrung
Die Vermehrung erfolgt aus Samen. Dieser wird bei 22-25°C in sandige Erde ausgesät. Gute Keimbedingungen bieten die warme Fensterbank oder das Kleingewächshaus mit regulierbarer Temperatur.

Gärtnertipp
Die eierförmigen Früchte sind zunächst schneeweiß und färben sich beim Ausreifen goldgelb. Die Früchte sind sehr haltbar und nach dem Pflücken noch lange lagerfähig. Vorsicht! Die Pflanze ist giftig.

Einblatt

(Spathiphyllum)

Blütezeit:	März–Juli
Familie:	Aronstabgewächs
Heimat:	Kolumbien

Elegant hebt sich der duftende Blütenkolben von dem dekorativen weißen Hüllblatt ab. Die Blütezeit reicht von März bis Juli, wobei die einzelne Blüte über mehrere Wochen hält. Bemerkenswert sind die dunkelgrünen, glänzenden Blätter mit ihrer ausdrucksvollen Mittelrippe. Spathiphyllum sieht der weißen Flamingoblume ähnlich.

Standort
Halbschattig bis schattig, bei gleichmäßigen Temperaturen von 20-23°C das ganze Jahr über. Entsprechend der ursprünglichen Heimat, des feuchtwarmen Tropenwalds, braucht das Einblatt eine hohe Luftfeuchtigkeit. Um dem Anspruch gerecht zu werden, kann die Pflanze im Übertopf auf feuchtem Blähton stehen, in ein feuchtes Torfbett eingesetzt oder auf eine mit Wasser gefüllte Fensterschale gestellt

werden. Sie können auch die erforderliche Luftfeuchtigkeit durch Besprühen der Blätter erhöhen.

Pflege
Gegossen wird reichlich, aber möglichst mit zimmerwarmem und kalkfreiem Wasser. Staunässe ist unbedingt zu vermeiden. Im Winter sollten Sie nur wenig gießen. Düngen Sie die salzempfindliche Pflanze nur, wenn die Erde feucht ist. Bei Bedarf topfen Sie die Pflanze im Frühjahr in lehmhaltige Erde um.

Vermehrung
Größere Pflanzen lassen sich teilen. Sie können das Einblatt auch aus Samen ziehen, müssen dann allerdings für eine gespannte Luft durch Anzuchtkasten oder Folienhaube sorgen. Von April bis August können Sie die Blattfahne mit Triebstecklingen vermehren.

Gärtnertipp
Die Blattfahne ist bestens für die Hydrokultur geeignet. Abgeschnittene Blüten halten über Wochen in der Vase.

Einblatt

Elefantenohr

Elefantenohr

(Haemanthus albiflos)

Blütezeit:	August–September
Familie:	Amaryllisgewächs
Heimat:	Südafrika

Das Elefantenohr ist eine besonders pflegeleichte Zimmerpflanze mit riemenförmig-dickfleischigen, dunkelgrünen Blättern. Die im Spätsommer erscheinenden weiß-gelblichen Blüten mit weit herausragenden Staubfäden und gelben Stempeln ähneln einem Rasierpinsel. Das Elefantenohr zählt zu den Zwiebelgewächsen und ist völlig unempfindlich bezüglich Krankheiten. Es stammt wie die Clivie aus dem südlichen Afrika.

Standort
Das Elefantenohr kommt mit jeder Raumtemperatur – sogar mit trockener Heizungsluft zurecht. Allerdings sollten Sie der Pflanze viel Licht und gelegentlich frische Luft bieten. Von hell bis halbschattig kann der Standort sein.

Pflege
In den Sommermonaten muss ausreichend gegossen und alle 2 Wochen gedüngt werden. Vor jedem erneuten Gießvorgang sollte die Erde gut angetrocknet sein. In der Ruhezeit von November bis Februar ist die Pflanze nur ganz sparsam zu wässern.

Vermehrung
Aus Nebentrieben oder Brutzwiebeln. Beide werden beim Umtopfen vorsichtig abgetrennt.

Gärtnertipp
Das Umpflanzen verträgt das Zwiebelgewächs schlecht. Es ist größte Vorsicht geboten, dass die Wurzelballen nicht beschädigt werden.

Elfenspiegel

(Nemesia)

Blütezeit:	Mai–September
Familie:	Rachenblütler
Heimat:	Afrika

Der einjährige Elfenspiegel ist neu auf dem Markt. Die Pflanze erreicht eine Höhe von etwa 30 cm, sie entwickelt dabei einen buschigen Wuchs. Das anmutige Gewächs erfreut mit saftig-grünen, länglich geformten Blättern und zahlreichen Blüten. Die Blütezeit der niedlichen weißen, gelben, orangen und roten hängenden Doldentrauben reicht von Mai bis September. Angeboten werden auch Nemesia-Hybriden, so z. B. die Compacta und die Edelblau. Letztere blüht hellblau und wird nur 25 cm hoch; der Feuerkönig mit leuchtend roten Blüten bleibt mit 20 cm etwas niedriger.

Standort
Für die Blütenentwicklung ist ein heller, vollsonniger, warmer Standort wichtig. Vor Zugluft muss der Elfenspiegel geschützt werden, dennoch braucht die Pflanze reichlich frische Luft.

Pflege
Täglich muss der Elfenspiegel mit Wasser versorgt und wöchentlich gedüngt werden. Zum Gießen dürfen Sie nur kalkfreies, temperiertes Wasser verwenden. Auch zum Besprühen der Pflanze sollte nur abgestandenes Wasser genommen werden. Staunässe verkraftet die kleine Pflanze nicht.

Vermehrung
Die Vermehrung erfolgt durch die Aussaat im April.

Gärtnertipp
Wenn Sie nach der ersten Blüte zur Schere greifen, wird der Elfenspiegel Sie mit einer zweiten Blüte erfreuen.

Elfenspiegel

Epidendrum

Epidendrum

(Epidendrum)

Blütezeit:	meist ganzjährig
Familie:	Orchideengewächs
Heimat:	Brasilien

Diese mehrjährige Orchidee erfreut sich bei Kennern wegen ihrer angenehm duftenden, in verschiedensten Formen wachsenden Blüten mit intensiven Farbtönen großer Beliebtheit. Zu jeder Jahreszeit blüht die eine oder andere Epidendrum-Art mit rispenartigem Blütenstand.

Standort
Sehr hell bis halbschattig, vor allem mit hoher Luftfeuchtigkeit und viel Frischluft. Diese Orchidee braucht ganzjährig Temperaturen zwischen 18-22°C, wobei eine deutliche Absenkung zwischen der Tages- und Nachttemperatur von nur 15°C erforderlich ist.

Pflege
Vor und während der Blüte muss die Orchidee immer leicht feucht gehalten und regelmäßig gedüngt werden. In der anschließenden Ruhezeit

nach der Blüte wird weder gedüngt noch gegossen. Umtopfen sollten Sie nur, wenn es erforderlich ist, und zwar in ein spezielles Orchideensubstrat.

Gärtnertipp
Für Epidendren dürfen keine zu großen Pflanzgefäße gewählt werden, da sonst die Gefahr der Vernässung besteht; es kann dabei zur Wurzelfäule kommen.

Eukalyptus

(Eucalyptus)

Blütezeit:	Grünpflanze
Familie:	Myrtengewächs
Heimat:	Australien

Immergrüne, nur selten blühende Topfpflanze. Wegen ihrer angenehm duftenden Blätter mit den wohltuenden ätherischen Ölen wird der Eukalyptus gern in Schlafräume, Kinder- und Krankenzimmer gestellt.

Eukalyptus

Standort
An hellen, sonnigen Plätzen, in den Sommermonaten kann er an einen geschützten Platz auf Balkon oder Terrasse umsiedeln. Heiße sommerliche Temperaturen verkraftet die Pflanze gut. Im Winter genügen 8°C.

Pflege
Der Eukalyptus muss gut gegossen werden, wobei die Wassermenge sich nach Temperatur und Licht richtet. Damit die Pflanze nicht innerhalb von 3 Jahren dem Zimmer entwächst, sollten Sie die Triebspitzen während der Wachstumszeit einkürzen. Von April bis September wird wöchentlich gedüngt.

Vermehrung
Im Frühjahr durch Samen.

Gärtnertipp
Abgeschnittene Eukalyptuszweige duften erneut, wenn sie über Wasserdampf gehalten werden.

Feigenkaktus

Feigenkaktus

(Opuntia)

Blütezeit:	Juli–August
Familie:	Kakteengewächs
Heimat:	Mexiko

Mehr als 400 Opuntienarten umfasst die Palette, die von nur wenigen Zentimeter großen Zwergen bis zu mehreren Meter hohen Giganten reicht. Neben den stechenden Dornen haben Opuntien noch Glochiden. Das sind winzige, stechende Borsten mit Widerhaken, die bei geringster Berührung in der Haut stecken bleiben. Daher sollten diese Pflanzen nur mit Lederhandschuhen angefasst werden. Ein weiteres Merkmal der Opuntien sind ihre zylindrischen, fleischigen Blätter. Einige Arten schmücken sich von Frühjahr bis Sommer mit großen Blüten in Rot oder Rosa. Die sich bildenden Früchte sind wohlschmeckend.

Standort
Südfenster, volle Sonne, ganzjährig sehr hell und luftig. Bei zu wenig Licht blüht die Pflanze nicht. Von Mai bis Oktober ist ein Plätzchen auf dem Balkon oder im Garten wünschenswert. Im Winter soll die Pflanze hell, bei etwa 4-10°C stehen.

Pflege
Während der Vegetationszeit von Mai bis August mäßig gießen und wöchentlich mit einem Kakteendünger ernähren. Im kühlen Winterquartier kann die Opuntie fast trocken stehen.

Vermehrung
Abgebrochene Ohren bewurzeln sich problemlos in Kakteen-Erde, allerdings müssen deren Schnittstellen zuvor 2 Wochen trocknen.

Gärtnertipp
Die Widerhaken der Dornen lassen sich durch Aufträufeln von flüssigem Kerzenwachs und mit Hilfe einer Pinzette aus der Haut entfernen.

Fensterblatt

(Monstera deliciosa)

Blütezeit:	Grünpflanze
Familie:	Aronstabgewächs
Heimat:	Mittel-, Südamerika

Das beliebte Fensterblatt wird häufig mit dem Philodendron verwechselt. Die jungen Blätter sind zunächst herzförmig und bekommen erst im Alter die typischen Einschnitte, die der Pflanze den Namen Fensterblatt gaben. Bezeichnend sind die Luftwurzeln, die vom Stamm herunterhängen und sich in Erdwurzeln umwandeln lassen, indem sie in ein mit Wasser gefülltes Glas geleitet werden. An älteren Pflanzen entwickeln sich gelegentlich aronstabähnliche Blüten.

Standort
Pflegeleichte Pflanze für Ost-, West- oder Nordfenster. Bei normaler Zimmertemperatur gedeiht sie am besten. Das Fensterblatt wächst sogar noch an einem dunklen Platz, obwohl ein heller oder halbschattiger Standort wünschenswert ist. Direkte Sonne verträgt sie nicht.

Pflege
Die ideale Luftfeuchtigkeit liegt bei 50-60%, daher sollte die Pflanze häufig mit kalkfreiem Wasser besprüht werden. Die großen Blätter sollten Sie außerdem mit handwarmem Wasser besprühen. Im Sommer reichlich, im Winter mäßig gießen. Gegen Staunässe ist die Pflanze äußerst empfindlich. Gedüngt wird von März bis August wöchentlich. Die Umpflanzzeit ist im März/April.

Vermehrung
Über Stecklinge oder Stammstücke.

Gärtnertipp
Wenn die Blätter des Fensterblatts plötzlich keine Einschnitte mehr bilden, dann steht die Pflanze eindeutig zu dunkel. Auf Standortwechsel reagiert sie mit Blattfall. Vorsicht! Die Pflanze enthält schleimhautreizende Stoffe.

Fensterblatt

Fetthenne

Fetthenne

(Sedum)

Blütezeit:	keine bei uns
Familie:	Dickblattgewächs
Heimat:	Mexiko

Die Blattsukkulente, von der es rund 30 Arten gibt, blüht in der Regel nicht im Zimmer.

Standort
Hell und vollsonnig, damit eine schöne rot- bis orangefarbene Tönung der Blätter erreicht wird. In den Sommermonaten ist ein geschützter Platz auf Balkon und Terrasse sehr wünschenswert, während die Fetthenne den Winter bei 5°C verbringen sollte.

Pflege
Mäßig gießen. Es ist vor allem darauf zu achten, dass keine Staunässe entsteht. In den Wintermonaten können Sie die Fetthenne trocken stehen lassen. Zum Umtopfen im Frühjahr sollten Sie eine lehmige Lauberde, die Sie mit grobem Sand vermischen, verwenden. Die Düngung entfällt bei der anspruchslosen Pflanze.

Vermehrung
Die einfache Vermehrung macht vor allem Kindern Spaß. Denn jedes Blättchen, das mit Erde in Berührung kommt, bildet sofort Wurzeln und kann dann getopft werden.

Gärtnertipp
Fetthennen-Arten sind robust. Sie vertragen trockene Zimmerluft und kommen mit sehr wenig Wasser aus.

Fingeraralie

Fingeraralie

(Dizygotheca elegantissima)

Blütezeit:	Grünpflanze
Familie:	Araliengewächs
Heimat:	Neukaledonien

Die Fingeraralie zählt zu den anspruchvollsten, aber elegantesten Blattpflanzen. Graziös wirkt das fingerförmige, in schlanke Einzelblättchen geteilte Laub. Apart auch der olivgrüne Farbton, der in lebhaftem Kontrast zur rötlichen Mittelrippe steht. Die Fingeraralien werden im Zimmer kaum höher als 1,80 m.

Standort
Hell, Ost- oder Westfenster, keinesfalls pralle Sonne. Ein zu schattierendes Südfenster ist möglich. 20-25°C im Sommer, 15-20°C im Winter, das sind die richtigen Temperaturen für diese Pflanze. Die Fingeraralie braucht eine gleichmäßige Pflege, sie verträgt keine Trockenheit, keine Staunässe und keine Zugluft.

Pflege
Gleichmäßig feucht halten. Im Winter wird nur so viel gegossen, dass der Ballen nicht austrocknet. Die Luftfeuchtigkeit muss das ganze Jahr über 60% betragen, daher sprühen. Von März bis August wird sie in einem Abstand von 2 Wochen mit einem Grünpflanzendünger versorgt. Kahle Pflanzen können bis auf 10 cm zurückgeschnitten werden.

Vermehrung
Über Stecklinge sehr schwierig, Aussaat im März; nur möglich bei frischem Samen.

Gärtnertipp
Fingeraralien sind bestens für Hydrokultur geeignet. Im Winter ist ein sonniger Standort wünschenswert.

Fittonie

(Fittonia)

Blütezeit:	Mai–Juni
Familie:	Akanthusgewächs
Heimat:	Peru

Kleinblättriger Bodendecker für flache Schalen und Kübelgefäße. Die Fittonia verschaffeltii bildet lange, kriechende Triebe mit interessanten rot geäderten Blättern, daher auch der Name Mosaikpflanze. Alle Fittonien bleiben niedrig, sind leicht behaart und tragen von Mai bis Juni unscheinbare Rachenblüten.

Standort
Die tropische Pflanze wächst als Bodendecker im Schatten hoher Bäume. Eine solche Umgebung in der Wohnung zu finden, ist nicht ganz einfach. Ein zugluftfreies Ost- oder Westfenster kommt in Betracht. Den Ansprüchen nach hoher Luftfeuchtigkeit können Sie nur durch tägliches Besprühen der Pflanze gerecht werden.

Pflege
Die flachwurzelnde Pflanze braucht täglich Wasser, aber nicht zu viel, sonst fault sie. Zu jedem Gießvorgang sollten Sie auf alle Fälle ein kalkfreies Wasser mit Zimmertemperatur verwenden.

Vermehrung
Relativ einfach; schneiden Sie im Frühjahr etwa 10 cm lange Kopfstecklinge, die Sie in ein feuchtes Torf-Sand-Gemisch setzen. Achten Sie während der Bewurzelung auf eine Zimmertemperatur von 21°C.

Gärtnertipp
Um die Pflanze buschig zu halten, sollten Sie die Triebspitzen immer wieder abschneiden.

Fittonie

Flamingoblume

Flamingoblume

(Anthurie)

Blütezeit:	Januar–Dezember
Familie:	Aronstabgewächs
Heimat:	trop. Regenwald

Eine äußerst dekorative, haltbare Blatt- und Blütenpflanze. Ein besonderer Blickfang sind ihre Blüten, die auf einem Kolben sitzen, der von dem farbigen Hochblatt (Spartha) umgeben ist. Die Farbabstufungen reichen von Creme über Zartrosa, Dunkel- bis Blutrot. Ebenso mannigfaltig wie die Färbung der Hochblätter ist ihre Form; in vielen Fällen länglich herzförmig. Zwei Arten werden hauptsächlich kultiviert, die großblütige Flamingoblume A. andreanum und die kleinere A. scherzerianum. Für die Zimmerkultur ist die kleinere Art besser geeignet.

Standort
Die Flamingoblume liebt helle, warme, vor praller Sonne geschützte Standorte. Entscheidend für den Erfolg ist eine gleich bleibende, hohe Luftfeuchtigkeit. Auch dunklere Standorte sind möglich. Wenn die Pflanze allerdings zu wenig Licht bekommt, werden die Blattstiele sehr lang. Eine Durchschnittstemperatur von 18-22°C ist ideal. Ab Oktober braucht die Anthurie eine Ruhepause von 6 bis 8 Wochen bei 15°C, die zu neuer Blütenbildung anregt.

Pflege
Der Wurzelballen sollte gleichmäßig feucht gehalten werden. Zum Gießen möglichst kalkfreies Wasser verwenden, ebenso zum Besprühen der Pflanze. Eine hohe Luftfeuchtigkeit fördert Wachstum und Blütenbildung der Anthurie. Gedüngt wird von April bis September einmal wöchentlich. Zum Umtopfen im Frühjahr sollten Sie eine lockere, humose Erdmischung verwenden und dennoch für eine ausreichende Dränageschicht sorgen, denn bei Staunässe entsteht leicht Wurzelfäule.

Vermehrung
Die Aussaat ist langwierig und nur erfahrenen Hobbygärtnern bzw. dem Fachmann vorbehalten. Zum Gießen verwenden Sie am besten weiches Wasser.

Gärtnertipp
Gelbe und verbräunte Blattspitzen weisen darauf hin, dass die Pflanze zu kühl steht. Rollen sich die Blätter auf, dann ist die Luft zu trocken, oder die Pflanze bekommt zu viel Sonne.

Flammendes Käthchen

(Kalanchoe)

Blütezeit:	Januar–Juli
Familie:	Dickblattgewächs
Heimat:	Madagaskar

Das Dickblattgewächs ist von robuster Natur. Es zählt zu den beliebtesten Zimmerpflanzen und blüht bei richtiger Pflege jedes Jahr aufs Neue.

Standort
Das Flammende Käthchen ist anpassungsfähig. Es verträgt sowohl das sonnige Südfenster als auch das kalte Nordfenster. Ob die Raumtemperatur bei 25°C oder bei 10°C liegt, die Pflanze blüht unverdrossen weiter, und das von Januar bis in den Juni/Juli hinein.

Pflege

Die Sukkulente darf nicht zu viel und möglichst nicht mit zu hartem Wasser gegossen werden; höchstens ein- bis zweimal in der Woche. Voraussetzung für eine zweite Blüte ist, dass nach der Blüte Verblühtes mitsamt dem Stiel abgeschnitten wird. Nach dem Abblühen in der Vegetationspause wird die Pflanze meist weggeworfen.

Gärtnertipp

Das Flammende Käthchen ist eine Kurztagspflanze. Entscheidend für die Blütenbildung sind täglich 14 Stunden Dunkelheit. Schon der geringste Lichteinfall wirkt sich negativ auf die erneute Blütenbildung aus. Selbst das Fernsehlicht ist schon zu viel des Guten. Um die Dunkelphase von 14 Stunden zu bewerkstelligen, können Sie der Pflanze in den nächsten 6 bis 8 Wochen einen Karton über stülpen. Ohne diese Prozedur der vorgegaukelten Nacht bleibt die Kalanchoe eine Wegwerfpflanze.

Flammendes Käthchen

Fleißiges Lieschen

Fleißiges Lieschen

(Impatiens Neuguinea)

Blütezeit:	März–Dezember
Familie:	Balsaminengewächs
Heimat:	trop. Asien, Afrika

Das Fleißige Lieschen hält, was sein Name verspricht, es setzt das ganze Jahr über pausenlos Blüten an. Die tellerförmigen Blüten mit dem für Springkräuter üblichen Sporn leuchten in allen Tönen von Weiß bis Samtrot dicht über dem hellgrünen bis dunklen Laub.

Standort

Im nördlichen Teil Deutschlands wird das Fleißige Lieschen aufgrund der geringeren Sonnenstunden und der erhöhten Regenfälle vielfach als Zimmerpflanze gehalten. Es gedeiht am sonnenfernen Fenster in Ost-, West- oder Nordlage, ebenso gut auch in Balkonkästen oder Blumenbeeten. Im Sommer wie Winter sind Raumtemperaturen um 20°C ideal. Vorsicht ist bei niedrigeren Temperaturen geboten: Die Pflanzen entblättert sich und stellt das Blühen ein.

Pflege
Im Sommer reichlich mit weichem Wasser gießen, wobei Sie darauf achten sollten, daß die Erde nie tropfnass sein darf, sonst kommt es zu Fäulnis der fleischigen Stängel. Die üppige Blütenpracht bleibt Ihnen nur erhalten, wenn Sie von April bis September wöchentlich düngen. Das Fleißige Lieschen zählt zu den mehrjährigen Pflanzen. Im Frühjahr ist ein Erdaustausch nötig, damit die emsige Blütenbildung nicht nachlässt. Vor dem Umtopfen können Sie lange, kahle Triebe entfernen und diese neu bewurzeln.

Vermehrung
Die Vermehrung ist einfach: Triebspitzen lassen sich leicht in einem Glas Wasser oder in einem Torf-Sand-Gemisch bewurzeln. Bis zur Blüte braucht der Steckling, der gestutzt werden muss, ungefähr 5 Monate.

Gärtnertipp
Besonders wichtig ist es, die Pflanze mäßig, aber regelmäßig zu düngen. In Hydrokultur gehalten, blüht das Fleißige Lieschen genauso üppig wie in der Erde.

Frauenhaarfarn

(Adiantum)

Blütezeit:	Grünpflanze
Familie:	Frauenhaarfarngewächs
Heimat:	Südamerika

Die mehrjährige Pflanze wird auch Venushaar genannt. Für die Zimmerkultur ist A. macrophyllumy zu empfehlen. Die Pflanze ist mit ihren zarten Wedeln, die auf festen, braunen bis schwarz changierenden Stielen stehen, sehr schön, aber sehr empfindlich.

Frauenhaarfarn

Standort
Der Standort sollte warm und hell, aber keinesfalls sonnig sein. Die Pflanze benötigt eine hohe Luftfeuchtigkeit; im Sommer 20-25°C, im Winter auf keinen Fall unter 10°C.

Pflege
Der Frauenhaarfarn muss relativ feucht gehalten werden, darf aber nur kalkfreies, temperiertes Wasser bekommen. Gedüngt wird alle 2 Wochen von Frühjahr bis Herbst. Größere Pflanzen werden im April oder Mai in Einheitserde mit Torf- und Sandzusatz umgetopft.

Vermehrung
Die Vermehrung erfolgt durch Teilung.

Gärtnertipp
Der Frauenhaarfarn ist sehr empfindlich. Damit die Pflanze gut gedeiht, sollten Sie immer mit weichem Wasser gießen.

Fuchsie

(Fuchsia-Hybriden)

Blütezeit:	Mai–Oktober
Familie:	Nachtkerzengewächs
Heimat:	Südamerika

Es gibt dieses mehrjährige Gewächs als kleines Bäumchen oder als Strauch zu kaufen. Eine sehr schöne Sorte ist die F. Triphylla-Hybride, eine Korallenfuchsie mit traubenförmigen Blüten in einem faszinierenden Rotton.

Standort
In den Sommermonaten bevorzugt die Fuchsie einen halbschattigen, in der Winterzeit einen sehr hellen Platz, der mit sehr viel Frischluft versorgt sein soll. Vermeiden sollten Sie auf jeden Fall Zugluft. In der kalten Jahreszeit wird dieses Gewächs bei 10°C überwintert.

Pflege
Die Fuchsie wird stets mäßig gegossen, gerade so viel, dass die Erde immer leicht feucht ist. Schädlich ist Staunässe sowie vollkommene Trockenheit. Nach der Überwinterung können Sie diese Zimmerpflanze einmal wöchentlich düngen. Ebenso werden die Fuchsien im Frühjahr in Einheitserde umgesetzt, vorher zurückschneiden.

Vermehrung
Die Vermehrung kann sehr einfach durch Stecklinge im Frühjahr oder auch im Sommer durchgeführt werden.

Fuchsie

Gardenie

Gardenie

(Gardenia jasminoides)

Blütezeit:	Dezember–März
Familie:	Krappengewächs
Heimat:	Ostindien

Gardenien duften berauschend. Die cremeweißen, dicht gefüllten Blüten wirken festlich auf dem satten, lackartigen Blattgrün. Die Pflanze muss mit Gefühl gepflegt werden.

Standort
Ost- oder Westfenster. Gardenien brauchen zu jeder Jahreszeit einen hellen, luftigen, vor direkter Sonne geschützten Platz. Sobald sich Knospen zeigen, darf der Standort nicht wärmer als 18°C sein. Von Oktober bis Februar sollte die Temperatur deutlich geringer sein und bei 10-16°C liegen, wobei die Luftfeuchtigkeit ganzjährig um 60% betragen sollte.

Pflege
Gegossen wird nur mit entkalktem, zimmerwarmen Wasser. Von März bis September sollte die Erde immer leicht feucht, aber nie nass sein. Im Winter ist lediglich dafür zu sorgen, dass die Pflanze nicht austrocknet. Zur Zeit der Knospenbildung ist eine hohe Luftfeuchtigkeit wichtig. Sprühen Sie die Pflanze häufig ein.

Vermehrung
Im August/September werden von der nichtblühenden Pflanze 18 cm lange Stecklinge geschnitten und bei etwa 25°C unter einer Plastiktüte im Blumentopf bewurzelt.

Gärtnertipp
Jeden Pflegefehler nimmt die empfindliche Pflanze übel. Zum Gießen verwenden Sie deshalb am besten weiches Wasser.

Gasterie

(Gasteria)

Blütezeit:	März–Juli
Familie:	Liliengewächs
Heimat:	Südafrika

Eine Blattsukkulente mit gedrängt stehenden, mehr oder weniger zweireihig angeordneten Blättern und sehr dekorativer, rosaroter Blütenglocke.

Standort
Der ideale Standort während der Sommermonate ist ein sonniger, warmer Platz ohne Luftfeuchtigkeit. Im Winter sollte die Temperatur deutlich niedriger (7-12°C) liegen. Vor Zugluft ist die Gasterie zu schützen.

Pflege
Damit die Gasterie gut gedeiht, müssen Sie die Pflanze stets feucht halten. Bei den niedrigeren Temperaturen im Winter ist die Pflanze kaum zu gießen. Die Gasterie wird von April bis September alle 2 Wochen mit einem Kakteendünger ernährt. Im März wird in Einheitserde umgepflanzt. Sie sollten hierzu am besten nicht zu große Gefäße verwenden.

Vermehrung
Die Vermehrung ist relativ einfach und erfolgt durch Seitentriebe oder Stecklinge, wobei die Schnittflächen der Triebe angetrocknet sein müssen, bevor sie in die Erde gesetzt werden.

Gärtnertipp
Die Blattsukkulente darf auf keinen Fall zu viel Wasser bekommen, sonst tritt Wurzelfäule auf. Steht sie allerdings zu trocken, so kann es zum Befall von lästigen Blattläusen kommen.

Gasterie

Geißklee

Geißklee

(Cytisus)

Blütezeit:	März–April
Familie:	Schmetterlingsblütler
Heimat:	Kanarische Inseln

Der kleine mehrjährige Strauch hat langstielige, leicht eiförmige Blätter. Die leuchtend gelben Blüten sitzen am Ende der Zweige und bilden etwa 5-10 cm lange Trauben.

Standort
Die Pflanze braucht viel Licht, aber keine pralle Sonne. Die Temperaturen sollten während der Wachstumszeit um 12-18°C und im Winter um 6-10°C liegen. Sobald es wärmer wird, rieseln Blätter und Blüten. Ideal ist im Sommer ein leicht schattiger Platz im Freien.

Pflege
Mäßig feucht halten, im Winter äußerst sparsam gießen. Gedüngt wird während der Wachstumszeit alle 14 Tage. Das Umtopfen erfolgt nach der Blüte im Frühsommer in ein durchlässiges, kalkhaltiges, humoses Erdsubstrat.

Vermehrung
Durch Kopfstecklinge, die sich am besten im Sommer bei Temperaturen von 15-20°C bewurzeln lassen.

Gärtnertipp
Nach der Blüte werden die Triebe zurückgeschnitten.

Gerbera

(Gerbera)

Blütezeit:	April–September
Familie:	Korbblütler
Heimat:	Asien, Südafrika

Neuerdings werden Gerbera auch als niedrig wachsende kompakte Zimmerpflanzen angeboten. Die Gerbera sorgt für ein gesundes Büro- und Wohnraumklima. Leider ist die farbenprächtige Zimmerpflanze nicht ganz einfach zu pflegen. Der Handel bietet Pflanzen mit einfacher und gefüllter Blüte an.

Standort
Eine lichthungrige Schönheit, die volle Sonne verträgt.

Pflege
Während der Sommermonate muss die Pflanze mäßig mit kalkfreiem Wasser gegossen werden, wobei die Erde nie austrocknen darf. Die Temperatur sollte in der Wachstums-

zeit bei 16-25°C und im Winter bei 12-15°C liegen. Während der Ruhezeit wird natürlich weniger gegossen. Von April bis September wird die Gerbera wöchentlich mit einem phosphorbetonten Flüssigdünger versorgt. Ältere Pflanzen können im Frühjahr in normale Blumenerde umgetopft werden. Im Sommer ist ein Standortwechsel an einen geschützten Ort im Garten oder auf dem Balkon unbedenklich.

Vermehrung
Aus Samen, der allerdings frisch sein muss. Größere Pflanzen können durch Wurzelteilung vermehrt werden.

Gärtnertipp
Bei zu niedriger Zimmertemperatur kommt es leicht zu Gerbera-Fäule, die sich durch gräulich verfärbte Blätter zeigt.

Gerbera

Geweihfarn

Geweihfarn

(Platycerium alcicorne)

Blütezeit:	Grünpflanze
Familie:	Tüpfelfarngewächs
Heimat:	Australien

Der Geweihfarn ist eine langsam wachsende Pflanze, die ein hohes Alter erreichen kann. In seiner Heimat wächst er als Baumaufsitzer (Epiphyt). Er besitzt zweierlei Blattarten. Auffällig sind seine geschlitzten, bis zu 70 cm langen Blätter, die an ein Elchgeweih erinnern. Die Oberfläche dieser grünen Blätter sind mit einer wachsartigen Schicht, die wie Staub aussieht, überzogen. Sie darf nicht entfernt werden, denn sie schützt die Blätter vor zu starker Verdunstung. Darüber hinaus besitzt der Farn auch rundliche Mantelblätter, die zunächst grün sind, sich im Alter braun färben. Auch die Schuppenblätter dürfen nicht entfernt werden.

Standort
Die Pflanze liebt einen schattigen bis halbschattigen Standort bei einer Zimmertemperatur um 20°C, keines-

falls aber niedriger als 15°C. Er gedeiht auch in Wohnräumen, sofern für genügend Luftfeuchtigkeit gesorgt wird. Dabei dürfen die Blätter nicht direkt besprüht werden.

Pflege
Der Geweihfarn verträgt vorübergehende Trockenheit, er braucht weniger Wasser als alle anderen Farne. Ein wöchentliches Tauchbad in zimmerwarmem, weichem Wasser bekommt ihm gut. Seine Blätter dürfen beim Gießen nicht nass werden. Staunässe verkraftet die flachwurzelnde Pflanze nicht. Von April bis August wird mäßig alle 14 Tage gedüngt. Zum Umtopfen sollten Sie nur Einheitserde mit Torfzusatz verwenden.

Vermehrung
Zwischen den Mantelblättern bilden sich kleine Ableger, die Sie vorsichtig abtrennen und in möglichst flache Töpfe setzen. Über Sporen ist eine Vermehrung schwierig, sie sollte dem Fachmann vorbehalten bleiben.

Gärtnertipp
Wenn die Pflanze ihren Standort angenommen hat, sollten Sie ihn nicht mehr verändern. Zur Bewässerung verwenden Sie am besten weiches Wasser.

Glanzkölbchen

(Aphelandra squarrosa)

Blütezeit:	April–Dezember
Familie:	Akanthusgewächs
Heimat:	trop. Mittel-, Südamerika

Eine interessante Schmuckpflanze mit knallgelben Blütenähren und dekorativen weißgrün geaderten Blättern. Sie stammt aus dem tropischen Regenwald und liebt daher hohe Temperaturen und Luftfeuchte. Wenn Sie diesen Pflanzenansprüchen gerecht werden können, dann können Sie sich während der etwa zwei Monate dauernden Blütezeit dieses exotischen Gewächses erfreuen. Sobald die Pflanze ihre Blätter verliert und unansehnlich wird, sollten Sie sich von ihr trennen.

Standort
Heller bis leicht schattiger Fensterplatz, aber keine direkte Sonne. Temperaturen zwischen 18-25°C. Starke Temperaturschwankungen nimmt das Glanzkölbchen übel, und auf Durchzug reagiert es mit Blattfall.

Pflege
Während der Blütezeit möchte die Pflanze wöchentlich gedüngt werden; Erde gleichmäßig feucht halten, aber keine Staunässe. Für hohe Luftfeuchtigkeit durch Besprühen mit kalkfreiem Wasser sorgen. Die beste Zeit zum Umtopfen ist der März. Der Wurzelballen wird vorher verkleinert. Umgepflanzt wird in ein etwas größeres Gefäß und in eine humose, nährstoffreiche Erde.

Vermehrung
Vom Fachmann auszuführen.

Gärtnertipp
Nur mit Regenwasser oder abgestandenem Wasser gießen.

Glanzkölbchen

Glockenblume

Glockenblume

(Campanula isophylla)

Blütezeit:	Mai–September
Familie:	Glockenblumengewächs
Heimat:	Südeuropa

Auch im Zimmer erfreuen sich die zarten Glockenblüten großer Beliebtheit. Angeboten werden die weiß- und blau blühenden Pflanzen von Mai bis September. Jungpflanzen sind buschig, kompakt und blütenreich. Später entwickelt die Pflanze lange Triebe und wird zum Ampelgewächs.

Standort
Die empfindliche Pflanze möchte luftig und hell stehen. Ein Platz auf dem Balkon oder im Garten bekommt ihr gut, sofern er im Halbschatten liegt. Ab September gehört sie wieder ins Haus. Nun müssen Sie für einen hellen Überwinterungsplatz bei etwa 6-10°C sorgen.

Pflege
Während der Blütezeit regelmäßig gießen und alle 2 Wochen düngen. Im Herbst werden die Triebe zurückgeschnitten. Die Glockenblume gehört zu den wenigen Pflanzen, die kalkhaltiges Leitungswasser nicht nur vertragen, sondern auch brauchen, denn ihr Naturstandort ist das Kalkgebirge des Mittelmeers. Im Winter sollten Sie nur dafür sorgen, dass der Ballen nicht austrocknet, das Düngen wird ganz eingestellt.

Vermehrung
Über Aussaat, Stecklinge und Teilung.

Gärtnertipp
Diese Pflanze müssen Sie vorsichtig anfassen, denn die sehr dünnen Triebe brechen leicht.

Gloriose

(Gloriosa rothschildiana)

Blütezeit:	Juni–September
Familie:	Liliengewächs
Heimat:	Afrika, Asien

Die ausgefallene exotische Blüte erinnert an eine Orchidee. Die feuerroten Blüten mit gelbem Rand und Schlund ranken sich auf dünnen Stielen an einem Topf-Spalier hoch. Die Blütezeit endet im August, danach zieht die Pflanze ein, überwintert wird die verbleibende Knolle.

Gloriose

Standort
Hell, voll sonnig. Bei einem Südfenster muss in der Mittagszeit schattiert werden. Haben Sie einen Balkon oder Garten, kann die Pflanze im Sommer ins Freie. Spätestens im September sollte sie wieder ins Haus an einen kühlen Platz bei etwa 10°C. Ab März kommt die Knolle wieder ans helle Fenster.

Pflege
Das Liliengewächs will mäßig gegossen und gedüngt werden. Während der Blütezeit ist dem Gießwasser wöchentlich Dünger hinzuzufügen. Im September müssen Sie alle welken Blätter abschneiden.

Vermehrung
Über Knollen findet die Vermehrung statt. Je größer die Knolle, desto schöner die Blüte.

Gärtnertipp
Beim Kauf ist auf eine unbeschädigte Vegetationsspitze der Knolle zu achten.

Gloxinie

(Sinningia)

Blütezeit:	Juni–August
Familie:	Gesneriengewächs
Heimat:	Brasilien

Von bestechender Schönheit sind ihre glockenförmig und prächtig gezeichneten, wie aus feinem Samt gekrausten Blütenkelche. Neben den rotblühenden Gloxinien, die am häufigsten vorkommen, gibt es auch weiß geränderte und violett gemusterte. Der sattgrüne Blätterkranz ist behaart. Blühende Pflanzen werden von Juni bis August angeboten. Im Frühjahr können Sie Gloxinienknollen kaufen und diese selbst antreiben.

Standort
Wünschenswert ist ein heller bis halbschattiger Platz mit hoher Luftfeuchtigkeit, etwa um die 60%, bei einer Temperatur von 18-24°C.

Pflege
Im Sommer ist die Pflanze während der Blütezeit reichlich zu gießen, aber nur mit entkalktem Wasser, im Winter gar nicht. Mäßig gedüngt wird wöchentlich von März bis August. Nach der Blüte wird die Pflanze trocken gehalten. Das Laub stirbt allmählich ab, dann werden die vertrockneten Blätter entfernt. Übrig bleibt die Knolle, die Sie trocken bei etwa 15°C im Blumentopf überwintern.

Vermehrung
Die Vermehrung erfolgt über Knollen im Frühjahr. Diese werden ganz flach in eine lockere, humusreiche Erdmischung gesteckt. Die Oberseite ist erkennbar an der Vertiefung, aus der sich die neuen Triebe entfalten.

Gärtnertipp
Vermeiden Sie das direkte Besprühen der Blätter und Blüten. Empfehlenswert hingegen ist es, den Topf auf eine feuchte Kiesschicht zu stellen. Vorsicht beim Umtopfen oder Umstellen, denn die Blätter brechen leicht ab.

Gloxinie

Glücksklee

Glücksklee

(Oxalis deppei)

Blütezeit:	Oktober–Dezember
Familie:	Sauerkleegewächs
Heimat:	Mexiko

Die »kleine Mexikanerin« wird als Glückssymbol hauptsächlich zum Jahreswechsel verschenkt.

Standort
Je heller und kühler die Pflanze steht, desto besser hält sie sich. Wenn Sie einen Garten besitzen, sollten Sie den Glücksklee ab Mitte Mai auspflanzen. Vor Frostbeginn muss er allerdings wieder ins Haus geholt werden. Die Erde ist von den Zwiebelchen abzuschütteln und diese sind im Keller kühl und trocken zu lagern. Ab April werden die Brutzwiebeln in kräftig humose Erde gepflanzt und der Glücksbringer zu neuem Leben erweckt.

Pflege
Wie die verwandten Sauerkleearten müssen Sie auch den Glücksklee reichlich gießen und während der Blütezeit wöchentlich düngen.

Vermehrung
Ab September werden Brutzwiebeln, die eine künstliche Kälteperiode durchgemacht haben, in kleinen, mit Erde bedeckten Töpfchen angetrieben.

Gärtnertipp
Ist der Standort zu warm, bildet die Pflanze lange, auseinander fallende Stiele und verliert ihre eigentliche Wuchsform.

Goldähre

(Pachystachys lutea)

Blütezeit:	April–September
Familie:	Akanthusgewächs
Heimat:	Südamerika

Die aparte Pflanze wird etwa 40 cm hoch und erfreut von April bis September mit weißen Blüten, die zwischen den leuchtend gelb gefärbten Deckblättern stehen; ihre Blütenform gleicht der von den Glanzkölbchen.

Standort
Entsprechend ihrer mexikanischen Heimat liebt und braucht die Pflanze volle Sonne. Je heller sie steht, desto besser gedeiht sie, und um so schöner werden ihre Blüten. In den Wintermonaten braucht die Pflanze einen kühlen Standort bei 12-15°C.

Pflege
Die Pflanze will im Sommer gleichmäßig feucht gehalten werden; im Winter nur so viel, dass die Blätter nicht vergilben. Im Frühjahr wird umgetopft in eine lehmig-humose Erde. Gleichzeitig sollte die Goldähre zurückgeschnitten werden.

Vermehrung
Sie kann von April bis Juni durch Triebstecklinge bei 25°C vorgenommen werden.

Gärtnertipp
Bekanntlich ist die Pflanze empfänglich für die weiße Fliege sowie die Schildläuse. Zurückzuführen ist dieser Schädlingsbefall auf zu reichliches Gießen.

Goldähre

Grünlilie

Grünlilie

(Chlorophytum comosum)

Blütezeit:	Grünpflanze
Familie:	Liliengewächs
Heimat:	Südafrika

Bei der anspruchslosen Grünlilie können Sie praktisch keine Fehler machen. Ob der Standort dunkel oder hell, warm oder kühl ist, die Grünlilie nimmt nichts übel. Und da sie auch noch Schadstoffe bindet, ist sie auch eine ideale Büropflanze, die selbst ein trockenes Wochenende problemlos übersteht. Braune Blattspitzen sind ein Zeichen von zu trockener Luft. Wenn die Grünlilie allmählich vergrünt und ihre hellen Streifen verliert, dann steht sie zu dunkel. Katzenliebhaber sollten auf die Pflanze verzichten, denn die Katzen futtern die Blätter auf.

Standort
Die Grünlilie passt sich den Gegebenheiten an. Im Winter ist ein etwas kühlerer Standort um 12°C wünschenswert.

Pflege
Je nach Raumtemperatur muss mit möglichst weichem Wasser gegossen werden. Steht die Pflanze hell und warm, braucht sie reichlich Wasser. Machen Sie aber vor jedem Gießvorgang die Fingerprobe, denn gegen Staunässe ist selbst diese Pflanze allergisch. Wenn Sie die Pflanze alle 14 Tage düngen, wird Ihr Prachtexemplar viel Bewunderung finden.

Vermehrung
Die Vermehrung gelingt leicht über Kindel. Diese werden von den Stielen abgeschnitten, ins Wasser gestellt und bewurzelt. Etwas größere Pflanzen können Sie auch teilen.

Gärtnertipp
Die Pflanze sollte jährlich umgetopft werden, weil ihre dicken Wurzeln schnell den Blumentopf füllen.

Gummibaum

(Ficus elastica)

Blütezeit:	Grünpflanze
Familie:	Maulbeergewächs
Heimat:	Tropen und Subtropen

Der Gummibaum ist gut geeignet für Ost-, West- und sogar Nordfenster. Die Pflanze verträgt trockene Heizungsluft, obwohl ihr eine durchschnittliche Luftfeuchte von 50% lieber ist. Besonders beliebt ist die Sorte Decora, denn sie verliert nicht ihre Fasson und bleibt kompakt. Das Längenwachstum kann durch Stutzen gezügelt werden.

Standort
Zugluft behagt dem Gummibaum nicht, genauso wenig wie das Drehen des Topfes. Muss er dennoch umgestellt werden, dann tun Sie gut daran, zuvor den Lichteinfall mit Kreide oder Bleistift am Topfrand zu markieren. Normale Zimmertemperatur, im Winter nicht über 20°C, bekommt dem Gummibaum.

Pflege
Die gleichmäßige Versorgung mit kalkfreiem Wasser ist für das Gedeihen entscheidend. Zu viel Wasser ist ebenso schädlich wie Trockenheit. Im Winter macht die Pflanze eine Ruhepause durch. Entsprechend zur niedrigeren Raumtemperatur – zwischen 15-18°C – wird auch weniger gegossen und nicht mehr gedüngt. Wichtig ist das Abwischen der Blätter, damit die Pflanze ungehindert atmen kann. Gestutzt wird, um das Längenwachstum zu bremsen und im Frühjahr die mehrtriebige Verzweigung anzuregen.

Vermehrung
Sie vermehren den Gummibaum durch Abmoosen.

Gärtnertipp
Blutende Wunden, die durch Abbrechen der Blätter entstehen, stillen Sie durch Holzkohlepulver. Gummibäume möchten als Solitärpflanze bewundert werden.

Gummibaum

Guzmanie

Guzmanie

(Guzmania)

Blütezeit:	Januar–Dezember
Familie:	Ananasgewächs
Heimat:	Mittel-, Südamerika

Typisch für die Guzmanie ist die dichte, Wasser speichernde Rosette mit ihrem glänzenden, ledrigen Blätterkranz.

Standort
Ob hell oder halbschattig, Hauptsache der Standort ist warm und feucht. Sonne vertragen Guzmanien nicht. Die Temperaturen sollten zwischen 18-22°C liegen.

Pflege
Das ganze Jahr über mäßig feucht halten. Staunässe unbedingt vermeiden, denn sie führt zur Wurzelfäule. In der Blattrosette sollte immer etwas Wasser stehen, wobei Sie temperiertes und möglichst abgestandenes Wasser zum Gießen verwenden sollten. Von Frühjahr bis Herbst wird alle 14 Tage mäßig gedüngt, im Winter nur alle 6 Wochen.

Gärtnertipp
Das Wasser in der Zisterne muss immer wieder geleert und durch frisches Wasser aufgefüllt werden.

Gynure

Gynure

(Gynura acandens)

Blütezeit:	August
Familie:	Korbblütler
Heimat:	Ostafrika

Das dekorative Laub der Gynure ist wie mit einem violetten Flaum überzogen. Ihre Jungpflanze ist kompakt und besonders farbintensiv. Sie ist eine prächtige Ampelpflanze für Kenner. Da die Blüten unangenehm riechen, sollten Sie die Knospen, bevor sie sich öffnen, entfernen.

Standort
Sehr hell, sonst verlieren die Blätter ihren violetten Schimmer. Ideal ist ein Ost- oder Westfenster. Auch ein Südfenster, das während der grellen Mittagssonne schattiert wird, ist geeignet. Im Sommer benötigt sie ein normales Raumklima, im Winter möglichst Temperaturen zwischen 15-18°C. Sobald die Temperaturen höher sind, wird die Pflanze unansehnlich. Frische Luft bekommt der Gynure gut. Zugluft hingegen ist schädlich.

Pflege
In den Sommermonaten muss reichlich mit weichem Wasser gegossen werden, aber niemals auf die Blätter. Die Luftfeuchtigkeit sollte zwischen 50-60% liegen, wobei Sie die Blätter auf keinen Fall direkt besprühen dürfen. Die Pflanzen können im Frühjahr in normale Einheitserde umgetopft werden.

Vermehrung
Über Stecklinge im Frühjahr oder Herbst vermehren Sie die Gynure. Die Triebspitzen sollten etwa 10 cm lang sein und werden in ein Torf-Sand-Gemisch gesteckt.

Gärtnertipp
Die Gynure ist bestens für die Hydrokultur geeignet.

Hanfpalme

(Trachycarpus)

Blütezeit:	Grünpflanze
Familie:	Palmengewächs
Heimat:	Ostasien, Mitteleuropa

Die Hanfpflanze besitzt einen schmalen, verfilzten Stamm, der sich nach oben hin verjüngt. Die Pflanze, die in Hochgebirgswäldern in Höhen bis zu 2400 m wächst, ist frostresistent. Sie kann unter bestimmten Bedingungen in Weinanbaugebieten im Freien überwintern. Die Hanfpflanze beansprucht viel Platz, sowohl in der Breite als auch in der Höhe, denn sie kann eine stattliche Größe von 2 bis 3 m erreichen.

Standort
Sehr hell. Die Jungpflanze muss vor praller Sonne geschützt werden, die ältere bedarf dieses Schutzes nicht mehr. Im Sommer verträgt sie 18-20°C, während der Wintermonate muss die Hanfpalme kühl stehen (0-7°C). Sie braucht von März an einen geschützten Standort im Freien, im Winter gehört sie ins Haus und an einen kühlen Platz (um 8°C). In milden Klimazonen kann die Hanfpalme auch draußen im Garten oder am Balkon überwintern.

Pflege
Der Wasserbedarf der Palme ist temperaturabhängig. Während der warmen Sommermonate ist sie ausreichend zu gießen und alle 14 Tage zu düngen. Sobald es kühler wird, entfällt das Düngen. Auch das Gießen wird stark reduziert, denn weder Staunässe noch Trockenheit verkraftet die Hanfpalme. Diese Palme sollte nur alle 3 bis 5 Jahre umgepflanzt werden. Sie beansprucht besonders hohe Gefäße, die mit einer Dränageschicht ausgelegt sind. Zum Umtopfen wird eine humose Erdmischung in der Zusammensetzung von 2/3 Kompost oder Gartenerde, 1/3 Torf oder Rindenhumus oder eine sandige Einheitserde verwendet.

Vermehrung
Die Vermehrung sollte vorzugsweise im Frühjahr stattfinden. Frische Samen keimen in gespannter Luft unter Glas oder Folie. Die Keimzeit kann allerdings 3 bis 6 Monate betragen.

Hanfpalme

Haworthie

(Haworthia)

Blütezeit:	März–Juni
Familie:	Liliengewächs
Heimat:	Südafrika

Die Haworthie ist eine sukkulente Rosettenstaude mit sehr dekorativen, dickfleischigen Blättern und kleinen, unscheinbaren Blüten. Die attraktivste und dankbarste Art ist ein Gewächs mit weißen Perlwarzen, deren Blattränder oft gezähnt oder bewimpert sind. Die Blüten zeigen sich meist von März bis Juni.

Haworthie

Standort
Die Haworthie ist anspruchslos, vor allem dann, wenn sie einen hellen, unbesonnten Platz erhält. Eine typische Ruhezeit kennt die Pflanze nicht. Eine trockene Zimmerluft ist der Haworthie sehr angenehm. Im Sommer braucht die Pflanze Temperaturen um 20°C, im Winter liebt sie es kühler, ideal sind 10-12°C. Wenn Sie die Pflanze kühl überwintern, dann sollten Sie auch weniger gießen. Achten Sie darauf, dass der Wurzelballen nicht ganz austrocknet.

Pflege
Gegossen wird nur, wenn die Erde abgetrocknet ist. Staunässe müssen Sie bei dieser Pflanze unbedingt vermeiden. Gedüngt wird alle 4 Wochen von April bis September. Die Haworthie ist nicht frosthart, kann aber bei sehr geringen Temperaturen überwintert werden. Alle 2 Jahre sollte diese Sukkulente im Frühjahr umgetopft werden. Im Laufe der Zeit stößt diese Pflanze ihre Wurzeln ab, die im Topf faulen, wenn nicht rechtzeitig in Einheitserde umgetopft wird.

Vermehrung
Durch Blattstecklinge oder Tochterrosetten können Sie die Haworthie vermehren.

Gärtnertipp
Die Pflanze fühlt sich in flachen Gefäßen mit sandiger Erde besonders wohl.

Heidekraut

(Erica)

Blütezeit:	August–Oktober
Familie:	Heidekrautgewächs
Heimat:	Südafrika

Der kleine, niedrige Strauch hat kurze, behaarte Äste mit schmalen, hellgrünen Blättern. An der Spitze der Ästchen entwickeln sich die Blüten in Rosa, Lachs oder Weiß.

Standort
Das ganze Jahr über braucht die Pflanze viel Licht, im Sommer sollte der Standort voll sonnig sein. Ideal ist ein Quartier auf Balkon oder Terrasse. Für die Zimmerkultur ist viel Frischluft erforderlich.

Pflege
Im Sommer reichlich mit weichem Wasser gießen, wobei Staunässe unbedingt zu vermeiden ist. Im Winter wird kaum mehr gegossen. Im Frühjahr heißt es dann zur Schere greifen und die Erika bis auf 10 cm zu stutzen. Ab Mai bis September sollten Sie wöchentlich düngen.

Vermehrung
Die Vermehrung sollte dem Gärtner überlassen werden.

Gärtnertipp
Die Erika ist zur Bepflanzung von Schalen in Verbindung mit kleinen Gehölzen gut geeignet.

Heidekraut

Henne mit Küken

(Tolmiea menziesii)

Blütezeit:	Mai
Familie:	Steinbrechgewächs
Heimat:	nordwestl. Amerika

Diese Zierpflanze war früher in vielen Bauernstuben zu finden. Das Steinbrechgewächs blüht nur gelegentlich im Mai mit langen Blütentrauben, die eigentliche Zierde ist das apart gefleckte Laub. Interessant ist auch die Kindelbildung, die der Pflanze auch den Namen »Mutter und Kind« oder »Kind im Schoß« gab. An der Basis der Pflanze bilden sich herzförmige Blätter mit Tochterpflänzchen.

Standort
Halbschattiger Standort bei möglichst kühler Zimmertemperatur von 15-18°C. Öffnen Sie häufig das Fenster, um für kühle, frische Luft zu sorgen, sonst besteht die Gefahr von Lausbefall.

Pflege
Mit viel Fingerspitzengefühl gießen, auf keinen Fall darf Wasser an die Blätter gelangen, sonst entsteht Fäulnis. In den Sommermonaten sollten Sie die Staude gut feucht halten, im Winter nur sparsam gießen.

Vermehrung
Die beste Zeit, die Pflanze zu vermehren, ist das zeitige Frühjahr. Topfen Sie die Pflanze in Einheitserde und düngen Sie die gut angewachsene Pflanze wöchentlich.

Gärtnertipp
Klimatisierte Räume verträgt die Henne mit Küken gut.

Henne mit Küken

Herzenskelch

(Eucharis)

Blütezeit:	Juli–August
Familie:	Amaryllisgewächs
Heimat:	Kolumbien

Der Herzenskelch ist ein einjähriges Zwiebelgewächs. An den schlanken, etwa 30 cm hohen Stielen sitzen breite, dunkelgrüne Blätter. Die Blüte erinnert fast an Narzissen, sie ist meist wohlduftend und verströmt einen angenehmen Duft in Ihren Zimmern. Früher wurde Eucharis als Schnittblume kultiviert. Neuerdings findet man sie so auch wieder im Angebot, denn die anmutigen Blüten halten gut.

Standort
An einem hellen, vor praller Sonneneinstrahlung geschützten Standort zwischen 15-20°C möchte die Eucharis stehen.

Pflege
Wie alle Zwiebelgewächse darf auch diese Pflanze nur sparsam gegossen werden. Wenn sie einen günstigen Standort auf einer Fensterbank über einem Heizkörper erhält, kann sie mehrmals im Jahr blühen. Zum guten Wachstum gehört auch eine hohe Luftfeuchtigkeit. Gedüngt werden sollte die Pflanze während der Wachstumsperiode wöchentlich. Nach der Blüte beginnt eine einmonatige Ruhepause, in der kaum gegossen und nicht mehr gedüngt wird. Wünschenswert sind während dieser Zeit auch etwas niedrigere Temperaturen. Mit Beginn des neuen Austriebes wird verstärkt gegossen und die Pflanze wärmer gestellt. Umgetopft wird jedes 2. Jahr. Dazu verwenden Sie eine Mischung aus Torf, Sand und Einheitserde.

Vermehrung
Die Vermehrung dieser Pflanze erfolgt durch Abtrennen von Brutzwiebeln.

Gärtnertipp
Es gibt etwa 8 Arten; am häufigsten wird E. Grandiflora im Handel angeboten.

Herzenskelch

Hibiskus

(Hibiscus)

Blütezeit:	Februar–Oktober
Familie:	Malvengewächs
Heimat:	Südchina, Ostindien

Von bestechender Schönheit sind die großen, trichterförmigen Hibiskusblüten, je nach Sorte in Weiß, Gelb, Rosa und Dunkelrot, mitunter auch zweifarbig. Ein aparter Kontrast dazu sind die glänzend grünen, gezahnten Blätter.

Hibiskus

Standort
Nur wenn Sie Ihrem Hibiskus (auch Roseneibisch genannt) einen besonders hellen, warmen und luftigen Standort geben, wird die Sonnenanbeterin Sie während der Sommermonate Tag für Tag mit einer neuen Blüte verwöhnen, allerdings währt die Blütenpracht nur 24 Stunden. Normale Zimmertemperaturen verträgt der Hibiskus gut. Im Winter kann er kühler stehen, etwa bis zu 12°C. Sobald die Pflanze Knospen angesetzt hat, dürfen Sie den Hibiskus nicht mehr drehen, sonst fallen die Knospen ab. Für ein Plätzchen auf dem Balkon oder der Terrasse ist die sonnenhungrige Pflanze von Mai bis September dankbar.

Pflege
Der Hibiskus braucht relativ viel, aber möglichst weiches Wasser. Das Tauchbad bekommt ihm gut, stehende Nässe hingegen überhaupt nicht.

Vermehrung
Vermehren Sie den Hibiskus durch Kopfstecklinge, am besten im April oder August. Die Bewurzelung erreichen Sie bei hoher Bodenwärme und vor allem mit Verdunstungsschutz.

Gärtnertipp
Ballentrockenheit verkraftet die Pflanze genauso wenig wie einen zugigen Standort oder krassen Temperaturwechsel.

Hirschzungenfarn

(Phyllitis scolopendrium)

Blütezeit:	Grünpflanze
Familie:	Streifenfarngewächs
Heimat:	Europa

Die zungenförmigen Blätter dieses Farns sind bei manchen Sorten wie bei der Cristata stark gewellt bzw. kammförmig gekräuselt. Der langsam wachsende Farn bleibt niedrig, braucht aber viel Platz in der Breite.

Standort
Die Hirschzunge wünscht sich ein kühles, halbschattiges bis schattiges Plätzchen. Sonne verkraftet sie nicht, Frischluft gehört zu ihrem Lebenselixier. Während der Sommermonate kann sie im Freien stehen, im Winter sollte sie kühl, möglichst nicht über 12°C, stehen.

Pflege
Gießen Sie nur mit weichem Wasser. Während der Sommermonate liebt dieser Farn es feucht. Daher ist er für das Besprühen dankbar. Es darf keine Staunässe beim Gießen entstehen. Von März bis September sollten Sie dem Gießwasser einen Dünger für Grünpflanzen hinzufügen.

Vermehrung
Nur üppig gewordene Pflanzen werden beim Umtopfen durch Teilung der Rhizome vermehrt. Handelsübliche Einheitserde genügt dafür.

Gärtnertipp
Um Staunässe zu vermeiden, ist eine Dränageschicht aus Tonscherben erforderlich.

Hirschzungenfarn

Hohlnarbe

Hohlnarbe

(Coelogyne)

Blütezeit:	April–Juli
Familie:	Orchideengewächs
Heimat:	Java, Nepal

Die mehrjährige Hohlnarbe hat ihre Heimat in Nepal. Während der Blütezeit zeigt dieses exotisch anmutende, besonders attraktive Gewächs sahnig-weiße Blüten, von der sich die gelbe Lippe farblich abhebt.

Standort
Die Coelogyne bevorzugt einen halbschattigen bis schattigen Standort. In den Sommermonaten darf die Zimmertemperatur um die 20°C betragen, während des Winters sind Temperaturen um 15°C ausreichend. Die Luftfeuchtigkeit sollte im recht hoch sein.

Pflege
Im Sommer wird die Hohlnarbe regelmäßig mit kalkfreiem Wasser gegossen. Die Pflanze sollte nach der Blütezeit (in Orchideensubstrat) umgetopft werden. Danach ist eine Ruhezeit von 6 bis 8 Wochen einzuhalten.

Vermehrung
Die Vermehrung sollte besser den Gärtnereien überlassen werden.

Gärtnertipp
Die Hohlnarbe eignet sich gut für die Hydrokultur.

Hornklee

(Lotus)

Blütezeit:	April–Mai
Familie:	Schmetterlingsblütler
Heimat:	Mittelmeer, Asien

Den Hornklee gibt es in etwa 150 Arten. L. berthelotii hat wei behaarte, hängende Zweige und Blätter, die mit fadenartigen Fiedern geschmückt sind. Das Gewächs wird häufig als Ampelpflanze empfohlen. Exotisch wirken nicht nur die Blätter und Zweige, sondern auch die leuchtend roten Schmetterlingsblüten im Frühjahr.

Hornklee

Standort
Der Hornklee braucht volle Sonne. Er muss sowohl im Sommer wie im Winter sehr hell und luftig stehen. Ideal ist in der warmen Jahreszeit ein Standort auf Balkon oder Terrasse. Im Sommer kommt die Pflanze mit den herkömmlichen Raumtemperaturen gut zurecht, in der Vegetationspause möchte sie es kühler haben und bei 12°C überwintern.

Pflege
Von März bis September gleichmäßig und nicht zu knapp gießen, wobei dem Gießwasser wöchentlich Flüssigdünger hinzugefügt werden sollte. Während der kühlen Überwinterungszeit wird nur minimal gegossen, so dass die Pflanze nicht austrocknet. Nach der Blüte im Frühjahr umtopfen.

Vermehrung
Die Vermehrung erfolgt durch Teilung beim Umtopfen oder im Herbst durch Stecklinge.

Gärtnertipp
Vermeiden Sie Ballentrockenheit, diese führt zu Blattfall.

Hortensie

(Hydrangea macrophylla)

Blütezeit:	Januar–August
Familie:	Steinbrechgewächs
Heimat:	Amerika, Asien

Von Mini bis Maxi gibt es viele neue Hortensiensorten, z. B. Bauern-Hortensien, Teller-Hortensien, weiße Schneeball-Hortensien, Samt-, Rispen- und Kletter-Hortensien. Die Hortensie liebt ein leicht feuchtes, kalkfreies Erdsubstrat. Eine blühende Hortensie kann lange erfreuen. Ihr Farbspiel reicht von Weiß, Rosa, Rot bis hin zu Blau. Es gibt sowohl Ball- als auch Tellerformen. Die Hortensie war ursprünglich eine Gartenpflanze mit großem Wasserbedarf, wie der Name Hydrangea (Wasserstrauch) andeutet. Durch die veränderten Kulturzeiten ist sie heute auch eine beliebte Zimmerpflanze geworden. Meist können Sie blühende Hortensien ab Februar kaufen.

Hortensie

Standort
Der natürliche Standort liegt im halbschattigen bis schattigen Bereich. Mit Ausnahme der Minihortensien braucht die Pflanze viel Platz, sonst kommen ihre großen Blütendolden nicht zur Wirkung. Je kühler die Pflanze im Sommer steht, desto länger halten die Blüten.

Pflege
Wichtig ist eine reichliche Wasserversorgung. Nur wenn der Wasserhaushalt stimmt, bleiben die Hochblätter lange erhalten, erst im Alter verlieren sie ihre Farbe und vergrünen. Goethe hat schon gesagt: »Alles ist Blatt«. Tatsächlich gehen die Hochblätter langsam in Laubblätter über, ohne dass dabei die Form des ehemaligen Blatts verloren geht. An heißen Tagen ist gelegentliches Übersprühen anzuraten. Nach den Eisheiligen können Hortensien in den Garten gepflanzt werden. Beim Umsetzen ist auf eine humose, lehmhaltige Erde, deren pH-Wert bei 6,5 liegt, zu achten. Ab Juni/Juli muss die Pflanze ausreichend

mit einem kalkfreien Spezialdünger versorgt werden. In Weinbaugebieten ist kein Frostschutz nötig. Überwintern Sie die Hortensie im kühlen Keller oder in der frostfreien Garage bei 4 bis 6°C. Da die Pflanzen Laub abwerfen, braucht der Winterplatz nicht zu hell zu sein; gelegentlich muss die Pflanze gegossen werden.

Vermehrung
Die Hortensie vermehren Sie einfach durch Triebspitzen-Stecklinge. Diese bewurzeln Sie in einem Glas Wasser, dem etwas Holzkohle zugesetzt wurde.

Gärtnertipp
Die Farbe Ihrer Bauernhortensie können Sie selbst bestimmen. Blau oder Rosa, ganz nach dem eigenem Geschmack. Um beispielsweise Ihre Wunschfarbe Blau zu erhalten, geben Sie Ammoniakkalaun (in Drogerien erhältlich) ins Wasser. Ein Esslöffel wird auf 3 Gießvorgänge im Abstand von 1 Woche verteilt. Wenn Sie wiederholt mit der Lösung gießen, wird Ihr Hortensienstrauch himmelblau. Weiße Hortensien lassen sich nicht färben.

Hyazinthe

Hyazinthe

(Hyacinthus)

Blütezeit:	März–Mai
Familie:	Liliengewächs
Heimat:	Mittelmeerraum

Die bekannte einjährige Hyazinthe ist eine äußerst attraktive Frühlingsbotin. Sie erfreut mit großen duftenden Blüten und kann sowohl in Erde als auch auf Wasser gezogen werden. Ihre Blütezeit reicht von März bis Mai.

Standort
Zur Blütenentwicklung ist ein sonniger Platz, der in der Mittagszeit vor praller Sonne geschützt wird, erforderlich. Auch braucht die Pflanze reichlich frische und feuchte Luft. Wünschenswert ist eine Raumtemperatur um 12°C.

Pflege
Wenn das Zwiebelgewächs in der Erde steht, muss ausreichend mit kalkfreiem Wasser gegossen werden. Düngen und Umtopfen entfällt.

Vermehrung
Wie zu Großmutters Zeiten setzt man die Zwiebel nach dem Kauf auf ein spezielles Hyazinthenglas und füllt dieses mit Wasser soweit auf, dass die Wurzeln das Wasser erreichen, die Zwiebel selbst jedoch nicht feucht wird. Das Gefäß wandert dann so lange an einen dunklen Ort, bis die Hyazinthe Wurzeln gezogen hat. Dann bekommt sie zum Treiben einen warmen Standort.

Gärtnertipp
Die Pflanze muss immer mit weichem Wasser feucht gehalten werden.

Iresine

(Iresine herbstii)

Blütezeit:	Grünpflanze
Familie:	Amaranthengewächs
Heimat:	Amerika, Australien

Die einjährige Iresine hat braunrote, etwas unebene Blätter mit rötlich getönten Blattnerven. Ihr Wuchs ist buschig und von gedrungener Natur, ihre Blüten sind unscheinbar.

Standort
Je sonniger der Standort, desto schöner färben sich die Blätter. Bei halbschattigem Stand ist die Blattfärbung dürftig. Im Sommer ist ein Aufenthalt im Freien wünschenswert. Die Iresine wird gern als Beeteinfassung verwendet.

Pflege
Gegossen wird nur mäßig mit zimmerwarmem, entkalktem Wasser so, dass der Wurzelballen nicht austrocknet. Überwintert wird die Pflanze hell bei 15°C. Während dieser Zeit darf nur noch tröpfchenweise gewässert werden. In der Wachstumszeit braucht die Iresine einen monatlichen Düngetrunk.

Vermehrung
Wenn Sie im Herbst einige der Pflanzentriebe anknipsen und ins Wasser stellen, werden diese innerhalb kurzer Zeit Wurzeln zeigen; sie können dann in Einheitserde gepflanzt werden.

Gärtnertipp
Die dankbare Zimmerpflanze ist völlig problemlos. Je öfter Sie zur Schere greifen, desto fülliger wird sie.

Iresine

Ixore

Ixore
(Ixora)

Blütezeit:	Mai–September
Familie:	Krappgewächs
Heimat:	Indische Tropen

Die mehrjährige, tropische Pflanze wächst strauchartig mit länglichen, lederartigen Blättern. Von Mai bis September schmückt sie sich mit schönen, leuchtend roten Blütendolden.

Standort
Die anspruchsvolle Warmhauspflanze, die einen hellen und warmen Standort mit hoher Luftfeuchtigkeit wünscht, muss jedoch vor direkter Sonneneinstrahlung geschützt werden. Am besten ist die Pflanze im Wintergarten aufgehoben.

Pflege
Im Sommer wird die Pflanze reichlich mit kalkfreiem Wasser versorgt. Im Winter, wenn die Temperatur um die 18°C liegt, wird nur noch sparsam gegossen. Düngen sollten Sie nur während der Vegetationszeit von April bis September, und zwar wöchentlich. Im Herbst sollten die Triebe zurückgeschnitten werden, damit die Pflanze nicht aus der Form gerät. Die Jungpflanzen müssen jährlich umgetopft werden, ältere Exemplare nur noch alle 2 Jahre. Das Frühjahr ist die beste Jahreszeit zum Umtopfen. Sie benötigen dazu eine leicht saure, humose Erde, auch Einheitserde mit Torfzusatz ist geeignet (pH-Wert 5,5).

Vermehrung
Die Vermehrung ist schwierig, aber für versierte Hobbygärtner durchaus möglich. Hierzu nehmen Sie Kopfstecklinge, die im Frühjahr geschnitten und unter Folie in gespannter Luft bei 25°C bewurzelt werden.

Gärtnertipp
Jungpflanzen müssen solange zurückgeschnitten werden, bis sie buschig sind.

Jacobinie
(Jacobinia carnea)

Blütezeit:	April–September
Familie:	Akanthusgewächs
Heimat:	Süd-, Mittelamerika

Die Jacobinie ist ein vielverzweigter, beliebter Strauch. Für die Zimmerhaltung kommen vorwiegend zwei Arten in Betracht: carnea und pauciflora. Erstere erreicht bis zu 1 m Höhe und zeichnet sich durch ihre großen, interessanten Blütenstände in Rosa bis Orange aus. Die andere Sorte J. pauciflora ist robuster, aber auch kleinblütiger und kleinblättriger. Sie blüht von Februar bis April.

Standort
Die Jacobinie braucht einen hellen, halbschattigen Platz mit viel Frischluft. In den Sommermonaten ist sie ein schöner Schmuck auf Balkon oder Terrasse. Mit den gegebenen Raumtemperaturen kommt die Pflanze gut zurecht. Nur während der Ruhezeit im Winter sollte sie bei etwa 12°C untergebracht werden.

Pflege
Die Wassermenge richtet sich nach der jeweiligen Temperatur. In warmen Sommermonaten braucht die Pflanze reichlich Wasser, im Winter darf sie nur mäßig feucht gehalten werden. Gedüngt wird alle 14 Tage. Zum Umtopfen wie auch zum Vermehren im Frühjahr wird normale Einheitserde verwendet.

Vermehrung
Im Frühjahr können Sie die Pflanze über Stecklinge bei 20°C Bodenwärme vermehren.

Gärtnertipp
Vorsicht! Wenn die Pflanze zu trocken wird, besteht die Gefahr von Schädlingsbefall.

Jacobinie

Jasmin

Jasmin

(Jasminum officinale)

Blütezeit:	Juni–September
Familie:	Ölbaumgewächs
Heimat:	Iran, China

Der Jasmin ist eine typische Kalthauspflanze. Er ist verwandt mit der Winterart Jasminum nudiflorum – Sie kennen diese Sorten von Gärten. Er trägt bereits schon ab Januar trotz Kälte und dunkler Jahreszeit im Freien gelbe Blüten. Der grazile Strauch schmückt sich mit wohlriechenden, weißen Blüten, in der Regel von Juni bis September. Es ist aber durchaus möglich, dass er auch zu anderen Jahreszeiten blüht.

Standort
Der schnell wachsende Kletterstrauch braucht viel Licht. Im Sommer sollte er auf Balkon oder Terrasse stehen. Während der Wintermonate sind Temperaturen von 2-8°C gefragt, wobei der Standort weiterhin extrem hell sein sollte. Nur so kommt es im nächsten Jahr zu einer weiteren Blüte.

Pflege
Die Pflanze braucht zum guten Gedeihen viel Wasser, möglichst kalkfrei, und eine regelmäßige 14-tägige Düngung. Sofern die Pflanze während der Sommermonate im Zimmer steht, muss sie häufig besprüht werden. Optimal ist jedoch ein Standort auf Balkon oder Terrasse im Sommer. Umgetopft wird im Frühjahr in Einheitserde mit Lehmzusatz. Bei dieser Gelegenheit sollten Sie die Pflanze auch etwas zurückschneiden. Beim Beschneiden ist Vorsicht geboten. Entfernt werden nur frische Triebe, denn die Blütenansätze sind bereits an dem einjährigen Holz vorhanden.

Vermehrung
Die Vermehrung ist denkbar einfach: Je nach Blütenwunsch werden die Kopfstecklinge entweder im Herbst für eine Frühjahrsblüte oder im Frühjahr für eine Herbstblüte zum Bewurzeln gebracht.

Gärtnertipp
Frühestens 6 Wochen nach dem Umtopfen darf erneut gedüngt werden.

Judenbart

(Saxifraga stolonifera)

Blütezeit:	Juni–August
Familie:	Steinbrechgewächs
Heimat:	China, Japan

Der Judenbart ist eine sehr interessante Pflanze aus China. Er hat fadenförmige Ausläufer und sehr dekorative weiße, häufig gelb punktierte Blüten.

Judenbart

Standort
Zu unterscheiden ist zwischen grünen und buntblättrigen Sorten. Während erstere einen halbschattigen Standort brauchen, verlangen die buntblättrigen nach mehr Licht. Die Pflanzen sollten kühl stehen.

Pflege
Halten Sie die Pflanze mäßig und möglichst mit weichem Wasser feucht. Düngen Sie sie im Rhythmus von 2 Wochen. Im Sommer sollte die Temperatur zwischen 18-20°C, im Winter um die 12°C liegen.

Vermehrung
Nach der Blüte stirbt die Mutterpflanze ab, aus den Kindeln können leicht neue Pflanzen gezogen werden. Dazu wird eine lockere, humose Einheitserde benötigt.

Gärtnertipp
Der Judenbart ist ideal als Ampelpflanze.

Jungfernrebe

(Parthenocissus inserta)

Blütezeit:	Grünpflanze
Familie:	Weinrebengewächs
Heimat:	Nordamerika, Asien

Die mehrjährige Pflanze ist ein schnell wachsender Kletterstrauch, meist mit gefingerten Blättern. Im Frühjahr erscheint eine unauffällige Blüte, im Herbst bilden sich schwarze Beeren.

Standort
Ideal ist ein Wintergarten. Dort kann die Pflanze bis zu 2 m hoch ranken. Bei genügend Sonne während der Sommermonate wird auch die Laubfärbung im Herbst besonders prächtig. Bei halbschattigem Standort bleiben die Blätter meist grün. Die Pflanze kann auch auf der Terrasse in Kübeln kultiviert werden. Im Winter können die Temperaturen bis auf 10°C sinken.

Pflege
Die Pflanze sollten Sie immer gleichmäßig feucht halten. Im Sommer braucht sie wegen der höheren Temperatur etwas mehr Wasser, im Winter entsprechend weniger. Eine wöchentliche Düngung in der Wachstumszeit ist empfehlenswert. Im Frühjahr wird die Pflanze in neue Einheitserde umgetopft.

Vermehrung
Die Vermehrung des Weinrebengewächses ist denkbar einfach und kann durch Kopfstecklinge im Sommer bei 20-25°C Bodenwärme unter der gespannten Luft einer Folie problemlos erfolgen. Die Jungpflanzen sind öfter zu entspitzen.

Gärtnertipp
In seiner Eigenschaft als Rankgewächs wird die Jungfernrebe gern zur Beschattung anderer Pflanzen in den Wintergarten gepflanzt.

Jungfernrebe

Kängurublume

Kängurublume

(Anigozanthos flavidos)

Blütezeit:	Juni–Juli
Familie:	Haemodoraceae
Heimat:	Australien

Die Exotin hat wollig behaarte Blüten, die den Kängurupfoten tatsächlich ähnlich sind. Die Pflanze blüht im Frühsommer in den Farben Gelbgrün oder Rosarot. Ihre Blätter sind auffallend grazil-schlank.

Standort
Die Kängurublume braucht einen hellen, vor direkter Sonne geschützten Standort. Ein Sommerquartier auf Balkon oder Terrasse bekommt der Pflanze gut. Im Winter muss der Standort kühler sein, ideal sind dann Temperaturen um 10°C.

Pflege
Die Kängurublume will während der Sommermonate reichlich mit kalkfreiem Wasser verwöhnt werden. Im Winter ist der Wasserbedarf weitaus geringer. Sie müssen nur dafür sorgen, dass der Ballen nicht austrocknet. Während der Vegetationszeit sollten Sie die Pflanze alle 14 Tage mit einem Flüssigdünger ernähren. Falls erforderlich, wird im Frühjahr umgetopft, und zwar in ein sauer-humoses Erdsubstrat. Gut geeignet ist Azaleenerde.

Vermehrung
Die Vermehrung erfolgt aus Samen oder durch Kopfstecklinge bei 20°C Bodenwärme.

Gärtnertipp
Wird die Pflanze von Spinnmilben befallen, so ist meist eine zu hohe Zimmertemperatur in den Wintermonaten schuld daran. Der Schaden lässt sich durch das Abwaschen der Milben beheben; ein Quartierwechsel sollte erfolgen.

Kaffeestrauch

(Coffea arabica)

Blütezeit:	August–September
Familie:	Krappengewächs
Heimat:	Afrika, Asien

Die Pflanze hat große, dunkelgrüne, glänzende Blätter. Im Sommer erscheinen weiße Sternblüten, die jasminähnlich duften. Daraus bilden sich dann grüne, kirschähnliche Beeren, die, sobald sie leuchtend rot sind, geerntet werden können. Jede Beere beinhaltet zwei Bohnen. Diese müssen alsbald ausgesät werden, weil die Keimfähigkeit befristet ist.

Standort
Bevorzugt wird ein heller, luftiger Platz in Fensternähe, aber nicht eingeengt zwischen anderen Pflanzen. Grelle Sonne schadet jedoch den Blättern. Bei guter Pflege breitet sich die Pflanze schnell aus. Vermeiden Sie Zugluft, sonst droht Blattfall. Eine Temperatur um 20°C ist ideal. Von Oktober bis März sollte der Kaffeebaum kühler, bei Temperaturen von etwa 12-15°C stehen.

Pflege
Im Sommer sollten Sie den Kaffeestrauch reichlich mit weichem Wasser gießen, aber Staunässe unbedingt vermeiden. Im Winter darf der Topfballen bei kühlerem Stand nur leicht feucht gehalten werden, dafür besprühen Sie die Pflanze öfter. Während der Wachstumszeit einmal wöchentlich mit verdünntem, kalkarmen Flüssigdünger gießen. Umgetopft wird nach 2 bis 3 Jahren im zeitigen Frühjahr.

Vermehrung
Die Vermehrung ist nicht kompliziert, sie erfolgt aus Samen oder Kopfstecklingen.

Gärtnertipp
Die Blüte des Kaffeestrauches erscheint erst im dritten Jahr. Für die Bewässerung verwenden Sie am besten weiches Wasser.

Kaffeestrauch

Kahnorche

(Cymbidium)

Blütezeit:	April–Mai
Familie:	Lippenblütler
Heimat:	Australien

Die Kahnorche gehört zu der Familie der Orchideen. Das Äußere dieser besonders anmutigen mehrjährigen Pflanze ist gekennzeichnet durch lange schmale Blätter und lange Triebe, an denen sich bis zu 25 weiße, gelbe, grüne, braune oder rosa gefärbte Blüten befinden.

Standort
Anfang Juni kann die Kahnorche ins Freie gestellt werden – vorzugsweise an einen halbschattigen Platz unter Bäumen. Wird das Cymbidium ausschließlich im Zimmer gehalten, so steht es gerne einige Stunden am Tag in der direkten Sonne, aber nicht in der zu heißen Mittagszeit. Zudem ist für ausreichende Frischluft und für eine relativ hohe Luftfeuchtigkeit zu sorgen. Am besten gedeiht diese attraktive Pflanze im Sommer bei Tagestemperaturen um 16-24°C, nachts bei ca. 12°C und bei etwa 10°C sollte sie überwintern.

Pflege
Während der Blütezeit im Frühjahr und in den Sommermonaten benötigt das Gewächs reichlich Wasser, das kalkfrei und alle 2 Wochen mit Blumendünger angereichert sein sollte; ab Herbst ist die Pflanze nur noch minimal zu gießen.

Vermehrung
Die Vermehrung ist der Gärtnerei zu überlassen.

Gärtnertipp
Die Kahnorche erweist sich auch als sehr dekorative Schnittblume.

Kahnorche

Kalmus

Kalmus

(Acorus)

Blütezeit:	Grünpflanze
Familie:	Aronstabgewächs
Heimat:	Japan

Das mehrjährige Sumpfgewächs wird etwa 40 cm hoch. Angeboten wird der Kalmus sowohl mit schlanken dunkelgrünen als auch mit bunten Blättern.

Standort
Die Pflanze liebt einen hellen Standort. Buntblättrige Arten brauchen mehr Licht als grüne. Vor direkter Sonnenbestrahlung muss die Pflanze allerdings geschützt werden. Für das Gedeihen der Pflanze ist viel Frischluft notwendig und ein kühler Standort von 5-10°C im Winter.

Pflege
Die Sumpfpflanze braucht reichlich und möglichst kalkfreies Wasser. Der Untersetzer sollte stets mit Wasser gefüllt sein. In der kühlen Jah-

reszeit wird nur noch äußerst sparsam gegossen, so dass der Wurzelballen nicht austrocknet. Außerdem müssen Sie den Kalmus so oft wie möglich besprühen und in den Sommermonaten alle 2 Wochen düngen. Zum Umtopfen lehmhaltige Erdmischung verwenden.

Vermehrung
Die Vermehrung findet durch Wurzelteilung statt. Zu diesem Zweck werden die Wurzeln vorsichtig mit einem Messer getrennt.

Gärtnertipp
Braune Blattspitzen sind ein Zeichen von Lufttrockenheit.

Kamelie

(Camellia sinensis)

Blütezeit:	Dezember–April
Familie:	Teegewächs
Heimat:	Ostasien

Dieses Teegewächs ist eine Pflanze für Kenner, für Hobbygärtner mit Wintergarten und Einfühlungsvermögen für das Besondere. Kaum eine Pflanze reagiert so empfindlich auf abrupte Veränderungen wie die Kamelie. Sie verträgt weder den plötzlichen Wechsel von Dürre zur Nässe noch von Lufttrockenheit zur Luftfeuchte. Sie mag keine Zugluft und kein Drehen des Pflanzgefäßes. Jedes Verrücken führt unweigerlich zu Kospenfall.

Standort
Hell, aber nicht zu sonnig sollte die Kamelie stehen. Ein lichtes, kühles Treppenhaus, die Veranda und der Wintergarten sind ideale Standorte für Kamelien. Die Pflanze möchte kühl, hell bei 6-16°C und hoher Luftfeuchtigkeit stehen. Nur während der Blütezeit dürfen Kamelien kurzfristig in ein warmes Wohnzimmer bis zu 20°C gestellt werden. In Weinanbaugebieten kann die Pflanze bei sonnigem Standort und entsprechendem Winterschutz, z. B. mit Rohrmatten, von April bis Oktober im Freien überwintert werden.

Pflege
Gegossen wird möglichst mit abgestandenem Wasser. Während der Blütezeit reichlich, nach der Blütezeit sollten Sie nur noch mäßig gießen und für hohe Luftfeuchtigkeit sorgen. Das heißt, sobald die Pflanze Knospen ansetzt, müssen Sie täglich zusätzlich besprühen. Vollblühende Pflanzen hingegen dürfen Sie nicht mit Wasser besprühen, sonst bekommen sie fleckige Blüten. Zur Knospenbildung und während der Blüte reichlich mit kalkfreiem Nährsalz bzw. mit einem schwach konzentrierten Volldünger ernähren. Umgepflanzt wird nach der Blüte in Einheitserde.

Gärtnertipp
Wenn das Teegewächs zusätzlich mit Teeaufgussblättern gedüngt wird, werden die Blüten größer. Für die Bewässerung ist zum Wohle der Pflanze weiches Wasser zu empfehlen.

Kamelie

Kannenpflanze

Kannenpflanze

(Nepenthes-Hybriden)

Blütezeit:	Juli– August
Familie:	Kannenstrauch
Heimat:	Asien, Australien

Dieses originelle Gewächs trägt zu Kannenfallen umgewandelte Blätter, die Insekten zum Verhängnis werden können. Es ist eine interessante Ampelpflanze fürs Blumenfenster. Im Sommer zeigen sich unscheinbare Blüten.

Standort
Die Fleisch fressende Kannenpflanze braucht eine extrem hohe Luftfeuchtigkeit bei Temperaturen um 20°C und höher. Außerdem benötigt sie viel Licht, aber keine direkte Sonnenbestrahlung. Das Südfenster ist geeignet, sofern es in der Mittagszeit schattig werden kann.

Pflege
Gitterkörbe aus Holz sind ideal, damit die herabhängenden Kannen sich frei entfalten. Die Pflanze braucht das ganze Jahr über eine feuchtwarme Atmosphäre und will reichlich mit kalkfreiem Wasser versorgt werden. Die erforderliche Luftfeuchtigkeit können Sie durch regelmäßiges Besprühen erreichen. Gönnen Sie der Pflanze auch hin und wieder ein Tauchbad. Gedüngt wird nur, wenn der Insektenfang ausbleibt, denn die Kannenpflanze erhält die erforderlichen Nährstoffe durch die in den Kannen verwesenden Insekten.

Gärtnertipp
Beim Umtopfen ist Vorsicht geboten, da die Wurzeln sehr zerbrechlich sind. Gepflanzt werden darf nur in eine lockere, borkige Orchideenerde. Für die Bewässerung verwenden Sie am besten kalkfreies Wasser.

Kanonierblume

Kanonierblume

(Pilea)

Blütezeit:	März–Juni
Familie:	Nesselgewächs
Heimat:	Tropen und Subtropen

Die Kanonierblume finden Sie fast überall, nur nicht in Australien. Es ist eine pflegeleichte Pflanze, deren Schmuckwert die gezackten Blätter in verschiedenen Grüntönen sind. Die Blattstruktur wirkt samtig, am Rande hellgrün. Zur Mitte hin sind die Blattadern bei der Sorte P. cadierei bräunlich durchzogen. Außerdem wird noch Pilea spuceana mit rundlichen, behaarten und gesägten Blättern angeboten. Ähnlich wie bei der Buntnessel geraten ältere Pflanzen leicht aus der Form. Die kleinen Blüten gaben der Pflanze den Namen, da sie einer Kanone ähnlich ihren Blütenstaub verschießen.

Standort
Die Pflanze liebt es halbschattig, dennoch hell und warm. Bei zu dunklem Standort verliert sie die Blattfärbung. Sorgen Sie für Frischluft und vermeiden Sie Zugluft, wobei die Raumtemperaturen auch im Winter nicht unter 12°C absinken sollten.

Pflege
Gegossen wird möglichst mit nicht zu hartem Wasser und mäßig. Während der Winterpause im kühleren Raum wird die Pflanze nur ganz sparsam mit Wasser versorgt. Steht das Gewächs allerdings im geheizten Zimmer, so müssen Sie für eine hohe Luftfeuchtigkeit Sorge tragen. Eine mit Wasser und Kieselsteinen gefüllte Pflanzschale ist empfehlenswert.

Vermehrung
Machen Sie reichlich Gebrauch von der Vermehrung abgeschnittener Triebspitzen. Sie können ab April bis Mai in einem Wasserglas mit Kohlestückchen bewurzeln.

Gärtnertipp
Wenn Sie die Pflanzen über die Internodien beschneiden, bleiben sie buschig. Sie haben keinen Ärger mit dem Blütenstaub und viele Ableger.

Kap-Hyazinthe

Kap-Hyazinthe

(Lachenalia)

Blütezeit:	Januar–März
Familie:	Liliengewächs
Heimat:	Südamerika

Die mehrjährige Zwiebelpflanze hat schmale, meist überhängende Blätter. Ihre kleinen kurzstieligen Blüten sitzen an langen, röhrenförmigen Stängeln in lockeren Trauben oder Ähren.

Standort
Die schönen Blüten der Lachenalie halten sich länger, wenn die Pflanze an einem kühlen Platz, der durchaus hell und sonnig sein kann, steht. Der Standort sollte extrem trocken sein. Zum Aufblühen der Pflanze ist eine Temperatur von 15°C ideal. Nach der Blüte kann die Raumtemperatur höher sein, bis die Blätter eingezogen sind. In der Ruhepause, von Mai bis September, sollte die Temperatur bei 13°C liegen.

Pflege
Die Lachenalie darf von Mai bis September nicht gegossen werden. Die Pflanze zieht, wie andere Zwiebelgewächse auch, nach der Blütezeit ein und verliert dabei ihr Laub. Während dieser Zeit muss sie kühl stehen, etwa bei 8-10°C, aber nicht dunkel. Sie wird weder gedüngt noch gegossen. Erst wenn sich der neue Austrieb im September/Oktober zeigt, sollten Sie langsam wieder mit dem Gießen der Pflanze beginnen.

Vermehrung
Im Herbst werden die kleinen Seitenzwiebeln abgenommen und eingepflanzt.

Gärtnertipp
Die beliebteste Sorte und auch ideal für unser Klima ist die L. tricolor.

Kastanienwein

(Tetrastigma)

Blütezeit:	Grünpflanze
Familie:	Weinrebengewächs
Heimat:	China

Die Pflanze hat große, handförmig geteilte, am Rand grob gesägte Blätter. Sie eignet sich sehr gut zur Begrünung von großräumigen Flächen. Dieses anspruchslose Weinrebengewächs kann jährlich bis zu 2 m wachsen. Zu kräftigen Wuchs können Sie durch entsprechenden Rückschnitt zügeln. Die Triebe sollten Sie immer wieder an einer Rankhilfe aufbringen.

Kastanienwein

Standort
Die Pflanze liebt es hell bis halbschattig, keine direkte Sonne, gut belüftet, aber ohne Zugluft. Am besten gedeiht sie bei Temperaturen von 12-18°C, im Winter bei einer Temperatur von 10°C.

Pflege
Im Sommer braucht der Kastanienwein viel Feuchtigkeit und eine wöchentliche Düngung. Herkömmliches Leitungswasser können Sie unbesorgt verwenden, weil die Pflanze Kalk braucht. Umgetopft wird im April, in Einheitserde.

Gärtnertipp
Bedenken Sie bei der Standortwahl den Zuwachs der Pflanze, die Jungtriebe sind sehr empfindlich.

Katzenschwanz

(Acalypha)

Blütezeit:	Juli–August
Familie:	Wolfsmilchgewächs
Heimat:	Tropen, Subtropen

Auffallend sind die katzenschwanzartigen Blüten von Acalypha hispida. Angeboten werden auch Wilkesiana-Hybriden mit buntgemusterten, farbiggeränderten Blättern.

Standort
Entscheidend für das Gedeihen dieser Pflanze ist eine feuchtwarme Luft, sonst kommt es unweigerlich zum Schädlingsbefall. Der Standort sollte sehr hell, aber geschützt vor praller Sonne sein. Ganzjährig darf die Temperatur nie unter 16°C liegen.

Pflege
Die Erde muss stets feucht sein, auch muss die Pflanze häufig mit weichem Wasser besprüht werden. Von April bis Anfang September sollten Sie wöchentlich düngen. Das Umtopfen erfolgt bei Bedarf im Frühjahr in Einheitserde. Buntlaubige Arten verzweigen sich besonders schön, wenn Sie öfter mal zur Schere greifen und die Triebspitzen kürzen.

Gärtnertipp
Das Wolfsmilchgewächs ist in allen Teilen giftig.

Katzenschwanz

Kentia-Palme

(Howeia fosteriana)

Blütezeit:	Grünpflanze
Familie:	Palmengewächs
Heimat:	Insel Howe

Die Kentia-Palme gehört seit über 100 Jahren zu den beliebtesten Palmen in Wohnräumen. Sie ist pflegeleicht und eine der dekorativsten Grünpflanzen. Die Lebensdauer der Kentie ist nahezu unbegrenzt. Sie kann bis zu 2 m hoch werden. Die Pflanze wächst 15-20 cm pro Jahr.

Kentia-Palme

Standort
Die Kentie kommt mit wenig Licht aus, ist trockener Zimmerluft gewachsen und kann das ganze Jahr über bei normalen Zimmertemperaturen gehalten werden. Vorausgesetzt die Pflanze steht vor heller, praller Sonne geschützt, sonst bekommen ihre Blätter Brandflecken.

Pflege
Die Pflanze muss gleichmäßig feucht gehalten werden, Staunässe ist unbedingt zu vermeiden. Das Wasser darf weder im Übertopf noch im Untersetzer stehen bleiben. Möglichst mit abgestandenem Wasser gießen. Größere Pflanzen sollten gelegentlich ein Tauchbad erhalten. Düngen Sie die Pflanze von Mai bis August wöchentlich. Während der Wintermonate nur mehr mäßig gießen und das Düngen einstellen. Für einen erfrischenden Regenguss im Freien bzw. für das Abwaschen der Wedel ist die Kentie dankbar. Beim Umpflanzen nach einigen Jahren sollten Sie lehmige Einheitserde verwenden.

Vermehrung
Die Vermehrung ist aus Samen möglich, aber sehr langwierig.

Gärtnertipp
Leider ist die Pflanze empfänglich für Schildläuse, Spinnmilben und Wollläuse. Letztere können durch Abduschen mit einer Spiritus-Seifenlauge beseitigt werden.

Keulenlilie

(Cordyline)

Blütezeit:	Grünpflanze
Familie:	Agavengewächs
Heimat:	Südostasien, Australien

Die tropische Pflanze trägt je nach Art grüne, rosa, purpurrote, gelbliche oder mehrfarbig gestreifte Blätter. Auf die Art kommt es an, denn es gibt Kalt- und Warmhauspflanzen. Am verbreitetsten ist Cordyline fruticosa. Ihr eleganter Blattschopf sitzt auf einem dünnen Stamm. Keulenlilien zählen zu den schönsten Zierpflanzen. Ältere, gut gepflegte Exemplare blühen sogar.

Standort
Stellen Sie die Warmhauspflanze hell und warm, aber nicht in die pralle Sonne. Rotblättrige und dunklere Sorten sind unempfindlicher. Sie können im Zimmer das ganze Jahr über bei 18-22°C gehalten werden, während Kalthausarten wie Cordyline australis und C. indivisa mit blaugrüner Blattunterseite und roter oder gelber Blattaderung besser im Wintergarten gedeihen. Während der Sommermonate ist für Kalthausarten ein Platz im Freien wünschenswert. In der Ruhezeit von Oktober bis April muss für einen sehr hellen, kühlen Standort um 18°C gesorgt werden.

Pflege
Denken Sie an den tropischen Urwald und sorgen Sie durch regelmäßiges Besprühen für hohe Luftfeuchtigkeit. Übrigens: Junge Pflanzen mit weichem Laub brauchen noch mehr Luftfeuchte als ältere. Die Erde darf nicht nass, muss aber gleichmäßig feucht sein. Das ganze Jahr über sollten Sie alle 14 Tage die Keulenlilie mit einem Volldünger versorgen. Umgetopft wird nur bei Bedarf, und zwar in den Monaten März bis April in Einheitserde. Kalthauspflanzen weichen von diesen Pflegemethoden etwas ab. Von April bis September wird alle 14 Tage gedüngt, danach nicht mehr.

Vermehrung
Sie erfolgt im Frühjahr durch Kopf- und Triebstecklinge sowie Stammstücke in einer Sand-Torf-Mischung. Hohe Bodentemperaturen und gespannte Luft sind unerlässliche Voraussetzung für eine Bewurzelung. Auch durch Abmoosen unansehnlich gewordener Exemplare können Sie zu einer Jungpflanze gelangen.

Gärtnertipp
Keulenlilien eignen sich ganz hervorragend für die Hydrokultur. Die bekanntesten unter den Cordylinen ist die C. fruticosa. Sie gilt als glücksbringende Pflanze, außerdem ist sie die Stammform vieler Zuchtsorten. Sie wird rot-, grünblättrig und mehrfarbig angeboten. Verkahlte Pflanzen können im Frühjahr bis auf 10 cm zurückgeschnitten werden.

Keulenlilie

Kirschmyrte

(Eugenie)

Blütezeit:	April–Mai
Familie:	Myrtengewächs
Heimat:	Tropen und Subtropen

Die Kirschmyrte schmückt sich im Frühjahr mit zahlreichen, weichen, abstehenden Staubblättern. Aus den Blüten bilden sich später dort rote Beeren.

Kirschmyrte

Standort
Zum Gedeihen braucht die Kirschmyrte einen hellen bis sonnigen Platz. Im Sommer dürfen die Temperaturen bei 20°C und höher liegen, im Winter nur bei 8°C. Wichtig ist vor allen Dingen, dass die Pflanze an ihrem Standort viel frische Luft bekommt.

Pflege
Die Pflanze darf nur mit kalkfreiem Wasser versorgt werden. In der Wachstumszeit muss sie reichlich gegossen werden, in der Ruhezeit fast nicht mehr. Gedüngt wird alle 14 Tage. Durch das Zurückschneiden nach der Blüte bekommen Sie eine kräftige, buschige Pflanze. Topfen Sie nur bei Bedarf mit humoser Einheitserde um.

Vermehrung
Die Vermehrung ist im Frühjahr durch Stecklinge besonders einfach. Die Kopfstecklinge werden bei einer Zimmertemperatur von 18-20°C in ein sandiges Erdsubstrat gesteckt.

Gärtnertipp
Am besten eignet sich für die Zimmerkultur die E. uniflora. Um den Staub auf den Blättern zu entfernen, sollten Sie die Kirschmyrte abbrausen.

Kletterfarn

(Lygodium)

Blütezeit:	Grünpflanze
Familie:	Schizaeagewächs
Heimat:	Tropen und Subtropen

Der Kletterfarn ist mehrjährig und hat kleine, gefiederte Blätter. Für das Zimmer ist die Sorte L. japonicum geeignet. Das tägliche Besprühen der subtropischen Pflanze ist Voraussetzung für eine längere Haltbarkeit im Zimmer.

Standort
Der Standort sollte sehr hell, aber vor direktem Sonnenlicht geschützt sein. Die Pflanze kann am gleichen Standort stehen bleiben. Sie liebt Zimmertemperaturen um 20°C.

Pflege
Der Kletterfarn muss mäßig, aber regelmäßig mit kalkfreiem Wasser gegossen und indirekt besprüht werden. Seine Blätter sollten niemals nass werden. Achten Sie auf Staunässe und düngen Sie die Pflanze während der Wachstumsphase alle 14 Tage. Um die Wuchsform zu unterstützen, empfiehlt sich die Anbringung eines Wandspaliers. Umgepflanzt wird im Frühjahr in eine sandige Einheitserde.

Gärtnertipp
Der Kletterfarn ist eigentlich nur für eine Haltung im Wintergarten zu empfehlen.

Kletterfarn

Kletterfeige

Kletterfeige

(Ficus pumila)

Blütezeit:	Grünpflanze
Familie:	Maulbeerbaumgewächs
Heimat:	Asien, Australien

Die Kletterfeige mit ihren herzigen, kleinen Blättern ist eine Verwandte des bekannten Gummibaumes. Neben der grünen gibt es auch weißgeränderte Sorten. Die selbstklimmende Pflanze mit ihren kurzgestielten Blättern rankt mit Hilfe der Haftwurzeln an Wänden und korkbeschichteten Stäben empor. Als Unterbepflanzung von Schalenarrangements ist die Pflanze beliebt.

Standort
Grünblättrige Sorten sollten halbschattig stehen, weißgeränderte hell und sonnig, jedoch ohne direkte Sonneneinstrahlung. Die Raumtemperatur kann durch zwischen 10-25°C schwanken. Im Winter ist ein Standort um 5°C geeignet.

Pflege
Die Kletterfeige braucht viel und möglichst weiches Wasser. Bei Trockenheit im Wurzelbereich stirbt die Pflanze rasch ab. Vergessen Sie vor allem im Winter nicht, wenn die Luft trocken ist, die Pflanze zu besprühen, denn sie braucht eine etwas feuchtere Luft. Während der Wachstumsperiode ist die Pflanze alle 14 Tage mit einem Grünpflanzendünger zu versorgen. Im Winter, je nach der Raumtemperatur und den Lichtverhältnissen, sollten Sie die Kletterfeige aber nur alle 4 bis 6 Wochen düngen.

Vermehrung
Sie erfolgt durch Stecklinge, der Wurzelansatz in Form von den für Rankgewächse üblichen Saugwurzeln ist an der Pflanze bereits sichtbar.

Gärtnertipp
Die Kletterfeige ist eine schöne Ampelpflanze, beliebt auch zur Begrünung von Epiphytenstämmen, besonders geeignet für die Hydrokultur.

Klimme

(Cissus antarctica)

Blütezeit:	Grünpflanze
Familie:	Rebengewächs
Heimat:	Australien

Die Klimme, auch Russischer Wein genannt, ist anspruchslos und wächst auch bei nicht ganz optimalen Bedingungen. Neben der Cissus antarctica mit ihren herzförmigen Blättern wird Cissus rhombifolia angeboten. Ihre immergrünen Blätter sind bis zur Mittelrippe eingeschnitten. Daraus ergeben sich drei rhombenförmige Plättchen. Beide Arten sind ganzjährig im Handel. Begehrte Ampelpflanzen sind die aus Südafrika stammende Kapklimme C. capensis und die kleine Vertreterin aus Südamerika C. striata.

Standort
Während die Pflanze einen halbschattigen bis schattigen Standort bevorzugt, ist sie hinsichtlich der Temperatur äußerst genügsam. Zwischen 3-30°C verkraftet die Pflanze, allerdings stellt sie unter 10°C das Wachstum ein.

Pflege
Je nach Raumtemperatur und Licht benötigt der Russische Wein mehr oder weniger Wasser. Für gelegentliches Besprühen der Blätter mit weichem Wasser, vor allem im Winter bei warmem Standort, ist die Pflanze dankbar. Auch die Düngemenge sollten Sie dem Standort anpassen. Während der Wachstumsperiode alle 8 bis 14 Tage düngen, im Winter kann die Düngung eingestellt werden. Im Frühjahr, falls erforderlich, sollten Sie die Pflanze in lehmig-humose, kalkhaltige Erde umtopfen.

Vermehrung
Im Mai oder September Kopfstecklinge schneiden und bei 25°C unter Folie in humoser Erde bewurzeln.

Gärtnertipp
Beim Umpflanzen oder -stellen müssen die Ranken sehr vorsichtig behandelt werden. Vorsicht vor Staunässe, sie bewirkt Blattfall und braune Blätter. Bei Wassermangel stellen sich Spinnmilben und Blattläuse ein.

Klimme

Knollenbegonie

Knollenbegonie

(Begonia tuberhybrida)

Blütezeit:	April–September
Familie:	Schiefblattgewächs
Heimat:	Südamerika

Ob gefüllt oder einfach blühend, entdecken Sie den Charme und die Vielfalt der Knollenbegonien. Es gibt aufrechtwachsende und herabhängende Sorten in herrlichen Blütenfarben von Weiß und Rosa, Gelb und Orange bis hin zu vielen schönen Rottönen.

Standort
Die prachtvolle Knollenbegonie sollte auch im Zimmer absonnig stehen und nach Möglichkeit während der Sommermonate einen windgeschützten Platz an der Ostseite von Balkon oder Terrasse erhalten, denn Begonien verkraften die heiße Mittags- und Nachmittagssonne sehr schlecht. Im Halbschatten fühlt sich die Pflanze besonders wohl.

Pflege
Wenn die Knollenbegonie regelmäßig mit möglichst weichem Wasser gegossen und wöchentlich mit Nährstoffen versorgt wird, währt die enorme Farbpracht den ganzen Sommer hindurch. Ab September wird das Gießen immer mehr eingeschränkt, bis zum Einziehen der Blätter. Die von der Erde gesäuberte Knolle muss dann kühl und trocken im Keller in einem Torfbett überwintern.

Vermehrung
Die Vermehrung erfolgt durch Teilen der Knollen beim Umpflanzen, wobei jedes Teilstück mindestens zwei Augen aufweisen sollte.

Gärtnertipp
Knollenbegonien sind bei regelmäßiger Pflege sehr unkompliziert.

Köcherblümchen

(Cuphea)

Blütezeit:	Mai–Oktober
Familie:	Weiderichgewächs
Heimat:	Amerika

Die bekannteste Art der Gattung ist die C. ignea. Das Köcherblümchen ist ein langsam wachsender, kleiner Halbstrauch mit länglichen, spitz zulaufenden Blättern. Von Mai bis zum ersten Frost zeigt die Pflanze ihre Blütenpracht. Wie der Name schon andeutet, schmückt sie sich mit leuchtend roten Blütenröhren, die bis zu 4 cm lang sind.

Standort
Das Köcherblümchen liebt einen hellen bis halbschattigen Standort. Vor allen Dingen braucht es sehr viel frische Luft. Deshalb fühlt die Pflanze sich auf Balkon und Terrasse besonders wohl. Während der Sommerzeit muss sie warm, in den Wintermonaten kühl bei 12°C stehen.

Pflege
Zum guten Gedeihen gehört eine reichliche Wasserversorgung. Vorsicht ist geboten vor Staunässe. Auch sollten Sie das wöchentliche Düngen nicht vergessen, sonst lässt die Blütenpracht zu wünschen übrig. In den kälteren Monaten wird nur minimal gegossen. Umgetopft wird die Pflanze nur bei Bedarf in eine nährstoffreiche Einheitserde.

Vermehrung
Die Vermehrung ist ganzjährig durch Stecklinge möglich; am sinnvollsten aber nach der Blüte im Oktober. Die Jungpflanzen müssen dann ebenfalls kühl überwintert werden.

Gärtnertipp
Es gibt über 200 Arten. Fürs Zimmer am besten geeignet sind die C. ignea und C. platycentra.

Köcherblümchen

Königin der Nacht

Königin der Nacht

(Selenicereus)

Blütezeit:	Juni–Juli
Familie:	Kakteengewächs
Heimat:	Mittel-, Südamerika

Ihre Blüten, die sich mit Beginn der Dunkelheit öffnen und vor dem Morgengrauen wieder schließen, gaben ihr den Namen „Königin der Nacht". Es ist ein Erlebnis, das Aufblühen der riesigen bis zu 30 cm großen Blüte mitzuerleben. Die Blütezeit fällt in die Monate Juni/Juli. Die roten Früchte werden als Delikatesse geschätzt.

Standort
In den Sommermonaten müssen Sie für einen hellen und warmen Standort sorgen, der durch Schattieren vor prallem Sonnenlicht geschützt wird. Auch im Winter braucht die Pflanze sehr viel Licht, allerdings sollte dann die Raumtemperatur nur etwa 12°C betragen.

Pflege
In den Sommermonaten müssen Sie reichlich gießen und die Pflanze einmal im Monat mit einem Kakteendünger ernähren. Im Winter wird das Gießen auf ein Minimum beschränkt. Vor der Blüte im März/April ist der Kaktus für gelegentliches Besprühen sehr dankbar. Umgetopft wird in mit Sand vermischte Einheitserde.

Vermehrung
Am einfachsten vermehrt sich die Pflanze über Stecklinge. Wie bei anderen Kakteen auch, muss die Schnittfläche etwa 3 Wochen antrocknen, danach wird sie in ein stark torfhaltiges Substrat zum Bewurzeln gesteckt.

Gärtnertipp
Die dünnen, langen Triebe bedürfen eines festen Haltes. Kakteenrankhilfen zum Aufbinden sind im Handel erhältlich. Die Überwinterung bei niedrigen Temperaturen ist Voraussetzung für die spätere Blüte.

Königswein

(Cissus rhombifolia)

Blütezeit:	Grünpflanze
Familie:	Weinrebengewächs
Heimat:	Südafrika

Eine schnell wachsende Kletterpflanze, die bis zu 3 m hoch wird. Ihre dunkelgrünen Blätter beranken schnell ganze Wände und sind auch als grüner Raumteiler beliebt. Die anspruchslose Pflanze kann ein hohes Alter erreichen. Allerdings verholzt sie dabei allmählich.

Standort
Die Pflanze liebt es halbschattig bis schattig, passt sich jedoch fast allen Gegebenheiten an. Wie alle Weinarten liebt die Pflanze Wärme, im Winter kann es kühler werden, aber nicht unter 8°C, denn schon bei 10°C stellt die Pflanze das Wachstum ein.

Pflege
Der Königswein braucht reichlich Wasser, darf aber nicht im Wasser stehen, Vernässung führt zu braunen, abfallenden Blättern. Düngen Sie die Pflanze regelmäßig alle 1 bis 2 Wochen, in den Wintermonaten in größeren Abständen oder gar nicht. Zum Umpflanzen brauchen Sie eine lehmig humose Erde. Zu groß gewordene Pflanzen können beliebig zurückgeschnitten werden.

Vermehrung
Im Frühjahr erfolgt die Vermehrung durch Stecklinge oder durch Absenken der Triebe. Hierbei werden mehrere Blattknoten auf der Erde liegend mit Krampen befestigt und kommen so zur Bewurzelung.

Gärtnertipp
Königswein ist gut für die Hydrokultur geeignet. Zu gross gewordene Exemplare können Sie beliebig zurückschneiden.

Königswein

Kohlerie

(Kohleria)

Blütezeit:	März–Oktober
Familie:	Gesneriengewächs
Heimat:	Kordilleren

Die Kohlerie ist eine relativ unbekannte Zimmerpflanze mit dunkelgrünen, festen, leicht behaarten Blättern und sehr markanten großen fingerhutartigen Blütenglocken. Ihre gepunkteten Rachenblüten sind von exotischer Schönheit und blühen lange. Auch nach der Blütezeit wirkt die Pflanze apart durch das Farbenspiel ihrer Blätter.

Standort
Der Standort sollte im Sommer 24°C haben und im halbschattigen oder schattigen Bereich liegen. Im Winter reichen der Pflanze Temperaturen zwischen 15-18°C.

Pflege
Während der Blüte sollte die Kohlerie häufig mit lauwarmem Wasser gegossen und wöchentlich gedüngt werden. Im Winter, wenn die Pflanze kühler steht, wird das Gießen entsprechend reduziert und das Düngen ganz eingestellt. Umgepflanzt wird im März oder April in flache Gefäße oder Ampeln mit Einheitserde.

Vermehrung
Von Februar bis April können kleine Rhizomabschnitte 1-2 cm tief in eine humose Erdmischung gelegt werden. Bei einer Bodentemperatur von 20°C und einer Folienhaube als Verdunstungsschutz werden die schuppigen Sprossstückchen bald treiben.

Gärtnertipp
Die Kohlerie ist ein schönes Gewächs, das sich gut als Ampelpflanze eignet.

Kohlerie

Pflege
Gießen Sie die Pflanze regelmäßig, denn sie braucht viel, und zwar möglichst kalkfreies Wasser. Am besten, Sie geben in den Übertopf eine kräftige Kiesschicht, die bis knapp unter die Oberfläche mit Wasser gefüllt ist. Das verdunstete Wasser erhöht die Luftfeuchtigkeit. Zusätzlich sollte die Luftfeuchtigkeit durch Übersprühen erhöht werden. Gedüngt wird regelmäßig alle 14 Tage von April bis September.

Vermehrung
Die Vermehrung erfolgt durch Samen, die Keimzeit beträgt 2 bis 3 Monate.

Gärtnertipp
Wenn die Blattspitzen oder Wedel vertrocknen, sollten sie entfernt werden.

Kokospälmchen

Kokospälmchen

(Microcoelum weddelianum)

Blütezeit:	Grünpflanze
Familie:	Palmengewächs
Heimat:	trop. Regenwald

Das Kokospälmchen ist eine zierliche Fiederpalme mit geringem Platzbedarf. Ihre Lebensdauer im Zimmerbereich ist leider sehr kurz, weil ihre Lichtansprüche auch in der dunklen Jahreszeit sehr hoch sind.

Standort
Die Pflanze bevorzugt einen hellen Standort ohne direkte Sonneneinstrahlung. Das Kokospälmchen ist sehr kälteempfindlich. Daher darf die Temperatur das ganze Jahr über nie unter 18°C sinken.

Kokospalme

(Cocos nucifera)

Blütezeit:	Grünpflanze
Familie:	Palmengewächs
Heimat:	Meeresküsten

In freier Natur können Kokospalmen bis zu 30 m hoch werden. Die echte Kokospalme kann aus der Nuss, in deren Mitte der Same eingebettet ist, gezogen werden. Im Handel sind angetriebene Kokosnüssse ebenso wie meterhohe Pflanzen erhältlich. Beim Eintopfen ist darauf zu achten, dass die Kokosnuss zur Hälfte aus der Erde herausschaut. Allerdings ist im Wohnbereich das Leben der Kokospalme kurz, meist geht sie nach 3 bis 4 Jahren plötzlich ein.

Standort
Die Kokospalme braucht das ganze Jahr über einen sehr warmen und hellen, möglichst sonnigen Standort. Die

Luftfeuchtigkeit sollte bei 70-80% liegen, normalerweise beträgt sie in den Wohnräumen nur 45%.

Pflege
Kokospalmen sollten täglich mit kalkfreiem Wasser besprüht werden, sonst bekommen ihre Blätter braune Blattspitzen und Ränder. Kokospalmen sind sehr wasserbedürftige Pflanzen. Sie müssen in den Sommermonaten reichlich gegossen werden, jedoch darf keine Staunässe entstehen. Während der Wachstumszeit ist alle 14 Tage ein Düngeguss erforderlich. Beim Einpflanzen angetriebener Kokosnüssse sollte eine humusreiche Erde verwendet werden.

Vermehrung
Die Vermehrung ist dem Gärtner vorbehalten.

Gärtnertipp
Beim Gießen ist darauf zu achten, dass der Stammansatz trocken bleibt. Im Sommer sollte die Kokospalme im Freien stehen.

Kokospalme

Kolbenfaden

Kolbenfaden

(Aglaonema)

Blütezeit:	Grünpflanze
Familie:	Aronstabgewächs
Heimat:	Indonesien, Malaysia

Die robuste, lichtgenügsame Pflanze ist für dunkle Standorte unentbehrlich. Bei minimalen Lichtansprüchen von 300 bis 500 Lux bleibt die Zeichnung der dekorativen Blätter noch erhalten. Angeboten wird die Blattpflanze je nach Art in silbergrauen, weißgelb gefleckten oder gescheckten Farbnuancen. Bei optimaler Pflege bildet sich im Frühjahr ein Kolben mit einem weißen Hüllblatt, ähnlich der Callablüte. Wenn Sie Glück haben, bilden sich später rote oder orangefarbene Beeren. Die Pflanze liebt die Gesellschaft anderer Gewächse. Der Kolbenfaden zählt zu den zur Luftverbesserung getesteten Pflanzen, die nachweislich das Raumklima verbessern. Besonders häufig ist A. commutatum mit vielen Varianten.

Standort
Die Pflanze liebt einen Standort im warmen Zimmer, ganzjährig bei 18-24°C, halbschattig oder schattig. Für grünblättrige Formen kann der Standort dunkler als für buntblättrige sein. Der Kolbenfaden verträgt weder Sonne noch Standortwechsel. Schützen Sie ihn vor allem vor Zugluft und Kälte.

Pflege
Während der Wachstumsperiode sollten Sie die Pflanze reichlich mit temperiertem, möglichst weichem Wasser gießen; im Winter sollte sie sparsamer gewässert werden. Wichtig für die Pflanze ist außerdem eine hohe Luftfeuchtigkeit. Neben dem indirekten Besprühen der Blätter sollten Sie diese auch hin und wieder vom Staub befreien. Gedüngt wird von März bis August alle 14 Tage. Umtopfen nur, wenn erforderlich, in sehr lockere, humose und durchlässige Erde, denn Staunässe schädigt die fleischigen Wurzeln der Pflanze.

Gärtnertipp
Der Kolbenfaden ist in allen Teilen giftig.

Korallenbäumchen

(Solanum)

Blütezeit:	Mai–Juni
Familie:	Nachtschattengewächs
Heimat:	Südamerika, Madeira

Die Pflanze ist mit der Tomate verwandt. Sie liebt ebenso die Sonne und die gleichmäßige Feuchtigkeit. Zwar sind die Blüten unscheinbar, dafür um so leuchtender und verlockender die roten, gelben oder weißen Früchte. Dieser Beerenschmuck hält wochenlang an. Das Korallenbäumchen wird von Juli bis Februar angeboten.

Standort
Das Korallenbäumchen bevorzugt es hell und vollsonnig, wobei die Temperatur

möglichst nicht über 20°C steigen sollte, sonst vergeilen die Triebe. Stellen Sie die Pflanze im Sommer an das offene Fenster oder gönnen Sie ihr einen Platz auf dem Balkon oder der Terrasse. Sie will von frischer, kühler Luft umgeben sein. Sofern Sie über einen hellen, kühlen Standort verfügen, können Sie die Pflanze bei 10-15°C mit Erfolg überwintern. Während der Vegetationspause wird nicht mehr gedüngt und nur minimal gegossen.

Pflege
Damit die Blätter nicht gelb werden und abfallen, muss die Pflanze regelmäßig und zwar möglichst mit gefiltertem Wasser gegossen werden, darf aber keinesfalls nasse Füße bekommen. Eine wöchentliche Düngung ist wichtig.

Vermehrung
Die Vermehrung erfolgt von Januar bis April.

Gärtnertipp
Die Pflanze ist in allen Teilen giftig. Vorsicht ist vor allem bei Kleinkindern geboten, sie dürfen die Beeren auf keinen Fall essen.

Korallenbäumchen

Korallenmoos

Korallenmoos

(Nertera granadensis)

Blütezeit:	April–Mai
Familie:	Krappgewächs
Heimat:	Südamerika

Die aparte, kurzlebige Schmuckpflanze besticht durch die zahlreichen orangen Beerenfrüchte, die sich im August bilden. Ihre kleinen Blätter ähneln dem Bubikopf, obwohl das Korallenmoos nicht zu der Familie der Nesselgewächse gehört, sondern mit dem Kaffeebaum verwandt ist.

Standort
Die Pflanze liebt es hell bis halbschattig, luftig und kühl. Während der Blütezeit im Juni darf der Standort hell bis sonnig sein. In den Sommermonaten kann das Korallenmoos gut auf dem Balkon oder an einem geöffneten Fenster stehen. Sobald sich die Beeren zeigen, sollte die Pflanze möglichst kühl und hell stehen, damit Sie sich lange an dem schönen Beerenschmuck erfreuen können. Wenn Sie sich die Mühe der Überwinterung machen wollen, dann müssen Sie während der Ruhezeit für einen hellen Platz bei ca. 10°C sorgen.

Pflege
Nur entkalktes Wasser vorsichtig in den Untersatz gießen, nie von oben auf die Blätter oder Blüten, sonst bilden sich keine Früchte. Sobald sich die Korallenbeeren entwickelt haben, können Sie die Pflanze unbesorgt besprühen. Von Mai bis September ist das Korallenmoos alle 2 Wochen zu düngen.

Vermehrung
Die Vermehrung erfolgt im September durch Teilen der Polsterstaude.

Gärtnertipp
Vorsicht bei Kindern, die Pflanze ist giftig.

Korbmarante

Korbmarante

(Calathea crocata)

Blütezeit:	April–Juni
Familie:	Marantengewächs
Heimat:	Südamerika

Als einzige unter den Maranten schmückt sich die Calathea crocata neben den lebhaft gezeichneten großen Blättern auch mit hübschen, gelben Blüten. Die Pflanze hat das ganze Jahr über Saison. Es gibt über 100 Arten, z. B. C. argyea mit einer besonders kleinen Blattunterseite, die purpur- oder silbergerändert ist, C. ornata mit silberweißen Streifen zwischen den Blattnerven, C. undulata mit violetter Blattunterseite oder C. zebrina mit samtigem Oberblatt.

Standort
Die empfindliche Schöne hält sich nur im geschlossenen Blumenfenster, Wintergarten, Gewächshaus oder in einem hellen Bad. Die Pflanze ist auf eine sehr hohe Luftfeuchtigkeit angewiesen, schließlich kommt sie aus den tropischen Regenwäldern Südamerikas. Die Korbmarante möchte halbschattig bis schattig stehen, sie verträgt keine direkte Sonne. Die ideale Zimmertemperatur darf im Sommer bis 22°C und im Winter nicht unter 15°C liegen.

Pflege
Gleichmäßig, aber mäßig mit temperiertem, kalkfreiem Wasser feucht halten, auf keinen Fall zu nass! In den Sommermonaten von April bis August sparsam düngen. Zugluft und Staunässe verträgt die Pflanze überhaupt nicht. Beim Umtopfen ist für eine gute Dränage und eine humose durchlässige Erde (pH-Wert 5-6) zu sorgen. Das Erdsubstrat sollte von Zeit zu Zeit mit Styromull gelockert werden.

Vermehrung
Die Pflanze vermehrt sich durch Teilung.

Gärtnertipp
Ein gutes Zeichen für die Pflanze ist das abendliche Aufrichten der Blätter in Schlafstellung.

Kranzschlinge

(Stephanotis floribunda)

Blütezeit:	Juni–September
Familie:	Seidenpflanzengewächs
Heimat:	Madagaskar

Die eleganten, strahlend-weißen, nach Jasmin duftenden Blüten, die sich über dem dunkelgrünen, glänzenden Laub entfalten, begeistern viele Pflanzenfreunde. Die Kranzschlinge ist eine starkwüchsige Kletterpflanze, die Sie, um Wände zu begrünen, an einem Rankgerüst entlangführen können.

Kranzschlinge

Standort

Ihre Kranzschlinge ist ein Solitärgewächs, das unbeengt, frei und luftig stehen möchte. Gönnen Sie ihr einen sehr hellen, vor praller Sonne geschützten Standort. Wenn Sie eine blühende Pflanze kaufen, müssen Sie diese zunächst vor dem Sonnenlicht schützen. Sobald die Pflanze sich eingewöhnt hat, sollte sie eine Lichtmarke am Topf bekommen, denn sobald Sie den Standort bzw. Lichteinfall verändern, kommt es zum Knospenfall. Während die Temperatur im Sommer recht warm sein sollte, muss sie im Winter bei relativ kühlen 10-15°C liegen.

Pflege

Gegossen wird während der Blütezeit reichlich, aber nur mit entkalktem, temperiertem Wasser. Eine zweite Blüte erfolgt an den Seitentrieben, die um den Bogen geführt werden. Nach der Blüte wird weniger gegossen, und während der kühleren Winterzeit nur soviel, dass der Ballen nicht austrocknet. Düngen Sie die Pflanze von April bis September regelmäßig alle 14 Tage. Sprühen ist günstig, damit wird die Luftfeuchtigkeit erhöht. Verwenden Sie nur abgestandenes Wasser, damit keine hässlichen Blattflecken entstehen. Die wüchsige Pflanze muss jährlich umgetopft werden. Je stärker die Kranzschlinge wächst, desto üppiger blüht sie auch.

Vermehrung

Im März/April können Sie Stecklinge schneiden mit zwei Blattpaaren. Die Schnittflächen sollten in Bewurzelungspulver getaucht und bei 20-25°C in Aussaaterde, der Sie etwas Sand hinzufügen, bewurzelt werden.

Gärtnertipp

Gelb werdende Blätter sind ein Zeichen von Chlorose, die auf zu kalkhaltiges Wasser zurückzuführen ist. Achten Sie auf eine gute Dränage, damit die schöne, aber empfindliche Pflanze keine Wurzelfäule bekommt.

Kreisfahne

(Chorizema)

Blütezeit:	März–Mai
Familie:	Hülsenfruchtgewächs
Heimat:	Australien

Eine Rarität ist die liebenswerte Kreisfahne. Im Handel erhältlich ist die Sorte C. ilicifolium. Die Pflanze blüht von März bis Mai mit gelb-orangen Blütentrauben. Die langsam wachsende Topfpflanze hat längliche, leicht gezähnte Blätter.

Standort

Im halbschattigen Bereich, geschützt vor direkter Sonnenbestrahlung, fühlt sich die Kreisfahne wohl. Im Sommer liebt sie reichlich frische Luft. Im Winter reicht eine kühlere Temperatur um 8°C.

Pflege

Während der Sommermonate sollte die Pflanze gleichmäßig feucht gehalten werden. Im Winter wird nur noch mäßig gegossen, so dass der Ballen nicht austrocknet. Gedüngt wird in der Wachstumsperiode wöchentlich. Das Umtopfen kann in größeren Intervallen erfolgen. Die beste Jahreszeit dafür ist der März. In herkömmlicher Einheitserde fühlt sich die Pflanze wohl.

Vermehrung

Die Vermehrung ist am einfachsten im Frühjahr mit Stecklingen durchzuführen.

Kreisfahne

Kreuzkraut

Kreuzkraut

(Senecio)

Blütezeit:	April–Mai
Familie:	Korbblütler
Heimat:	weltweit

Das verschieden gestaltete Gewächs gibt es als Blatt-, Stammsukkulente oder auch als Kletterpflanze. Die Pflanze kann kugelförmige oder spitz zulaufende Blätter haben. Ihre Blütezeit liegt im Frühjahr; die Korbblüte gleicht dem Huflattich.

Standort
Die Pflanze ist Trockenheit und Sonne gewöhnt und steht demzufolge gern das ganze Jahr über an einem hellen, sonnigen Platz. Trockene Zimmerluft verträgt die Pflanze gut. Zum Problem wird allerdings der Standort im Winter, denn dann fehlen meist Licht und Sonne.

Pflege
Die Pflanze braucht nur sehr wenig Wasser. Gedüngt wird während der Wachstumsperiode einmal im Monat. In der kühlen Jahreszeit, wenn sie bei Temperaturen von etwa 10°C gehalten wird, kann sie sogar trocken stehen. Zum Umpflanzen im Februar/März sollten Sie flache Schalen verwenden und diese mit Einheitserde, der etwas Sand zugefügt wurde, füllen.

Vermehrung
Die Vermehrung ist einfach und wird mit Stecklingen durchgeführt. Wie bei allen Kakteen oder Sukkulenten, muss die Schnittfläche vor dem Einstecken der Stecklinge angetrocknet sein.

Gärtnertipp
Das Kreuzkraut ist eine beliebte Ampelpflanze.

Krokus

(Crocus)

Blütezeit:	Frühjahr
Familie:	Schwertliliengewächs
Heimat:	Mittelmeerraum

Der Krokus ist ein Frühlingsblüher und außerdem als Safranlieferant bekannt. Durch seine wunderschönen Blüten in den Farben Weiß, Gelb, Hellviolett bis hin zum Lila ist er sehr beliebt.

Standort
Der Frühlingsblüher braucht einen sonnigen bis halbschattigen Standort. Wenn die Krokusse aufgeblüht sind, dann sollten sie nicht mehr vollsonnig stehen, damit die Blütezeit verlängert wird.

Krokus

Pflege
Die Pflanze wird mäßig feucht gehalten. Krokusse vertragen stehende Nässe nicht. Im September werden die Knollen in flache Gefäße mit Einheitserde gelegt und etwas angegossen. Während der winterlichen Ruhezeit ist ein dunkler und kühler Raum notwendig. Ab Januar wird der Krokus wieder angetrieben und an einen halbschattigen bis hellen Platz gestellt. Nach der Blüte sollten Sie die kleinen Zwiebelchen in den Garten pflanzen.

Vermehrung
Die Vermehrung der Pflanze erfolgt entweder durch Aussaat oder durch Brutknollen.

Gärtnertipp
Zum vorzeitigen Austreiben eignet sich die C. neapolitanicus.

Kroton

Kroton

(Codiaeum variegatum)

Blütezeit:	Grünpflanze
Familie:	Wolfsmilchgewächs
Heimat:	Südostasien, Südsee

Unübertroffen in seiner Farbenpracht ist der Wunderstrauch. Kein Künstler könnte auf seiner Palette die leuchtend ineinander überlaufenden gelben, roten, grünen, weißen oder braunen Farbtöne schöner mischen. Diese Blattschönheit hat spezielle Pflegeansprüche. Sie sollten diese berücksichtigen, damit die lebhaften Farben nicht verblassen. Es gibt viele Sorten in immer wieder unterschiedlichen Blattfärbungen, Blattmusterungen und -formen.

Standort
Hell möchte der Kroton stehen, vor allem braucht die Pflanze viel Licht zur Erhaltung und Bildung der farbenprächtigen Blätter. Während der Mittagsstunden muss schattiert werden, pralle Sonne verträgt die Pflanze nicht. Wichtig ist auch eine gleichmäßige Zimmertemperatur, die nie unter 18°C sinken darf.

Pflege
Entscheidend für das gute Gedeihen der Pflanze ist eine gleichmäßige ausreichende Wasserversorgung bei hoher Luftfeuchtigkeit und Wärme. Zur Bewässerung sollten Sie nur kalkfreies, temperiertes Wasser verwenden, ebenso zum Besprühen der Pflanze. Blattfall ist auf Ballentrockenheit zurückzuführen. Durch das Tauchen der Pflanze oder das Bewässern über ein Dochtsystem beugen Sie diesem Problem vor.

Vermehrung
Die Vermehrung erfolgt am besten durch Abmoosen, die Stecklingsvermehrung ist problematisch.

Gärtnertipp
Bei Lufttrockenheit kommt es zu äußerst lästigem Schädlingsbefall, vor allem treten rote Spinne, Thrips und Schildläuse auf.

Kussmäulchen

Kussmäulchen

(Hypocyrta glabra)

Blütezeit:	Juni–September
Familie:	Gesneriengewächs
Heimat:	Süd-, Mittelamerika

Das Kussmäulchen ist eine kriechende Pflanze mit fleischigen, glänzenden Blättern. Das Gewächs ist mehrjährig und blüht über 4 Monate. Die Blüten sitzen einzeln und haben eine Kussmundform, daher kommt wohl auch der Name. Sie könnten auch mit kleinen roten oder orangefarbenen Lampions, die gelb gesäumt sind, verglichen werden.

Standort
Die reich blühende Zimmerpflanze wünscht einen warmen, hellen Standort, der vor direktem Sonnenlicht geschützt liegt. Für feuchte Luft ist das Kussmäulchen dankbar. Ideal sind Temperaturen um 18°C. Falls möglich, ist eine Temperaturabsenkung in den Wintermonaten auf 10-14°C wünschenswert.

Pflege
Das Kussmäulchen ist in den Sommermonaten regelmäßig zu gießen und zu düngen. Im Winter, wenn die Pflanze kühl gehalten wird, darf kaum gegossen werden. Im Frühjahr ist Umtopfzeit. Das Gewächs liebt eine leicht saure, humose Erde.

Vermehrung
Die Vermehrung ist kinderleicht. Sie brauchen nur lange Triebe abzuknipsen und in ein Glas mit Wasser stellen. Sobald sich erste Würzelchen zeigen, werden die jungen Pflanzen in Einheitserde getopft.

Gärtnertipp
Vergessen Sie nicht, das Kussmäulchen von Zeit zu Zeit wieder zu entspitzen. Das Abknipsen der zu lang gewordenen Triebe ist wichtig; es trägt dazu bei, dass die Pflanze buschig wächst und zahlreiche dekorative Blüten trägt.

Laelie

(Laelie)

Blütezeit:	ganzjährig
Familie:	Orchideengewächs
Heimat:	Brasilien, Mexiko

Die epiphytisch wachsende Orchidee ist mit der Cattleya verwandt und ihr sehr ähnlich. Die Laelie verdankt den Namen dem römischen Feldherrn Garius Lhelius. Die in Brasilien heimische Orchidee ist in ihrem Lande eine Nationalblume. Alle Laelien sind auf Bäumen oder Steinen zu finden. Sie können L. anceps und L. autumnalis im gut geheizten Zimmer halten, obgleich die Pflanze eigentlich ins Warmhaus gehört. Die meisten der anderen Laelien gedeihen in normal geheizten Räumen. Bisher sind etwa 75 Laelia-Arten bekannt. Sie bezaubern durch ihre farbintensiven Blüten, deren Farbpalette von Rot, Orange, Gelb, Weiß bis hin zu Violett reicht.

Laelie

Standort
Je nach Art lieben die Laelien einen hellen bis halbschattigen Standort. Gleichmäßige Temperaturen sind für das Gedeihen dieser Orchideen sehr wichtig. In den Sommermonaten wünscht die Pflanze je nach Art 18-25°C, im Winter etwa 15°C. Nachts sollte die Temperatur bei etwa 12°C liegen.

Pflege
In der Blütezeit gießen Sie möglichst mit abgestandenem Wasser und nach Bedarf, in der Ruhepause steht die Pflanze hell und trocken, bis sie neu austreibt. Während der Wachstumszeit sollte die Laelia wöchentlich mit einem speziellen Orchideendünger ernährt werden. Umgetopft wird nur bei Bedarf. Als Pflanzerde sollten Sie Orchideensubstrat verwenden.

Vermehrung
Die Vermehrung erfolgt durch Abtrennen älterer Bulben und Rückbulben.

Gärtnertipp
Allgemein sind Laelien weitaus unempfindlicher als Cattleyen.

Lanzenrosette

(Aechmea)

Blütezeit:	Mai–Oktober
Familie:	Ananasgewächs
Heimat:	Brasilien

Die Lanzenrosette zählt zu den robustesten Ananasgewächsen. Selbst trockene Zimmerluft verkraftet sie gut. Ihre Blüte ist exotisch-extravagant, mit rosavioletten Blütenständen. Sie erfreut über Monate. Leider geht die Pflanze – wie alle Bromelien – nach der Blüte ein. Glücklicherweise sorgt die Natur zuvor noch für guten Nachwuchs.

Standort
Die Pflanze steht gern hell und warm, das ganze Jahr über zwischen 18-20°C, keinesfalls kühler. Starke Temperaturschwankungen sind zu vermeiden. Intensive Mittagssonne ist schädlich.

Pflege
Gießen Sie möglichst nur mit gefiltertem Wasser, da sonst die Blätter weiße Flecken bekommen. Im Sommer sollten Sie der Pflanze öfter einen warmen Regenguss gönnen, im Winter muss für höhere Luftfeuchtigkeit durch Besprühen mit weichem Wasser gesorgt werden. In der Blattrosette (Zisterne) sollte stets etwas Wasser stehen. Während der Blütezeit von Mai bis Oktober wöchentlich mit Flüssigdünger ernähren. Bewurzelte Kindel werden in spezielle Bromelienerde umgetopft. Bis zur ersten Blüte dauert es 2 bis 3 Jahre.

Gärtnertipp
Wenn Bromelien nicht blühen wollen, gibt es ein einfaches Hausmittel, um sie zum Blühen zu bewegen. Es klingt sonderbar, aber es wirkt. Ein reifender Apfel mit dem entweichenden Äthylengas regt die Blütenbildung an. Der Apfel wird einfach auf die Erde der Pflanze gelegt. Diese wird für zwei Tage mit einer durchsichtigen Plastiktüte bedeckt.

Lanzenrosette

Lebende Steine

Lebende Steine

(Lithops)

Blütezeit:	Juli–August
Familie:	Mittagsblumengewächs
Heimat:	Südafrika

Die über 80 Arten umfassende Sukkulentengattung ist in der Sandwüste Süd- und Südwestafrikas beheimatet. Die hochinteressanten Pflanzen haben eine kunstvolle Oberflächenmusterung. Diese Zeichnung ist ein Unterscheidungsmerkmal für die verschiedenen Arten. Die an Trockenheit gewöhnten Pflanzen schützen sich vor dem Vertrocknen durch Schrumpfen. Der umgekehrt kegelförmige Körper ähnelt zwar Kieselsteinen, weist aber bei genauerer Betrachtung zwei – bis auf einen kleinen Spalt – in der Länge verwachsene, dickfleischige Blätter auf. An der Oberseite sind diese durchscheinend, so dass Licht zur Assimilation vordringen kann. In den Sommermonaten erscheinen weiße bzw. gelbe, strahlenförmige Blüten.

Standort
Von April bis September ist ein helles, sonniges Südfenster genau das Richtige. Während der Wintermonate brauchen die Lebenden Steine eine Ruhezeit und müssen in ein helles, kühles Quartier mit einer Temperatur von etwa 15°C umziehen.

Pflege
Bei den lebenden Steinen handelt es sich um eine äußerst genügsame Pflanze, die selbst während der Sommerzeit mit sehr wenig Wasser auskommt und in den Wintermonaten gar nicht gewässert wird. Das Erdsubstrat muss durchlässig und nicht zu nährstoffreich sein.

Vermehrung
Die Vermehrung aus Samen ist einfach.

Gärtnertipp
Die Lebenden Steine können problemlos ohne Düngung auskommen.

Leuchterblume

(Ceropegia woodii)

Blütezeit:	Mai–Oktober
Familie:	Seidenpflanzengewächs
Heimat:	Afrika, Australien

Man sieht es ihr nicht an, aber sie zählt zu den sukkulenten Pflanzen. Sie ist daher anspruchslos hinsichtlich Bewässerung und Pflege. An den winzigen, marmorierten Blättern bilden sich über einen Zeitraum von 6 Monaten lampionähnliche Blüten. Die pflegeleichte Ampelpflanze ist ideal für unerfahrene Pflanzenfreunde. Ihre fleischfarbenen, leuchterartigen Blüten geben der Pflanze ein fernöstliches Flair. Nur wenn Sie der Pflanze die Möglichkeit geben, als Ampelpflanze frei zu hängen, wird sie sich in voller Schönheit und Pracht entfalten.

Leuchterblume

Standort
Ein heller Sonnenplatz ist ideal, sie kann aber auch noch im Halbschatten gedeihen. Die Raumtemperatur spielt keine entscheidende Rolle. Wenn Sie allerdings die Möglichkeit haben, der Pflanze im Winter ein helles, kühleres Plätzchen zu geben, bekommen Sie ein besonders prachtvolles Exemplar. Bezüglich der Luftfeuchtigkeit brauchen Sie sich keine Gedanken zu machen, trockene Zimmerluft verkraftet sie gut.

Pflege
In der Wachstumsphase von April bis Oktober wird sie ein- bis zweimal in der Woche möglichst mit entkalktem Wasser gegossen und im gleichen Abstand mäßig gedüngt. Ab November können Sie das Düngen ganz einstellen und die Bewässerung auf ein Minimum reduzieren. Im März sollten Sie die Form Ihrer Leuchterblume durch Rückschnitt neu aktivieren. Das Frühjahr ist auch die richtige Zeit zum Umtopfen. Flache Kulturtöpfe eignen sich für die sukkulente Pflanze besonders, denken Sie aber an eine Dränageschicht aus Tonscherben.

Vermehrung
Sie erfolgt durch Triebstecklinge mit gut abgetrockneten Schnittflächen im sandigen Erdsubstrat. Beim Rückschnitt im Frühjahr fallen genügend Stecklinge an.

Gärtnertipp
Die pflegeleichte Leuchterblume ist auch eine gute Hydrokulturpflanze.

Lobivie

(Lobivie)

Blütezeit:	April–Mai
Familie:	Kakteengewächs
Heimat:	Südamerika

Innerhalb der Gruppe gibt es runde bis länglich geformte, mit sehr dichten, feinen oder starken Stacheln überzogene Kakteenkörper. Ihre Blüten können weiß, gelb oder rot sein.

Standort
Die Lobivie ist eine anspruchslose, blühende Kaktee. Sie bevorzugt einen hellen, vollsonnigen Standort. Trockene Luft bekommt der Pflanze gut. Von Mai bis September ist die Lobivie Ihnen für ein sonniges Plätzchen auf dem Balkon oder der Terrasse dankbar. Intensives Licht und hohe Temperaturunterschiede entsprechen dem heimatlichen Standort. Auch im Winter ist sie auf ein lufttrockenes Quartier angewiesen, wobei dieses dann hell und kühl um 7°C sein sollte.

Pflege
Die Lobivien vertragen etwas mehr Wasser als andere Kak-

teen, jedoch keine stauende Nässe. Gedüngt wird wöchentlich mit einem Kakteendünger. Die meisten Pflanzen wachsen auf eigenen Wurzeln, nur wenige sind gepfropft. Solche mit ausgeprägten Rübenwurzeln brauchen tiefere Pflanzgefäße. In den Wintermonaten steht die Pflanze bei niedriger Raumtemperatur völlig trocken.

Vermehrung
Sie geschieht aus Samen oder durch Vermehrung von Seitensprossen in Kakteenerde mit 50% lehmig-sandigen Zusätzen.

Gärtnertipp
Bei der Pflege ist die niedrige Wintertemperatur zur Blüteninduktion zu berücksichtigen.

Lobivie

Losbaum

Losbaum

(Clerodendrum thomsoniae)

Blütezeit:	April–August
Familie:	Verbenengewächs
Heimat:	Afrika, Asien

Derzeit erlebt der früher wohlbekannte Los- oder Schicksalsbaum sein Comeback. Die attraktive Blütenpflanze windet und schlingt sich an Rankhilfen empor und erreicht dabei eine Höhe von bis zu 4 m. Neuerdings werden mit Stauchmitteln behandelte Pflanzen auch buschig gezogen. Während der Blütezeit erfreut sie mit scharlachrot gefärbten Blütenkronen, die von einem aufgeblasenen, weißen Kelch umgeben sind.

Standort
Hell, viel Licht, aber keine pralle Sonne. Im Winter sollte die Temperatur etwas niedriger sein, ideal sind 10-15°C. Während dieser Zeit verliert die Pflanze möglicherweise die Blätter. Das ist aber kein

Grund zur Besorgnis, denn im Februar wird sie zurückgeschnitten, wieder warm und hell gestellt, dann treibt sie erneut kräftig aus.

Pflege
In den Sommermonaten reichlich wässern und alle 14 Tage düngen. Im Winter wird nur noch minimal gegossen und nicht mehr gedüngt. Entscheidend für den Erfolg mit dem Losbaum ist der deutliche Temperaturunterschied in den Wintermonaten. Umgetopft wird nur, wenn es unbedingt notwendig ist.

Vermehrung
In gleichmäßig warmen Räumen kann im März die Vermehrung über Stecklinge oder Samen erfolgen.

Gärtnertipp
Blühende Pflanzen werden in den Monaten von April bis August angeboten.

Madagaskarpalme

(Pachypodium lameri)

Blütezeit:	Grünpflanze
Familie:	Hundsgiftgewächs
Heimat:	Madagaskar

Die Madagaskarpalme ist mit vielen Stacheln besetzt; sie gleicht eher einem Kaktus als einer Palme. Die Pflanze wächst aufrecht mit einem Schopf von lanzettförmigen Blättern. Unter günstigen Bedingungen bildet sie auch Seitentriebe.

Standort
Die Madagaskarpalme liebt einen hellen, sonnigen Standort. Das Gewächs braucht viel Wärme. Es fühlt sich daher auch über einem Heizkörper wohl, denn hier erhält es eine optimale Bodenwärme. Die Raumtemperatur darf das ganze Jahr über nicht unter 16°C liegen, kann aber durchaus auch bis auf 30°C ansteigen.

Pflege
Die Pflanze wird gleichmäßig gegossen und in der Wachstumszeit alle 14 Tage gedüngt. Zum Umtopfen sollten Sie möglichst tiefe Gefäße, die mit steiniger Einheitserde gefüllt werden, verwenden. Wenn die Madagaskarpalme plötzlich alle Blätter abwirft, ist das nicht schlimm; denn die Pflanze ist dann in der Ruhezeit und zeigt damit an, dass sie weniger gegossen werden will und kühler stehen muß.

Vermehrung
Die Vermehrung, die im Frühjahr durch Aussaat erfolgt, ist einfach.

Gärtnertipp
Die Madagaskarpalme enthält einen sehr giftigen Saft. Tragen Sie deshalb unbedingt Handschuhe, wenn Sie die Pflanze berühren. Für Familien mit Kleinkindern ist die Madagaskarpalme daher eher ungeeignet.

Madagaskarpalme

Malaienblume

(Phalaenopsis)

Blütezeit:	ganzjährig
Familie:	Orchideengewächs
Heimat:	Ostasien

Durch Züchtungen ist die Farb- und Formenpracht dieser schönen Orchidee erheblich verbessert worden. Neuzüchtungen sind sehr anpassungsfähig und können daher auch in beheizten, trockenen Zimmern gehalten werden. Kein Wunder also, dass die Phalaenopsis nicht nur als Schnittblume, sondern vor allem als Topfpflanze immer mehr Liebhaber gewinnt. Die Malaienblume hat einen kurzen Stiel mit 4 bis 5 breiten, glänzenden Blättern. Die verschiedenen Arten blühen nacheinander mit langen Blütenrispen aus zarten, weißen und rosa Blüten mit fadenförmigen Lippenfortsätzen. Die Pflanze kann zweimal jährlich ohne Ruhezeit blühen.

Standort
Hell bis halbschattig bei normaler Zimmertemperatur, vor direktem Sonnenlicht schützen. Nur bei Winterbeginn sollten Sie ihr zur Blütenbildung einen kühleren Standort (z.B. Schlafzimmer), aber nicht unter 16°C zukommen lassen.

Pflege
Gleichmäßig feucht halten, so dass die fleischigen Blätter nicht austrocknen. Gießen Sie Orchideen möglichst mit Regenwasser und vermeiden Sie stauende Nässe. Im Sommer sollten Sie die Pflanze mit kalkarmem, temperiertem Wasser indirekt besprühen und wöchentlich düngen. Verblühte Blütentriebe bilden nach dem Abschneiden oberhalb des letzten, schlafenden

Auges nicht nur einen neuen Blütenstand, sondern bei optimalem Standort auch Adventivpflänzchen. Pflanzen Sie möglichst selten um, falls es erforderlich wird, verwenden Sie ein grobes Orchideensubstrat, damit die Wurzeln ausreichend mit Luft versorgt werden.

Vermehrung
Die Vermehrung dieser Pflanze ist sehr schwierig, sie sollte deshalb vom Fachmann durchgeführt werden.

Gärtnertipp
Die Malaienblume eignet sich hervorragend für die Hydrokultur. Zur Bewässerung verwenden Sie am besten immer weiches Wasser.

Malaienblume

Marante

(Maranta Calathea)

Blütezeit:	Grünpflanze
Familie:	Pfeilwurzengewächs
Heimat:	trop. Amerika

Die Pflanze ist schön, aber die Pflege ein bisschen kompliziert. Die größte Gefahr für diese tropische Pflanze sind kalte Füße. Auch auf trockene Luft reagiert die Empfindsame allergisch. Mit ihren wunderschön gezeichneten Blättern gehören Maranten zu den schönsten Zierblättergewächsen. Beliebt sind sie auch als Bodendecker oder Ampelgewächs.

Marante

Standort
Gleichmäßige Wärme und ein heller, aber vor direkter Sonne geschützter Standort entscheiden über den Erfolg. Ebenso wichtig sind gleich bleibende Temperaturen zwischen 18-20°C und leichter Schatten. Ungeeignet ist ein Platz nahe der Heizung. Im Wintergarten fühlen sich Maranten besonders wohl.

Pflege
Während der Sommermonate reichlich gießen, in den Wintermonaten mäßig. Die aus dem tropischen Regenwald stammende Pflanze braucht hohe Luftfeuchtigkeit, die durch Sprühen mit abgestandenem Wasser oder durch das Aufstellen von Wasserschalen erreicht wird. Düngen sollten Sie wöchentlich von März bis September. Während der Ruhezeit von Oktober bis März gießen Sie kaum noch und düngen nicht mehr. Im Frühjahr treibt die Pflanze erneut aus. Umpflanzen nur in humose, durchlässige Erde (pH 5-6) unter Zugabe von Styromull.

Vermehrung
Die Vermehrung erzielen Sie durch Teilen und Ableger.

Gärtnertipp
Ein gutes Zeichen für die Gesundheit der Pflanze ist, wenn sich ihre Blätter während der Abendstunden schließen. Auf diese Weise hält die Pflanze den 12-Stunden-Rhythmus ein.

Medinille

(Medinilla magnifica)

Blütezeit:	Mai–Juli
Familie:	Schwarzmundgewächs
Heimat:	Philippinen

Eine der dekorativsten Blütenpflanzen. Ihre bis 50 cm langen reichblühenden, rosafarbenen Blütenstände tragen bis zu 100 Einzelblüten. Die Blüten überdeckenden, hellrosa Tragblätter halten sich wochenlang. Im Kontrast dazu stehen die großen, lederartigen, dreirippigen Blätter.

Standort
Hell und luftig, im Sommer halbschattig. Da die Pflanze recht ausladend wird, passt sie selten auf eine Fensterbank. Von Frühjahr bis Herbst braucht sie normale Zimmertemperatur, von November bis Februar sollten Sie der Pflanze ein kühles, helles Quartier bei 16 °C geben.

Pflege
Während der Sommermonate braucht die Pflanze viel Wasser. Geben Sie der Pflanze außerdem ein wöchentliches Tauchbad, damit die Durstige gut nass wird. Achten Sie nach jedem Gießvorgang darauf, dass das überschüssige Wasser abfließt und keine Staunässe entsteht. Stehende Wasserpfützen im Untersatz sind der Tod der Pflanze. Wichtig ist auch das tägliche Besprühen mit nicht zu hartem Wasser und die wöchentliche Düngegabe. Verwelkte Blütenrispen müssen Sie am Ansatz abschneiden. Höchstens alle 2 Jahre wird die Pflanze in Einheitserde, der Sie etwas Fasertorf beimengen, umgetopft.

Vermehrung
Bei hoher Luftfeuchtigkeit ist das Abmoosen im März/April möglich.

Gärtnertipp
Sobald sich Blütenknospen an der Medinille zeigen, darf die Pflanze nicht mehr umgestellt werden. Zu groß gewordene Pflanzen können Sie im Frühjahr bis ins alte Holz zurückschneiden. Bei dieser Gelegenheit muss auch der Wurzelballen verkleinert werden. Die Medinille gedeiht außerdem prächtig in Hydrokultur.

Medinille

Melonenkaktus

(Melocactus)

Blütezeit:	ganzjährig
Familie:	Kakteengewächs
Heimat:	Südamerika

Der Melonenkaktus gehört zu den schwieriger zu kultivierenden Kakteen. Charakteristisch ist das mützenförmige Cephalium auf den runden Körpern ausgewachsener Pflanzen. Es wirkt wie eine unproportionierte Pfropfung. Blühfähig wird die Pflanze erst nach 6 bis 8 Jahren.

Standort
Das anspruchsvolle Gewächs braucht einen hellen, warmen Standort, möchte jedoch nicht der direkten Sonnenbestrahlung ausgesetzt werden. Anfang September beginnt für die Pflanze die Ruhephase. Jetzt muß der Melonenkaktus an einen hellen, kühlen Platz bei Temperaturen etwa 9°C untergebracht werden.

Pflege
Im Winter wird der Melonenkaktus völlig trocken gehalten, auch im Sommer kommt er mit wenig Wasser aus. Die wenige Feuchtigkeit, die er braucht, wird ihm am besten durch Besprühen zugeführt. Wichtig ist, dass Sie weiches Wasser verwenden. Zum Umpflanzen wird eine spezielle Kakteenerde, die stark sandhaltig sein muß, gebraucht.

Vermehrung
Die Vermehrung ist außerordentlich schwierig, sie sollte daher dem Fachmann überlassen werden.

Gärtnertipp
Der Melonenkaktus hat ein großflächig verzweigtes Wurzelnetz. Daher ist das Umtopfen nicht ganz einfach. Um die zahlreichen Wurzeln nicht zu verletzen, muß in flache Gefäße umgetopft werden.

Melonenkaktus

Microlepie

Microlepie

(Microlepia speluncae)

Blütezeit:	Grünpflanze
Familie:	Tüpfelfarngewächs
Heimat:	Tropengebiet

Das schnell wachsende Farngewächs mit seinen gefiederten, stark gezackten weichen Blättern hat einen hohen Wasserbedarf. Trockene Luft bekommt der Pflanze nicht. Im Sommer können Sie den Ansprüchen nach hoher Luftfeuchtigkeit eher gerecht werden als im Winter.

Standort
Feuchtwarm und absonnig, außerdem sollten Sie stets für Frischluft sorgen. Ein halbschattiger bis schattiger Standort sollte – wie bei Farnen üblich – vorhanden sein. Die Temperatur müssen Sie im Winter reduzieren, sie darf aber nicht unter 15°C liegen.

Pflege
Dieser Farn muss das ganze Jahr über mit weichem Wasser gleichmäßig feucht gehalten werden. Vor jedem

Gießvorgang sollten Sie die Erde befühlen. Ballentrockenheit ist genauso schädlich wie eine Ballenvernässung. In den Wintermonaten leidet die Pflanze unter zu trockener Luft, deshalb muss sie häufig mit temperiertem, gefiltertem Wasser besprüht werden. Wichtig ist auch regelmäßiges Düngen, in der Wachstumszeit alle 2 Wochen. Zum Umtopfen nehmen Sie Einheitserde mit Torf- und Sandzusatz.

Vermehrung
Durch Aussaat der Sporen oder Teilung bei einer Raumtemperatur von 20°C.

Gärtnertipp
Im Handel ist nur die Sorte M. speluncae erhältlich.

Mimose

(Mimosa pudica)

Blütezeit:	Juli–August
Familie:	Hülsenfrüchtler
Heimat:	Brasilien

Bei Berühren der Blätter falten sich diese blitzschnell zusammen, und das ganze Fiederblatt senkt sich nach unten. Nach wenigen Minuten richten sich die feinen, grünen Blättchen jedoch wieder auf. Das gab der Pflanze den Namen „Rührmichnichtan". Auf dem zierlichen Gewächs erscheinen violette bis rote Blütenköpfchen.

Standort
Vor allem braucht die Pflanze eine hohe Luftfeuchtigkeit und einen hellen, warmen Standort. Die empfindliche Mimose reagiert auch auf Rauch und Zugluft allergisch. Nach kürzester Zeit fällt sie in sich zusammen und geht ein. Während im Sommer eine warmfeuchte Atmosphäre gewünscht wird, sollte sie im Winter kühlfeucht um die 18°C sein.

Pflege
Die Mimose sollten Sie mit sehr viel Fingerspitzengefühl mäßig feucht halten. Das Pflanzengefäß sollte nicht zu groß sein, sonst versauert die Erde.

Vermehrung
Mimosen lassen sich leicht ab März aus Samen in gespannter Luft unter Folie heranziehen. Dazu wird eine lockere und leichte Erdmischung und eine gleichmäßige Raumtemperatur zwischen 20-25°C benötigt. Auch nach dem Pikieren ist die feuchtwarme Atmosphäre für die Pflanzen wichtig. Jungpflanzen dürfen Sie nicht stutzen, wie es oft empfohlen wird. Freiwachsend entwickelt sich die Pflanze am schönsten.

Gärtnertipp
Mimosen brauchen unbedingt eine ganz gefühlvolle Behandlung.

Mimose

Mistelfeige

Mistelfeige

(Ficus deltoidea)

Blütezeit:	Grünpflanze
Familie:	Maulbeerbaumgewächs
Heimat:	Ostasien

Zu den zierlichen, strauchartigen Ficusarten gehört die Mistelfeige. Aber täuschen Sie sich nicht, die Pflanze wächst schnell zu einem Bäumchen mit grazilen Zweigen heran. Aus den geschlossenen, unscheinbaren Blüten entwickeln sich im Laufe der Zeit erbsengroße, gelborgangefarbige und ungenießbare Früchte.

Standort

Hell, keine pralle Sonne und zugfrei! Trockene Zimmerluft ist für die Mistelfeige kein Problem, wenn es nur das ganze Jahr über schön warm bleibt. Die Temperaturen dürfen auch im Winter nicht unter 18°C absinken.

Pflege

Wenn Sie für eine gleichmäßige Bodenfeuchte ohne Staunässe und Ballentrockenheit sorgen, werden Sie an dem ausgefallenen Ficus viel Freude haben. Vor jedem Gießvorgang sollten Sie durch Fingerprobe feststellen, ob und wieviel gegossen werden muss. Beim allgemeinen Frühjahrsputz dürfen Sie Ihre Mistelfeige nicht vergessen, denn auf ihren Blättern sammelt sich immer eine Staubschicht an. Mit einem weichen, feuchten Tuch oder durch ein Duschbad lässt sich der Staub schnell entfernen. Vor dem Duschbad sollten Sie nicht vergessen, die Erde mit einer Folie zu bedecken. Zum Umtopfen im Frühjahr eignet sich Lauberde, die mit Sand und Torf gemischt wird.

Vermehrung

Das Frühjahr ist die Zeit, um Kopf- oder Triebstecklinge in der Erde zu bewurzeln.

Gärtnertipp

Die Eigenart der Pflanzen kommt am besten in Solitärstellung zum Ausdruck.

Mooskraut

(Selaginella)

Blütezeit:	Grünpflanze
Familie:	Mooskrautgewächs
Heimat:	trop. Regenwald

Frische, feuchte Luft und ein halbschattiges Quartier sind Lebenselixier für das kleine Mooskraut. Bei Lufttrockenheit rollt sich die Pflanze zusammen und entfaltet sich erst wieder nach der Befeuchtung.

Mooskraut

Standort
Eine der wenigen Pflanzen, die einen schattigen bis halbschattigen, aber hellen Standort braucht und gleichzeitig viel frische und feuchte Luft. Das Mooskraut liebt Temperaturen um 18°C. Wichtig ist, daß auch in den Wintermonaten die Pflanze nicht kühler als 15°C steht.

Pflege
Der Name Moos deutet ja schon an, dass die Pflanze feucht stehen möchte. Feucht heißt aber noch lange nicht nass, denn auf Staunässe und Ballentrockenheit müssen Sie achten, sonst besteht die Gefahr, dass sich die Blattspitzen braun verfärben bzw. die Pflanze ganz verfault. In der Wachstumsperiode reicht es, wenn Sie alle 14 Tage etwas düngen. Im Frühjahr wird das Mooskraut in flache Gefäße mit sandig-humoser Erde umgesetzt und nach einer 14-tägigen Eingewöhnungszeit mit Flüssigdünger sparsam versorgt.

Vermehrung
Durch Teilung im Frühjahr oder durch Abtrennen von Trieben, die bereits bewurzelt sind.

Gärtnertipp
Das Mooskraut fühlt sich auch im Flaschengarten sehr wohl.

Mottenkönig

(Plectranthus)

Blütezeit:	Februar–April
Familie:	Lippenblütler
Heimat:	Südafrika

Zu Großmutters Zeiten stand er vor und hinter dem Küchenfenster. Auf Bauernhöfen hat er selten gefehlt, denn die pflegeleichte Pflanze mit ihren weißen oder blauvioletten Rispen hält Ungeziefer fern. Beim Zerreiben der Blätter entwickelt sich der Mottenduft.

Standort
Die Pflanze liebt einen sehr hellen, vollsonnigen Standort. Sie kann auch auf Balkon und Terrasse gestellt werden. Im Winter sollte sie bei 10-15°C stehen.

Pflege
Die Pflanze darf nicht zu nass stehen. Im Winter wird kaum gegossen, im Sommer mäßig, aber regelmäßig. Von April bis Anfang September wird in 14-tägigem Rhythmus gedüngt.

Vermehrung
Triebspitzen können von Frühjahr bis Herbst als Stecklinge vermehrt werden. Dazu werden sie einfach in Erde gesteckt.

Gärtnertipp
Alle Harfenstraucharten eignen sich für die Hydrokultur.

Mottenkönig

Myrte

(Myrtus)

Blütezeit:	Mai–Juli
Familie:	Myrtengewächs
Heimat:	Mittelmeerraum

Die Brautmyrte versinnbildlicht Fruchtbarkeit, Keuschheit und Reinheit. Daher wird sie bis zum heutigen Tage für den Brautschmuck verwendet. Die immergrüne Pflanze mit den eleganten, weißen, duftenden Blüten ist nicht ganz einfach zu pflegen.

Myrte

Standort
Myrten müssen sonnig, wollen aber nicht zu warm stehen. Sie brauchen vor allem viel Frischluft. Aus diesem Grunde fühlen sie sich in den Sommermonaten im Freien besonders wohl. Im Winter müssen sie allerdings vor den ersten Frösten wieder ins Haus geholt werden. Myrten sind bei 5°C hell und luftig zu überwintern.

Pflege
Während der winterlichen Ruhezeit darf nur so viel gegossen werden, dass der Ballen nicht austrocknet. Sobald der Frühling naht, wird wieder vermehrt gegossen und regelmäßig gedüngt. Myrten gedeihen nur, wenn sie mit kalkfreiem Wasser versorgt werden. Sie können Regenwasser bzw. abgestandenes

Wasser verwenden. Die Myrte liebt es, öfter mal mit Wasser besprüht zu werden. Wenn Sie die Pflanze mit jedem Gießvorgang etwas düngen, dann werden Sie staunen, was innerhalb eines Jahres aus Ihrer Myrte geworden ist. Ab Mitte Mai sollten Sie, sofern vorhanden, der Pflanze ein luftiges Plätzchen auf dem Balkon oder im Garten gönnen. Falls die Myrte während der Wintermonate Geiltriebe gebildet hat, muss sie jetzt stark zurückgeschnitten werden. Allerdings müssen Sie damit rechnen, dass die Pflanze in den kommenden Monaten spärlich blüht.

Vermehrung
Ab Ende Juli können Sie Stecklinge schneiden und diese in Sand unter Glas wurzeln lassen. Das häufige Stutzen der Triebspitzen fördert die starke Verzweigung und damit buschiges Wachstum.

Gärtnertipp
Samenkapseln sollten Sie nicht zur Reife kommen lassen, denn dadurch wird die Pflanze stark geschwächt. Myrten können Sie durch gezielte Schnittmaßnahmen auch zu dekorativen Hochstämmchen oder Kronenbäumchen ziehen.

Neoporterie

(Neoporteria)

Blütezeit:	meist ganzjährig
Familie:	Kakteengewächs
Heimat:	Südamerika

Der Kaktus hat einen länglichen bis kugelförmigen Körper, der sich im Frühjahr oder Frühsommer, je nach Standort, mit großen, weit geöffneten Blüten schmückt. Die Farben der Blüte reichen vom Rosa- bis zu einem Weißton. Der Kaktus trägt weiße, gelbe, braune oder sogar schwarze Samen.

Standort
Diese reich blühende Kaktee braucht einen vollsonnigen Standort während der Sommermonate. Im Winter hingegen muss sie kühl bei 5°C stehen. Sie können die Pflanze im Sommer nach draußen stellen. Unabhängig davon, ob sie im Freien oder im Haus steht: die Neoporteria braucht immer genügend frische Luft.

Pflege
Die Pflanze wird mäßig mit nicht zu hartem Wasser gegossen und unbedingt alle 14 Tage mit einem Kakteendünger ernährt. In den Wintermonaten kann sie völlig trocken stehen, ohne gegossen zu werden. Zum Umtopfen im Frühjahr empfiehlt es sich, eine spezielle Kakteenerde zu verwenden.

Gärtnertipp
Die Neoporterie ist eine Sammelpflanze für Kakteenliebhaber mit vielen schönen blühwilligen Arten.

Neoporterie

Neoregelie

Neoregelie

(Neoregelia)

Blütezeit:	Juli–August
Familie:	Aananasgewächs
Heimat:	Brasilien

Die mehrjährige Neoregelia wächst langsam und zeigt ihre kleinen lila Blüten, die in der Blattrosette eingesenkt sind, nur im Sommer. Neoregelia ist eine stammlose Pflanze mit 12 bis 15 Blättern. Die Herzblätter der Rosette sind lebhaft rot, mit einem bläulichen Schein gefärbt. Diese Pflanze, die aus Brasilien stammt, besitzt lange, längs weißgestreifte Blätter und Hochblätter mit blutroten Spitzen. Bemerkenswert ist die enorme Haltbarkeit der attraktiven Deckblätter.

Standort
Zwar kann die Pflanze halbschattig stehen, aber ein heller und nicht zu sonniger Standort fördert die schöne Blattfärbung. In den Sommermonaten sind die üblichen Zimmertemperaturen ideal, im Winter sollten sie 15°C nicht übersteigen.

Pflege
Es ist dafür zu sorgen, dass der Trichter der Pflanze regelmäßig mit weichem Wasser gegossen wird. Wenn der Sommer kühl und regnerisch ist, muss die Zisterne hin und wieder entleert werden, damit das Wasser nicht fault. Aber nicht nur in den Trichter wird die Pflanze gegossen, sondern auch die Erde muß feucht gehalten werden. In den Wintermonaten wird die Pflanze nur über den Trichter mäßig bewässert.

Vermehrung
Die Vermehrung läßt sich besonders über Kindel durchführen.

Gärtnertipp
Die flache Rosettenpflanze eignet sich zur Unterbepflanzung in einem hellen Blumenfenster, ist aber auch für eine gemischte Schalenbepflanzung empfehlenswert.

Nestfarn

(Asplenium nidus)

Blütezeit:	Grünpflanze
Familie:	Streifenfarn
Heimat:	Asien, Afrika

Der Name „Nestfarn“ kommt nicht von ungefähr: in den Tropen nisten tatsächlich Vögel in seinem Trichter. Er besitzt im Gegensatz zu den meisten Farnen ungeteilte Blätter, die am Wurzelstock nestartig zusammengeführt werden. Der Nestfarn kann epiphytisch wachsen, also auf anderen Pflanzen. Er ist aber kein Schmarotzer, sondern ernährt sich selbst. Daher auch der trichterförmige Wuchs seiner Blätter (Zisternen). Epiphyten haben in der Regel wenig entwickelte Wurzeln und sind daher besonders empfindlich gegen Staunässe.

Nestfarn

Standort
Der Nestfarn möchte im lichten Schatten, geschützt vor praller Sonne stehen. Wenn Sie dann noch für eine hohe Luftfeuchtigkeit sorgen, werden Sie Freude an der dankbaren Zimmerpflanze haben. Mit normalen Raumtemperaturen kommt der Nestfarn zurecht, solange es nicht kühler als 15°C wird.

Pflege
Die Pflanze sollte nur mit abgestandenem Regen- oder kalkfreiem Wasser gegossen und regelmäßig indirekt besprüht werden. Wenn Sie keine Risiken eingehen möchten, empfiehlt es sich, den Nestfarn auf eine mit Kies und Wasser gefüllte Unterschale zu stellen. Alle zwei Wochen wird die Pflanze mit einer Nährlösung gedüngt. Eine gute Dränage aus Tonscherben oder Blähton im Blumentopf ist lebensnotwendig. Die Pflanze braucht ein luftiges Erdgemisch mit kleinen Torfbrocken und etwas getrocknetem Kuhdung.

Vermehrung
Die Vermehrung erfolgt durch Sporen. Diese sitzen anfangs als hellgrüne, später als braune, seltsame Tüpfel unter den Blättern in der so genannten Sporenkapsel.

Gärtnertipp
Für den experimentierfreudigen Hobbygärtner hier ein Tip zur Vermehrung. Schneiden Sie ein Blatt mit vielen Sporen ab und stecken Sie es in eine Plastiktüte. Die reifen Sporen fallen dann saatfertig ab. Zur Bewässerung verwenden Sie am besten weiches Wasser.

Nestrosette

(Nidularium)

Blütezeit:	Juli–September
Familie:	Ananasgewächs
Heimat:	Brasilien

Verhältnismäßig selten sind in unseren Wohnräumen die schönen, dankbaren Ananasgewächse zu sehen. Die Nestrosette z.B. hat dunkelgrüne, gezähnte Blätter, die rosettenförmig um die Zisterne angeordnet sind. Von Juli bis September erscheinen aus dem Trichter blauviolette Blüten. Zuvor färben sich die Herzblätter leuchtend rot. Jungpflanzen entwickeln ihre erste Blüte erst nach 2 bis 3 Jahren.

Standort
Die Nestrosette fühlt sich an einem luftigen, hellen, sonnigen bis halbschattigen Standort wohl. Trockene Zimmerluft ist für die Pflanze schädlich, ebenso wie eine starke Sonneneinstrahlung. Der Standort sollte während des ganzen Jahres nicht gewechselt werden. Ideal ist eine Raumtemperatur von 20°C.

Pflege
Wichtig ist, daß die Pflanze nur mit kalkfreiem, zimmerwarmem Wasser gegossen und besprüht wird. In der Blattrosette muss vor allem in den Sommermonaten eine kleine Wasserpfütze stehen. Während der Wachstumszeit wird die Nestrosette wöchentlich gedüngt. Die 1%ige Nährlösung darf sowohl in den Blatttrichter gegeben werden als auch auf die Erdoberfläche. Vor den Wintermonaten sollte der Trichter geleert werden, damit unverarbeitete Nährstoffe nicht in der Zisterne faulen.

Vermehrung
Die etwas komplizierte Vermehrung sollten Sie dem Fachmann überlassen.

Gärtnertipp
Das Umtopfen entfällt bei der Nestrosette, denn die Pflanze wird nicht älter als 3 Jahre.

Nestrosette

Orangenblume

(Choisya)

Blütezeit:	Mai–Juni
Familie	Rutacege
Heimat:	Mexiko

Diese mehrjährige Pflanze ist ein kleiner Strauch mit ledrigen Blättern. An diesen erscheinen weiße Dolden, die stark nach Orangen duften.

Standort

Die Orangenblume steht gern an einem sonnigen und luftigen Platz. Während der Sommermonate sollte die Temperatur bei etwa 20°C, im Winter etwa um 5°C liegen.

Pflege

Dies Pflanze wird in der warmen Jahreszeit regelmäßig und sehr ausgiebig gegossen. Sie bevorzugt kalkhaltiges Leitungswasser. In den Wintermonaten wird nur sparsam mit Wasser versorgt. Nach der Ruhezeit kann man die Pflanze im Februar in mittelgroße Gefäße mit Einheitserde umsetzen. Ab diesem Zeitpunkt wird einmal pro Monat Dünger in das Gießwasser gegeben.

Vermehrung

Die Vermehrung der Orangenblume erfolgt im Frühjahr. Nehmen Sie etwas härtere Stecklinge, die leicht angetrocknet sind, und setzen Sie diese bei einer warmen Zimmertemperatur ein.

Orangenblume

Osterkaktus

(Rhipsalidopsis x graeseri)

Blütezeit:	April–Mai
Familie	Kakteengewächs
Heimat:	Brasilien

Da die Pflanze um die Osterzeit blüht, trägt sie den Namen Osterkaktus. Dieses Kaktusgewächs hat flache, kurze, mehrkantige Glieder. Der Osterkaktus ist in den küstennahen Bergwäldern Brasiliens beheimatet und daher eine feuchtwarme, tropische Temperatur gewohnt. Er wird mit leuchtend roten bis violetten Blüten angeboten.

Standort

Am hellen Fenster, halbschattig, keine direkte Sonne. Eine gute Luftzirkulation ist wichtig, damit sich keine stauende Wärme bildet. In den Sommermonaten sind Temperaturen zwischen 15-20°C ideal. Denken Sie daran, von November bis Januar muss der Osterkaktus ein bisschen kühler, etwa bei Temperaturen zwischen 10-15°C stehen, sonst setzt er keine Knospen für das nächste Jahr an. Allerdings darf das Thermometer auch nicht unter 10°C sinken, weil sonst der Knospenansatz ebenfalls ausbleibt.

Pflege

Regelmäßig mit Regen- oder abgestandenem Wasser gießen, Staunässe ist unbedingt zu vermeiden. Gedüngt wird mit Kakteendünger, mäßig von März bis Juni. Gönnen Sie der reich blühenden Pflanze nach der Blütezeit eine Verschnaufpause! Ab Mai sollte die Pflanze an einen halbschattigen Standort kommen, nach Möglichkeit in den Garten. Während der Ruheperiode wird nur minimal gegossen, die Glieder werden dann etwas schrumpfen. Ab August sollten Sie wieder kräftiger gießen und die Pflanze an einen wärmeren Platz stellen. Während der folgenden kühleren Winterperiode ist nur hin und wieder zu gießen, damit der Osterkaktus nicht völlig austrocknet. Ab März bekommt er wieder einen warmen Zimmerplatz. Umtopfen nach der Blüte bei Bedarf in sehr lockere, durchlässige Fertigerde.

Vermehrung

Trennen Sie die Pflanzenglieder ab, an denen sich bereits kleine Würzelchen gebildet haben, und topfen Sie diese in spezielle Kakteenerde.

Osterkaktus

Gärtnertipp
Während der Blütezeit dürfen die Pflanzen weder gedreht noch größeren Temperaturschwankungen ausgesetzt werden, sonst kommt es zum Abwerfen der Knospen. Der Osterkaktus ist aufgrund der gefälligen Blütenanordnung auch ein schönes Ampelgewächs.

Palisanderbaum

(Jacaranda)

Blütezeit:	keine bei uns
Familie:	Begoniengewächs
Heimat:	trop. Amerika

Die stark gefiederten Blätter des aus dem Urwald stammenden Baumes erinnern an Farnwedel. Leider bleibt die Jacaranda als Zimmerbäumchen eine reine Grünpflanze. Ihre attraktiven violettblauen Fingerhutblüten können Sie gelegentlich in botanischen Gärten oder am Naturstandort bewundern. Für die Zimmerhaltung ist die langsam wachsende Sorte J. mimosifolie geeignet. Die strauchartig wachsende Pflanze hat zweifach gefiederte Blätter.

Palisanderbaum

Standort
Der Palisanderbaum braucht einen sehr hellen und sonnigen Platz. Lediglich Jungpflanzen sind vor direkter Sonne zu schützen. Wichtig ist außerdem, dass Sie für reichlich frische Luft und erhöhte Luftfeuchtigkeit sorgen. Die Pflanze darf im Winter nicht kühler als 15°C stehen.

Pflege
Die Pflanze muss das ganze Jahr über gleichmäßig mit Feuchtigkeit versorgt und hin und wieder besprüht werden. Das tropische Gewächs verträgt allerdings nur weiches Wasser. Die wüchsige Pflanze muss alle zwei Wochen gedüngt werden. Zum Umtopfen im Frühjahr brauchen Sie eine lockere, humose und leicht saure Erdmischung, bestehend aus Torf, Kompost oder Gartenerde.

Vermehrung
Für die Vermehrung ist es wichtig, daß Sie frischen Samen bei einer Bodentemperatur von 25°C verwenden.

Gärtnertipp
Sie brauchen sich keine Gedanken zu machen, wenn Ihr Palisanderbäumchen im Frühjahr seine Blätter verliert. Dies ist ein ganz natürlicher Vorgang.

Palmfarn

(Cyca revuluta)

Blütezeit:	Grünpflanze
Familie:	Palmengewächs
Heimat:	Südostasien

Der Palmfarn wird häufig der Familie der Palmen zugeordnet, was im Hinblick auf sein Äußeres verständlich ist. Tatsächlich gehört er zu den Palmfarnen. Übrigens, die kleinen harten und ledrigen Blättchen dieser Pflanze sind ein untrügliches Zeichen dafür, dass die Pflanze trockene Luft – selbst Heizungsluft – verträgt, vorausgesetzt, Sie lassen sie hin und wieder frische Luft spüren. Der Palmfarn wächst außerordentlich langsam, in großen Rosetten. Oft dauert es 2 Jahre, bis sich ein neuer Blattkranz bildet, und der ersehnte beschuppte Stamm entwickelt sich manchmal erst nach Jahrzehnten.

Palmfarn

Standort
Hell und sonnig, aber geschützt vor praller Sonne, und daneben luftig möchte die Cycas stehen. Sie wird mitunter auch Sago-Palme genannt. Im Winter kann sie etwas kühler, aber nicht unter 15°C stehen.

Pflege
Mäßig feucht halten, besonders im Winter ist beim Gießen Vorsicht geboten, denn die Pflanze reagiert äußerst empfindlich auf Nässe oder Staunässe. Sommer wie Winter sollten Sie die Blätter gelegentlich mit einem feuchten Tuch abwischen. Gedüngt wird wöchentlich in sehr schwacher Konzentration. In den lichtarmen Wintermonaten

können Sie auf den Düngeguss verzichten. Das nur langsam wachsende Gewächs muss höchstens alle 2 bis 3 Jahre umgetopft werden. Die Erde muss kräftig humos und durchlässig sein. Fertigsubstrate sollten Sie mit Lehm und Sand verbessern.

Vermehrung
Wer sein Glück über Samenvermehrung versuchen will, muss den Samen einen Tag lang in weichem Wasser einweichen. Zur Keimung brauchen sie 30-35°C Bodenwärme, die Sie mit Pflanzenmatten erreichen. Die Vermehrung setzt allerdings viel Geduld voraus. Oft dauert es Monate, bis sich endlich eine Keimspitze zeigt.

Gärtnertipp
Welke Wedel werden am Ansatz abgeschnitten und die Schnittstelle mit Holzkohle bepudert, um Infektionskrankheiten zu vermeiden.

Pantoffelblume

Pantoffelblume

(Calceolaria-Hybriden)

Blütezeit:	Januar–Mai
Familie:	Braunwurzelgewächs
Heimat:	Peru, Chile

Eine bekannte und beliebte Frühlingsbotin, die von Januar bis April im Handel angeboten wird. Hybriden gibt es in vielen Schattierungen wie Rot, Gelb oder Braun. Die aus dem neblig feuchten Klima des Berglandes von Peru und Chile stammende Pantoffelblume ist eine Saison-Pflanze.

Standort
Je kühler und feuchter der Standort ist, desto mehr Freude haben Sie an der Pflanzenblüte. Die Pantoffelblume liebt einen hellen, halbschattigen Platz.

Pflege
Es ist durchaus verständlich, daß die Pflanze wegen der zahlreichen Blüten und Blätter große Wassermengen braucht. Wie fast alle Pflanzen, verträgt auch die Pantoffelblume keine Staunässe. Das Besprühen ihrer Blätter und Blüten mag sie auch nicht. Mit dem Düngen sollten Sie sehr sparsam sein. Die Pflanze bedarf nur soviel Nährstoffe, dass sich alle Knospen öffnen und deren Leuchtkraft erhalten bleibt. Alle abgeblühten Stiele werden entfernt, denn die Pflanze braucht viel Kraft, um Verblühtes abzuwerfen.

Gärtnertipp
Pantoffelblumen vertragen keine Staunässe. Zum Gießen sollten Sie nach Möglichkeit gefiltertes Wasser verwenden.

Paradiesvogelblume

(Strelitzia reginae)

Blütezeit:	März–September
Familie:	Bananengewächs
Heimat:	Südafrika

Diese Pflanze hat ihre eigentliche Heimat in Südafrika, ist aber auch von den Kanarischen Inseln bekannt. Sie hat einen langen, starken Stiel mit sehr schmalen und langen Blättern. Von März bis September zeigen sich orange Blütenkelche mit spitzigen Blättern.

Paradiesvogelblume

Standort
Die bunte Paradiesvogelblume braucht für ihr Wachstum sehr helles und sonniges Licht. Ebenso benötigt sie eine etwas höhere Luftfeuchtigkeit. Die optimale Temperatur liegt im Sommer bei ungefähr 23°C, in den Wintermonaten bei 10°C.

Pflege
Diese Pflanze wird in der Sommerzeit gleichmäßig und ausgiebig mit weichem Wasser gegossen. Von September bis Januar hat sie ihre Ruhepause und wird trocken gehalten. Gelegentlich sollte man das Gewächs in der Wachstumszeit besprühen, aber ohne die Blütenblätter zu benetzen. Die Paradiesvogelblume wird entweder vor der Blütezeit oder auch anschließend in einem Zeitraum von 2 bis 3 Jahren umgesetzt. Dafür benötigen Sie

sehr große Gefäße mit Drainagen. Anschließend wird die Pflanze gedüngt.

Vermehrung
Die Vermehrung kann mit Samen oder durch Teilung vorgenommen werden.

Parodie

(Parodia)

Blütezeit:	ganzjährig
Familie:	Kakteengewächs
Heimat:	Südamerika

Die zahlreichen Arten (etwa 100) der Parodia zählen wie die Rebutien und der Warzenkaktus zu den Platz sparenden beliebten Anfängerpflanzen. Diese interessant bedornten Kakteen setzen relativ leicht leuchtend farbige Blüten in den unterschiedlichsten Rottönen oder auch in goldgelber Farbe an.

Standort
Wie alle Kakteen, liebt auch die Parodia einen warmen, hellen, vollsonnigen und luftigen Standort. Sofern Sie über einen geeigneten Platz auf dem Balkon oder der Terrasse verfügen, kann das Gewächs den ganzen Sommer im Freien verbringen. Überwintert werden muss die Pflanze idealerweise bei Temperaturen von 5-10°C.

Pflege
Kakteen zählen ja bekanntlich zu den wasserspeichernden Pflanzen; sie werden also nur mäßig gegossen und in der Ruhezeit völlig trocken gehalten. Zum Umtopfen, das allerdings nur alle 2 bis 3 Jahre erforderlich ist, benötigen Sie eine spezielle Kakteenerde, die Sie mit etwa 40-50% lehmigen, mineralischen Zusätzen aufbessern können.

Parodie

Vermehrung
Sie ist dem Fachmann zu überlassen.

Gärtnertipp
Beim Gießen ist Vorsicht geboten. Wird die Kaktee zu viel gegossen, fault der Wurzelhals.

Passionsblume

(Passiflora caerulea)

Blütezeit:	April–Oktober
Familie:	Passionsblumengewächs
Heimat:	Peru, Brasilien

Auch Pflanzen sind dem Modetrend unterworfen. Passiflora beispielsweise war lange Zeit nicht sehr gefragt, jetzt findet sie wieder Liebhaber. Es gibt etwa 400 verschiedene Arten. Alle Pflanzen dieser Familie haben dekorative Blüten, aber nur wenige tragen essbare Früchte. Die Passionsblume ist wegen ihres rankenden Blattschmucks und der faszinierend schönen Blüten außerordentlich beliebt.

Standort
Voraussetzung für Erfolg und Freude mit der Pflanze ist ein heller, sonniger Standort. Da die Passionsblume zur gesunden Entwicklung reichlich Luft braucht, sollten Sie ihr von Mai bis September einen hellen, während der Mittagssonne leicht schattierten Standort auf Balkon oder Terrasse geben. Während der Wintermonate benötigt die Passionsblume, wie alle Kübelpflanzen, einen hellen Standort im Haus bei 4-6°C. Während dieser Zeit wird sparsam gegossen und der Raum häufig gelüftet, denn Luft ist für die Passionsblume das Lebenselexier. In einem Wintergarten oder auf der

kühlen Veranda kann die attraktive Pflanze mit entsprechender Rankhilfe die ganze Wand mit ihren Blüten und Blättern schmücken. In Weinanbaugebieten können Sie die Pflanze in geschützter Lage auspflanzen. Mit einer Laubdecke von 10 cm kann sie gut überwintern.

Pflege

Während der Wachstumszeit wird mit weichem Wasser reichlich gegossen und wöchentlich gedüngt. Auch für ein gelegentliches Übersprühen mit gefiltertem Wasser ist die Pflanze sehr dankbar. Passionsblumen sind Klettergewächse, sie brauchen eine Halterung, z.B. aus Bambusstäben oder rundgebogenem Draht. Die wüchsige Pflanze sollte in den ersten Jahren regelmäßig im Frühjahr in kräftige, humose Erde mit einem Zusatz von Sand umgetopft werden.

Vermehrung

Von Februar bis April kann die Pflanze über Kopfstecklinge mit 2 bis 3 Blattpaaren bei einer Boden- und Lufttemperatur von 22-24°C vermehrt werden. Im warmen Sand werden sie unter einem Glas bewurzelt. Passionsblumen können relativ einfach aus Samen, der im Fachhandel erhältlich ist, gezogen werden. Selbst aus dem kernreichen Fruchtfleisch der Passionsfrucht, auch Granadilla genannt, können neue Pflanzen entstehen. Die Samen sind von Frühjahr bis Juli auszusäen.

Gärtnertipp

Eine Schönheit unter diesen Pflanzen ist mit ihren violett gefärbten Blüten die Kaiserin Eugenie. Die eiförmigen Passionsfrüchte zählen zu den wohlschmeckenden, aromatischen Früchten.

Passionsblume

Pavonie

Pavonie

(Pavonia multiflora)

Blütezeit:	September–März
Familie:	Malvengewächs
Heimat:	Brasilien

Der kleine Strauch hat eiförmige lanzettliche Blätter mit auffälligen achselständigen Blüten in Form von dunkelroten Kelchen, die sich in Wohnräumen leider nicht öffnen.

Standort

Die empfindliche Pavonia braucht sehr viel Licht und eine hohe Luftfeuchtigkeit, verträgt aber keine direkte Sonne. Nur mit viel Einfühlungsvermögen kann diese Pflanze auch im Zimmer gehalten werden. Besser ist ein temperiertes Gewächshaus oder der Wintergarten. Zwar kann die Pavonia das ganze Jahr über bei einer Durchschnittstemperatur von 20°C stehen; besser jedoch ist die Überwinterung bei 15°C.

Pflege
Die Pflanze möchte stets feucht gehalten und alle 14 Tage gedüngt werden. Umgetopft wird nur bei Bedarf, und zwar in ein saures Erdsubstrat, z.B. in Nadelerde, die mit Garten- oder Komposterde anzureichern ist. Im Frühjahr sollte die Pflanze gestutzt werden. Nur der Haupttrieb darf nicht beschnitten werden, sonst kommt sie nicht zur Blüte.

Vermehrung
Das Malvengewächs wird durch Kopfstecklinge im Februar bei einer Bodenwärme von 30°C und hoher Luftfeuchtigkeit vermehrt.

Gärtnertipp
Durch regelmäßiges Besprühen erreichen Sie die erforderliche Luftfeuchtigkeit.

Peitschenkaktus

(Aporocactus)

Blütezeit:	April–Mai
Familie:	Kakteengewächs
Heimat:	Mexiko

Der schlanktriebige, an seiner Basis stark verzweigte Epiphyt wächst in seiner Heimat kriechend oder hängend über Felsen und auf Bäumen. Als Zimmerpflanze ist diese Kaktee daher als Ampelgewächs bestens geeignet. Seine langen, rundlichen Triebe sind stark bedornt.

Standort
Der Peitschenkaktus braucht viel Licht, verträgt aber nicht die direkte Sonne. Im Sommer möchte er warm und zugluftfrei stehen. Während der winterlichen Ruhepause darf die Temperatur nicht mehr als 10°C betragen.

Pflege
Ab Ende Mai kann die Pflanze im Freien stehen oder hängen. Sobald sie Knospen angesetzt hat, darf sie nicht mehr verstellt werden, sonst kommt es zum Blütenfall. Während der sommerlichen Wachstumsperiode muss die Pflanze mäßig gegossen und alle 14 Tage mit einem Kakteendünger versorgt werden. Stauende Nässe müssen Sie unbedingt vermeiden. Während der kühleren Ruhepause wird kaum mehr gegossen und das Düngen völlig eingestellt. Zum Umtopfen wird Kakteenerde mit hohem Torfanteil verwendet.

Vermehrung
Die Vermehrung aus Stecklingen, deren Schnittstelle angetrocknet sein muß, ist sehr einfach.

Peitschenkaktus

Pentas

Pentas

(Pentas lanceolata)

Blütezeit:	September–Januar
Familie:	Krappgewächs
Heimat:	Afrika, Madagaskar

Die Pflanze trägt ziemlich große, länglich-ovale, behaarte Blätter. Die Pflanze schmückt sich mit hellrosa bis kaminroten Sternblüten, die in 6-8 cm großen Trugdolden stehen.

Standort
Pentas braucht einen gleichmäßig warmen, hellen Standort, mit hohem Lichtangebot und guter Luftzirkulation.

Pflege
Vor der Blüte sollten Sie die Pflanze mäßig gießen und darauf achten, dass die Erdoberfläche vor jedem Gießvorgang angetrocknet ist, denn das Trockenhalten fördert Blütenbildung und -entwicklung. Während der Blüte sollte reichlich, nach der Blüte etwas sparsamer mit temperiertem Wasser gegossen werden. Achten Sie auf Staunässe, denn nasse Füße verkraftet die Pentas nicht, es kommt dann zum Blütenfall.

Ein wöchentlicher Volldünger sorgt für Blütenfülle und -dauer. Zum Umtopfen wird ein humusreiches, durchlässiges Erdsubstrat benötigt.

Vermehrung
Durch kleine Stecklinge, die bei einer Bodenwärme von 20-25°C ab April bewurzeln. Jungpflanzen sind, um buschig zu werden, zu entspitzen. Am hellen Fenster kann bei 20°C auch durch Aussaat vermehrt werden.

Gärtnertipp
Neu ist die reich blühende Sorte Pentas Lanceolate New Look. Sie läßt sich über Saatgut anziehen.

Pfeffer

Pfeffer

(Piper)

Blütezeit:	Grünpflanze
Familie:	Pfeffergewächs
Heimat:	Ostasien

In den Tropen gibt es rund 700 Pfefferarten. Der schwarze Pfeffer Piper nigrum ist eine Kletterpflanze mit ledrigen, dunkelgrünen Blättern. Interessanter noch ist die kletternde Art P. crocatum. Pfeffergewächse mit grünen Blättern sind recht bescheiden bezüglich Licht und Standort, während buntblättrige Arten pflegebedürftig sind.

Standort
P. crocatum braucht viel Licht, damit die schöne Blattzeichnung der Pflanze erhalten bleibt. Grünblättrige Arten hingegen können halbschattig stehen. Die Raumtemperatur sollte im Sommer um 20°C, im Winter bei grünblättrigen Arten um 12°C und bei buntblättrigen bei 16°C liegen.

Pflege
Während der Sommermonate muß der Pfeffer gleichmäßig feucht gehalten und alle 14 Tage gedüngt werden. Gegossen werden darf nur mit gefiltertem und temperiertem Wasser. Im Wintergarten können Sie die Triebe der Pflanze an einem Stamm hochranken lassen.

Vermehrung
Die beste Zeit zur Vermehrung liegt zwischen März und Juni. Zu diesem Zeitpunkt sollten Sie Kopf- oder Triebstecklinge mit zwei Augen schneiden und in einem kleinen Gewächshaus bei einer Bodentemperatur von etwa 20-25°C bewurzeln.

Gärtnertipp
Der Pfeffer ist auch eine empfehlenswerte Ampelpflanze.

Pfeilwurz

(Maranta leuconeura)

Blütezeit:	Grünpflanze
Familie:	Marantengewächs
Heimat:	Brasilien

Die tropische Pflanze schmückt sich mit einer außergewöhnlich interessanten Blattzeichnung. Die Blätter sind zum Teil breit-elliptisch, dabei smaragdgrün und dunkelgrün gefleckt (z.B. bei M. leuconeura Kerchoviana) oder sie besitzen kleine braun gefleckte Blätter oder rote Seitenadern (M. leuconeura Fascinator). Junge Blätter sind tütenartig zusammengerollt und stehen meist kerzengerade in die Höhe.

Pfeilwurz

Standort
Im Sommer möchte die Pfeilwurz halbschattig stehen; direkte Sonne verkraftet sie nicht. In den Wintermonaten braucht sie aber sehr viel mehr Licht. Zugluft wird von dem empfindlichen Gewächs nicht vertragen. Alle Maranten sind wärmebedürftig und verlangen nach einer hohen Luftfeuchtigkeit.

Pflege
Mit viel Fingerspitzengefühl werden Maranten gegossen. Die tropische Schönheit darf nur mit temperiertem, weichem Wasser feuchtgehalten werden. Im Wachstum wird alle 14 Tage gedüngt. Auf eine Bodenwärme von 20°C ist zu achten. Neben ausreichender Wärme ist eine hohe Luftfeuchtigkeit wichtig. Die Pflanzen müssen öfters mit entkalktem Wasser indirekt besprüht werden. Während der Ruhephase von September bis Februar werden die Wassergaben stark eingeschränkt. Die Marante sollte

während der Wintermonate bei 15°C gehalten werden. Im Frühjahr wird in eine lockere, humose, luftführende schwach-saure Erde umgetopft. Besonders geeignet ist Nadel- oder Heideerde, mit humosem Kompost versetzt.

Vermehrung
Die Vermehrung des Pfeilwurz erfolgt durch Pflanzenteilung sowie durch Kopfstecklinge bei einer Bodentemperatur von 20-25°C.

Gärtnertipp
Maranten sind empfindlich; sie eignen sich besonders für Wintergärten oder Gewächshäuser.

Primel

(Primula)

Blütezeit:	fast ganzjährig
Familie:	Primelgewächs
Heimat:	China, Japan

Die Flieder- oder Brautprimel Primula malacoides sowie die Becherprimel Primula obconica zählen zu den altbekannten und besonders begehrten Topfprimeln. Sie werden von Mitte Januar bis Ostern angeboten. Es geht hierbei um eine einjährige Pflanze, die nicht wieder zum Blühen gebracht werden kann. Ihre duftenden Blütenstände sehen im knospigen Zustand leicht bemehlt aus. Hierbei handelt es sich aber um keine Krankheit, es ist die besondere Eigenart der Pflanze. Die in verschiedenen Rottönen etagenartig angeordneten Blütenquirle sind das typische Merkmal der Flieder- oder Etagenprimel. Die großblütigere Primula obconica ist hingegen eine ausdauernde Staude. Ihre schönen Blüten zeigen sich in den Farben Lachs, Dunkelrot und Lavendelblau.

Standort
Primeln mögen keine volle Sonne, sie wollen hell bis halbschattig und dabei möglichst kühl und luftig stehen. Ideal sind Temperaturen zwischen 15-20°C. Die Fliederprimel kann etwas kühler bei 10-15°C stehen.

Pflege
Alle Primelsorten sollten ganzjährig mäßig feucht gehalten werden. Verwenden Sie zum Gießen unbedingt nur kalkfreies, temperiertes Wasser. Vermeiden Sie Nässe sowie Ballentrockenheit. Gedüngt wird einmal im Monat und ganzjährig. Während die Becherprimel im Herbst in eine kräftige, lehmhaltige Erde gesetzt wird, entfällt bei der Fliederprimel das Umtopfen.

Primel

Gärtnertipp
Primula obconica hat in den Kurzhaaren ein priminhaltiges Sekret, auf das empfindliche Menschen mit Allergien reagieren. Das regelmäßige Entfernen der abgeblühten Stiele fördert den Blütenreichtum.

Punktblume

(Hypoestes)

Blütezeit:	Juli–August
Familie:	Akanthusgewächs
Heimat:	Madagaskar, Südafrika

Das Besondere an Hypoestes sind die bunten Blätter. Es gibt Pflanzen mit grünen Blättern, die rosa getupft sind, oder mit rosa Blättern, die grün getupft sind. In den Sommermonaten zeigen sich kleine rosa Blüten.

Standort
Wichtig ist ein heller Standort mit erhöhter Luftfeuchtigkeit und viel frischer Luft. Ein Südfenster scheidet aus, denn direkte Sonne verträgt sie nicht. Ein Platzwechsel ist nicht erforderlich, die Pflanze verträgt das ganze Jahr über eine gleich bleibende Raumtemperatur.

Pflege
Zum Gießen verwenden Sie immer zimmerwarmes, weiches Wasser. Die Pflanze möchte das ganze Jahr über gleichmäßig feucht gehalten werden. Um die Luftfeuchtigkeit zu erhöhen, können Sie die Pflanze besprühen oder auf feuchten Kies setzen. Im Abstand von 14 Tagen bis 3 Wochen sollte gedüngt werden. Falls nötig, sollten Sie die Punktblume im Frühjahr in Einheitserde unter Zugabe von etwas Torf umtopfen.

Vermehrung
Aus Triebspitzen, die beim Stutzen der Pflanze anfallen. Am besten stülpen Sie zur Bewurzelung eine mit Luftlöchern versehene Folie über den Topf. Die Jungpflanzen müssen immer wieder gestutzt werden, damit sie buschig werden.

Gärtnertipp
Die Pflanze eignet sich sehr gut zur Unterpflanzung von Blumenschalen und im Blumenfenster.

Punktblume

Rhoeo

(Rhoeo)

Blütezeit:	Grünpflanze
Famile:	Commelinengewächs
Heimat:	Mittelamerika

Rhoeo spathaceae ist eine dankbare Topfpflanze, die vornehmlich wegen ihrer hübschen Blätter gehalten wird. Die Blätter sind schmal-lanzettlich und erreichen eine Länge von 30 cm. Sie sind oberseits kräftig grün und unterseits tief dunkelviolett gefärbt. Die Sorte Variegata zeichnet sich zusätzlich durch gelbe Längsstreifen aus. Die Blätter entspringen aus einem kurzen Spross; das erinnert an die zisternenbildenden Ananasgewächse.

Standort
Die Blattschönheit möchte an einem hellen, nicht vollsonnigen Platz im Zimmer stehen. Bunt gestreifte Arten benötigen mehr Licht als die einfarbig grünen. Das anspruchslose Gewächs fühlt sich bei mäßig warmen Zimmertemperaturen wohl. Im Winter sollte die Pflanze bei 15°C stehen.

Pflege
Die Pflanze darf nur mit temperiertem, weichen Wasser leicht feucht gehalten werden; ein gelegentliches Besprühen ist empfehlenswert, wobei Staunässe unbedingt zu vermeiden ist. Im Winter wird kaum gegossen. Gedüngt wird während der Wachstumsperiode wöchentlich und im Winter nur alle drei Wochen. Umgetopft werden kann im Frühjahr in Einheitserde in mittelgroße, flache Gefäße.

Vermehrung
Die Vermehrung erfolgt durch Kopfstecklinge, Seitentriebe oder Aussaat bei einer Bodentemperatur von mindestens 25°C.

Gärtnertipp
Die attraktive Blattpflanze wird auch in Hydrokultur angeboten.

Rhoeo

Rippenfarn

Rippenfarn

(Blechnum gibbum)

Blütezeit:	Grünpflanze
Familie:	Rippenfarngewächs
Heimat:	Neukaledonien

Ein Wärme liebender Farn. Rein äußerlich sehen Sie dem Rippenfarn die Verwandtschaft mit dem Palmfarn Cycas an. Auch dieser Farn wächst rosettenartig. Ältere Exemplare bilden ähnlich wie Palmen einen meterhohen Stamm, wobei die einzelnen Wedel gleichfalls meterlang werden können.

Standort
Halbschattig bis schattig, fernab vom Sonnenlicht und geschützt vor Zugluft. Neben gleich bleibender Raumtemperatur das ganze Jahr über, die nie unter 18°C liegen darf, wünscht sich der Rippenfarn einen luftigen Standort mit genügend hoher Luftfeuchtigkeit.

Pflege
Von März bis Juli darf die Pflanze nie trocken sein. Zum Gießen darf nur kalkfreies, temperiertes Wasser verwendet werden. Die Pflanze liebt eine feuchtwarme Luft. Das Problem dabei ist, dass die erforderliche Luftfeuchtigkeit nicht durch direktes Besprühen erfolgen darf, wohl aber indirekt, z.B. auch über einen elektrischen Luftbefeuchter. Von März bis September wird einmal monatlich gedüngt. Falls erforderlich, kann der Farn im März in Einheitserde mit Torfzusatz umgetopft werden.

Vermehrung
Üppige, ältere Pflanzen können Sie teilen. Die Vermehrung durch Sprossenaussaat ist schwierig, aber möglich.

Gärtnertipp
Der Rippenfarn ist ein sehr ausladendes Solitärgewächs.

Ruhmesblume

Ruhmesblume

(Clianthus)

Blütezeit:	April–September
Familie:	Schmetterlingsblütler
Heimat:	Australien

Die einjährige Ruhmesblume ist ein langsam wachsender Strauch bei dem sich im Frühjahr hängende weiße, rote oder rosa gefärbte Blütentrauben bilden. Die bizarre Blüte mit den schnabelförmig gebogenen Schiffchen wirkt wie ein Papageienschnabel.

Standort
Hell und sonnig. Das Westfenster ist besonders geeignet, ein schattierbares Südfenster ist möglich. Wichtig ist in den Sommermonaten die Frischluftversorgung. Trockene Zimmerluft schadet der Pflanze nicht, sie möchte im Sommer warm und im Winter kühl um die 5°C stehen (Kalthauspflanze).

Pflege
Mit Fingerspitzengefühl sehr sparsam gießen. Staunässe muss unbedingt vermieden werden. In den Sommermonaten sollten Sie das Wachstum durch wöchentliches Düngen unterstützen. Die Kletterpflanze kann sich an einem Spalier hochranken oder als Ampelpflanze ihre grazilen Zweige entfalten.

Vermehrung
Die Vermehrung ist sehr einfach. Sie kann aus Samen oder mit Stecklingen durchgeführt werden.

Gärtnertipp
Die Ruhmesblume ist eine attraktive Ampelpflanze.

Säulenkaktus

(Cereus)

Blütezeit:	Juli–September
Familie:	Kakteengewächs
Heimat:	Südamerika

Säulenkakteen werden auch als Cereen bezeichnet. Darunter sind Kakteen mit 3 bzw. 8 bis 10 Rippen, die eintriebig oder kandelaberartig wachsen und dabei eine Höhe von 15-22 m erreichen können. Von Juni bis September erscheinen an großen Pflanzen 8-30 cm lange trichterförmige, meist weiße Blüten. Gelegentlich sind die Blüten auch zartrosa angehaucht. Die bis zu 15 cm breite Blüte hat in ihrer Mitte zahlreiche Staubgefäße und den langen Griffel. Die schönen Blüten öffnen sich immer gegen Abend und blühen nur eine Nacht. Dabei verströmen sie in der Regel einen intensiven Duft. Wenn die Blütenblätter abfallen, bleibt meist der Griffel auf dem Fruchtknoten stehen. Die fleischigen Früchte können die Größe einer Apfelsine erreichen. Sie sind bei vielen Arten essbar. Empfehlenswerte Cereen für den Hobbygärtner sind C. azureus, eine klein bleibende Art mit bizarren blaugrünen Trieben und kräftigen Stacheln. Weit verbreitet ist auch C. peruvianus, dessen monströse Form viele Kakteenliebhaber begeistert.

Standort
Die Säulenkakteen lieben während der Sommermonate Sonne und Wärme. Wenn Sie einen Balkon oder eine Terrasse haben, können Sie die Pflanze nach draußen stellen. Im Winter sollte die Luft leicht feucht sein, bei einer Temperatur von 6-10°C.

Pflege
Da Cereen schnell wachsen, brauchen sie ein leicht saures, nährstoffreiches Substrat. Sie verlangen nach reichen Wassergaben und einer wöchentlichen Düngung mit einem speziellen Kakteendünger. Bei einem warmen Standort sind sie für gelegentliches Einnebeln dankbar. Bei niedrigeren Temperaturen braucht der Säulenkaktus kaum gegossen werden.

Vermehrung
Die Vermehrung ist mit abgetrennten Seitentrieben oder Stecklingen ganz leicht durchzuführen. Einfach und Erfolg versprechend ist auch die Aussaat.

Gärtnertipp
Die leicht verwinkelten Triebe ziehen den Staub an, sie sollten hin und wieder durch Abbrausen gesäubert werden.

Säulenkaktus

Sauerklee

(Oxalis regnellii)

Blütezeit:	Juli–August
Familie:	Sauerkleegewächs
Heimat:	Mittelamerika

In der Weihnachtszeit und zu Neujahr wird die Oxalis deppei als Glücksklee angeboten. Die kleine Staude aus Mittelamerika hat kräftige grüne Kleeblätter, die sich aus 4 einzelnen Blättchen zusammensetzen. Die Pflanze blüht im Sommer purpur-rosarot. Der Waldsauerklee gehört mit seinen weißen Glockenblüten zu den reizvollsten Frühlingsblühern im Walde. Bei schlechtem Wetter und nachts nehmen die Blüten eine Schlafstellung ein.

Standort
Der Glücksklee sollte halbschattig, feucht und kühl, am besten in einem ungeheizten Zimmer oder einem Hausflur stehen. Zugluft verkraftet die widerstandsfähige Pflanze allerdings nicht. Die Pflanze sollte in sandig-lehmiger Humuserde wachsen.

Pflege
Während der Wachstums- und Blütezeit muss regelmäßig gegossen werden. Im Herbst kommen die ausgepflanzten Zwiebelknollen wieder aus der Erde heraus und werden kühl im trockenen Keller überwintert, um dann im Frühjahr erneut angetrieben zu werden.

Vermehrung
Während der Sommermonate, etwa ab Mai, kann die Pflanze in Kübelgefäßen oder im Garten ausgepflanzt werden. Sie sollten jedoch auch für draußen einen halbschattigen, feuchten und kühlen Standort wählen. Der Sauerklee wird während dieser Zeit reichlich Brutknöllchen entwickeln.

Gärtnertipp
Der Glück bringende Sauerklee ist ein beliebtes Mitbringsel zum Jahresende. Wenn im Winter seine Blätter fallen, dann ist das ein Zeichen, dass die Pflanze mit ihrer Ruhepause beginnt.

Sauerklee

Saumfarn

Saumfarn

(Pteris)

Blütezeit:	Grünpflanze
Familie:	Saumfarngewächs
Heimat:	Tropen

Eine elegante Zimmerpflanze ist Pteris argyraea; sie hat breite und lange Blätter, die bis auf einen hellen Mittelstreifen dunkelgrün gezeichnet sind. Die Art braucht viel Wärme. Unzählig sind die Sorten von Pteris cretica. Ein sehr robuster, rasch wachsender Zimmerfarn, der kaum Arbeit bereitet. Die schnell wachsende Pflanze ist buschig und hat viele Verästelungen. Ihre hellgrünen Wedel tragen ledrige Fiedern.

Standort
Saumfarne wollen im Zimmer Wärme, einen halbschattigen Platz, hohe Luftfeuchtigkeit und keine Zugluft. Überwintert werden grünblättrige Sorten bei mindestens 10°C, panaschierte bei mindestens 16°C.

Pflege
Während der Sommermonate muß die Pflanze reichlich und sehr regelmäßig mit temperiertem, enthärtetem Wasser gegossen werden. In den Wintermonaten muss das Gießen stark eingeschränkt werden. Besonders während der Wachstumszeit des Farns wird wöchentlich gedüngt; auch braucht der Saumfarn eine hohe Luftfeuchtigkeit, die durch ständiges Besprühen erreicht wird. Bei Bedarf sollte der Saumfarn im Frühjahr in Einheitserde, die mit Torf vermischt wird, umgepflanzt werden.

Vermehrung
Die Vermehrung erfolgt durch Teilung oder Sporen.

Schamblume

Schamblume

(Aeschynanthus)

Blütezeit:	April–August
Familie:	Gesneriengewächs
Heimat:	trop. Asien

Die immergrüne, blühende Hängepflanze besticht durch ihren attraktiven Blütenschmuck, der sich von April bis August in leuchtend roten, manchmal gelblich-orangen Farben zeigt. Apart dazu die dunkelgrünen, fleischigen, lederartigen Blätter. Leider ist die Pflanze sehr anspruchsvoll.

Standort
Sehr warm, hell bis halbschattig, bei hoher Luftfeuchtigkeit und Raumtemperaturen von 18-20°C . Ab Februar sollte die Temperatur auf 12-14°C abgesenkt werden, sonst entwickelt die Pflanze keine Blüten. Auf Temperaturschwankungen reagiert die Pflanze mit Blütenfall.

Pflege
Verwenden Sie zum Gießen nur temperiertes, kalkfreies Wasser. Auch zum Besprühen sollten Sie nur abgestandenes Wasser verwenden , da sonst hässliche Flecken auf den Blättern entstehen. Das Frühjahr ist die beste Zeit, um die Schamblume umzutopfen.

Vermehrung
Im Mai bis Juni über 5 cm lange Stecklinge, die im Torfmull mit Sand innerhalb von 3 Wochen bewurzeln.

Gärtnertipp
Die Schamblume eignet sich als Ampelpflanze.

Schattenröhre

(Episcia)

Blütezeit:	April–August
Familie:	Gesneriengewächs
Heimat:	Mittel-, Südamerika

Eine begehrte Ampelpflanze für Blumenliebhaber, die das Exotische anzieht. Interessant wirken ihre behaarten, bräunlich-dunkelgrünen bis kupfrig getönten Blätter. Auch die von April bis August erscheinenden Blüten zeigen sich in unterschiedlichen Farben vorwiegend in Rot, Weiß oder auch Blau.

Schattenröhre

Standort
Im Sommer liebt die Schattenröhre es, wie der Name andeutet, halbschattig. Im Winter sollten Sie dem Tropengewächs einen hellen Platz zuweisen und es vor Zugluft bewahren. Das ganze Jahr über benötigt die Pflanze eine hohe Luftfeuchtigkeit, die durch zusätzliches Besprühen erreicht wird. Im Winter darf die Raumtemperatur nicht unter 16°C fallen.

Pflege
Die Schattenröhre sollte das ganze Jahr über gleichmäßig feucht gehalten werden. Sie wird mit temperiertem, möglichst gefiltertem Wasser gegossen. Gedüngt wird alle 14 Tage, in der Ruhezeit von Oktober bis Februar darf das Tropengewächs nicht mehr gedüngt und kaum noch gegossen werden. Umtopfen, falls erforderlich, sollten Sie im März in flache Gefäße mit humoser Erde.

Vermehrung
Funktioniert sehr einfach durch abgetrennte, bewurzelte Ausläufer oder Stecklinge, die zum Bewurzeln eine Bodentemperatur von zwischen 20-25°C brauchen.

Gärtnertipp
Die Schattenröhre eignet sich gut als Ampelpflanze.

Schefflere

(Schefflera)

Blütezeit:	Grünpflanze
Familie:	Araliengewächs
Heimat:	Australien

Die Schefflere ist eine dankbare, unempfindliche Pflanze. Ihrer unverwechselbaren Blattsilhouette verdankt sie den bezeichnenden Namen Strahlenaralie. Dieser baumartige, verholzte Strauch fällt durch seine langen Blattstiele, die handgeformte Blätter mit 3 bis 9 Fiedern tragen, auf. Besonders reizvoll ist die panaschierte Sorte Henriette. Weißgrüne Arten brauchen erheblich mehr Licht als grünblättrige.

Schefflere

Standort
Scheffleren brauchen viel Frischluft und je nach Sorte einen hellen bis halbschattigen Standort. In kühleren Räumen gedeihen sie besser als in warmen. Die günstigsten Temperaturen liegen um 18°C bei nächtlicher Abkühlung. Sie vertragen in Maßen auch Sonne.

Pflege
Mäßig, aber doch regelmäßig gießen. Die oberste Erdschicht muss immer etwas abgetrocknet sein, bevor Sie mit zimmerwarmem, kalkfreiem Wasser nachgießen. Alle 2 Wochen flüssig düngen, im Winter wird das Gießen und Düngen den Licht- und Temperaturverhältnissen angepasst. Bei Bedarf kann im Frühjahr umgetopft werden. Die handelsübliche Einheitserde ist gut geeignet.

Vermehrung
Nicht verholzte Triebspitzen bewurzeln bei 22-25°C Bodentemperatur in einem Torf-Sand-Gemisch. Als Verdunstungsschutz sollten Sie bis zur Bewurzelung eine Folie über die Stecklinge spannen.

Gärtnertipp
Zu groß gewordene Exemplare können Sie durch Abmoosen oder Rückschnitt regenerieren. Da die Scheffleren meist eintriebig wachsen, erzielen Sie durch Rückschnitt eine mehrtriebige Pflanze.

Schiefteller

(Achimenes grandiflora)

Blütezeit:	Juni–Oktober
Familie:	Gesneriengewächs
Heimat:	Mittel-, Südamerika

Der mehrjährige Schiefteller ist eine kleine, blühende Topfpflanze, die ihren Namen den schiefen Blütenkelchen verdankt. Während der Sommermonate wird sie im Handel in unterschiedlichsten Sorten angeboten. Sie können die Pflanze aber auch im Frühjahr aus kleinen Wurzelrhizomen vermehren.

Standort
Der Schiefteller liebt einen leicht schattigen Platz bei

normaler Zimmertemperatur um die 18°C.

Pflege
Wie bei allen Knollengewächsen darf auch der Schiefteller nur mäßig gegossen werden. Beim Gießen müssen Sie darauf achten, daß kein Wasser auf die Blätter kommt. Gegossen wird grundsätzlich nur mit temperiertem, entkalktem Wasser. Nach der Blüte welken die Blätter, zum gleichen Zeitpunkt stellen Sie das Gießen ein. Sobald das Laub abgestorben ist, werden die Schuppenrhizome den Winter über bei 10-15°C trocken aufbewahrt. Ab Februar können Sie die Knollen wieder in Einheitserde legen und mit etwa 1 cm Erde abdecken.

Vermehrung
Ab März kann man 5 cm lange Rhizomstücke abtrennen, die in sandiger Erde angetrieben werden. Vermehren können Sie die Staude auch mit Stecklingen, die Sie im Sommer schneiden und bei 22°C Erdtemperatur in sandigem Torf bewurzeln.

Gärtnertipp
Der Schiefteller ist eine schöne Ampelpflanze.

Schiefteller

Schildblume

Schildblume

(Aspidistra)

Blütezeit:	Grünpflanze
Familie:	Liliengewächs
Heimat:	Japan

Sie zählt zu den wenigen anspruchslosen Zimmerpflanzen, die sich an jeden Standort bezüglich Temperatur und Licht gewöhnen. Sie gedeiht in einer dunklen Zimmerecke genauso wie auf dem Balkon, nimmt Temperaturschwankungen ebenso hin wie Zugluft und Staub. Ihre lederartigen Blätter können bis zu 70 cm erreichen, gelegentlich erscheinen auch noch kleine braunlila Blüten. Dekorativer, aber auch empfindlicher als die grünblättrige ist die Sorte Variegata mit weiß oder gelblich gestreiften Blättern. Die Schusterpalme ist eine sehr empfehlenswerte Pflanze für Anfänger.

Standort
Halbschattig bis schattig, nur direkte Sonnenbestrahlung ist unbedingt zu vermeiden. Ideal sind Zimmertemperaturen um die 20°C tagsüber und nachts 12°C; problemlos werden aber auch etwas höhere oder niedrigere Temperaturen vertragen.

Pflege
Sommer wie Winter regelmäßig, mit nicht zu hartem Wasser gießen, jedoch nicht zu feucht halten. Die Pflanze ist für eine mit Kalk angereicherte Erde dankbar.

Vermehrung
Durch Teilung. Dazu teilen Sie behutsam die Mutterpflanze und setzen die Pflanzglieder in normale Blumenerde.

Gärtnertipp
Die Blätter der Aspidistra sollten gelegentlich feucht abgewischt werden.

Schildfarn

Schildfarn

(Polystichum)

Blütezeit:	Grünpflanze
Familie:	Schildfarngewächs
Heimat:	Ostasien, Südafrika

Dieser Farn wird auch häufig als Filigranfarn bezeichnet. Es geht hierbei um eine immergrüne Zimmer- und Freilandstaude mit üppigen, meterlangen Trieben. Die oft rötlichbraunen Stiele sind sehr dicht mit zierlich gefiederten Blättchen besetzt. Diese Fiederblättchen sind in der Regel hart und lederartig. Wichtig: Im Gegensatz zu anderen Farngewächsen verträgt der Schildfarn ausnahmsweise trockene Zimmerluft und dunklere Standorte, ist also genügsam und pflegeleicht.

Standort
Halbschattig, auch am Nordfenster fühlt er sich wohl. Trockene Heizungsluft schadet ihm nicht, mit normalen Zimmertemperaturen kommt er zurecht. Naturgemäß ist dem Schildfarn ein kühleres Winterquartier bei 10-12°C angenehm.

Pflege
Gegossen wird er reichlich mit abgestandenem Wasser. Monatlich sollten Sie ihn düngen. Für gelegentliches Besprühen ist der Schildfarn dankbar. Falls erforderlich, können Sie den Schildfarn im März umpflanzen. Das neue Gefäß darf nicht wesentlich größer sein, Einheitserde genügt.

Vermehrung
Dafür gibt es zwei Möglichkeiten. Die Teilung im Herbst ist die einfachste und schnellste Art, die Vermehrung über Sporen langwieriger und komplizierter. Dazu müssen Sie im Sommer ein Mutterblatt mit Brutknöllchen abschneiden und dieses auf feuchten Torf zur Bewurzelung legen. Das Blatt ist mit kleinen Kieselsteinen zu beschweren, damit ein guter Erdkontakt besteht.

Gärtnertipp
Der Farn bekommt bei guter Pflege riesige Ausmaße.

Schnapskopf

Schnapskopf

(Lophophora williamsii)

Blütezeit:	ganzjährig
Familie:	Kakteengewächs
Heimat:	Mexiko

In seiner Heimat Mexiko heißt dieses Gewächs Peyotl. Es enthält das Rauschgift Meskalin. Das Äußere des Schnapskopfs ist gekennzeichnet durch einen kugelförmigen grünen Pflanzenkörper, auf dessen Oberseite sich eine feinblättrige weiße, zum Teil auch rosarote Blüte bildet. L. williamsii hat weiße Blüten und fällt durch eigenartige Filzfetzen auf dem graublau-grünen Körper auf.

Standort
Wichtig ist im Sommer ein vollsonniger, warmer Standort, im Winter jedoch ein kühler Ort bei 5°C. Der Schnapskopf ist für einen Sommeraufenthalt auf Balkon oder Terrasse dankbar.

Pflege
Der Kaktus will stets feucht gehalten werden. Er darf nur mit kalkfreiem Wasser gegossen werden. Im Winter steht das Gewächs trocken. Zum Umtopfen empfiehlt sich eine gute Dränageschicht im Pflanzgefäß und eine mineralhaltige Kakteenerde.

Vermehrung
Die Vermehrung der Pflanze ist einfach; sie kann im Frühjahr durch Aussaat leicht selbst durchgeführt werden.

Gärtnertipp
Eine Liebhaberpflanze, die auch für den Anfänger zu empfehlen ist.

Schneebusch

Schneebusch

(Breynia)

Blütezeit:	Juli–August
Familie:	Wolfsmilchgewächs
Heimat:	Südsee, Afrika

Das buntblättrige, locker verzweigte mehrjährige Gewächs verdankt seinen Namen den weißen Zeichnungen auf seinem Laub. Der Schneebusch ist ein langsam wachsender Strauch mit runden, unterschiedlich angeordneten Blättern. Das Wolfsmilchgewächs ist in allen Pflanzenteilen giftig. Im Sommer zeigt es kleine grüne Blüten.

Standort
Der Schneebusch liebt einen sonnigen bis halbschattigen Platz bei hoher Luftfeuchtigkeit und einer Temperatur von 20-25°C. Die erforderliche Luftfeuchtigkeit können Sie durch regelmäßiges Besprühen der Pflanze erreichen. Überwintert werden sollte die Pflanze kühl und sehr hell bei einer Temperatur von mindestens 15°C.

Pflege
Während der Wachstumsperiode muss der Schneebusch reichlich gegossen und alle 14 Tage stickstoffarm gedüngt werden. Im Winter wird kaum mehr gegossen, dafür aber häufiger gesprüht. Falls erforderlich, kann im März in Einheitserde mit Zusatz von Lehm und Sand umgetopft werden.

Vermehrung
Im Frühjahr können Sie halbreife Trieb- und Kopfstecklinge schneiden. Diese werden bei einer Bodentemperatur von 22°C in Anzuchterde gesteckt und unter einer Folie, die als Verdunstungsschutz wirkt, bewurzelt.

Gärtnertipp
Vorsicht! Der Schneebusch zählt zu den Giftpflanzen. Er ist vor allem für das Kinderzimmer und die Küche völlig ungeeignet. Wenn Sie die Pflanze umtopfen, sollten Sie zu Ihrer Sicherheit Arbeitshandschuhe tragen.

Schönmalve

(Abutilon)

Blütezeit:	April–September
Familie:	Malvengewächs
Heimat:	Tropen, Subtropen

Die Schönmalven haben ihren besonderen Reiz in den vielfältig schillernden Farbtönen ihrer Blüten in Weiß, Gelb, Rosa oder Rot. So besticht zum Beispiel A. megapotamicum mit wundervoll geformten Glockenblüten, die sich aus gelben und purpurnen Kelchen zusammensetzen. Die Blütezeit der Pflanze beginnt im Frühjahr und endet im Spätsommer. Der im Zimmer verholzende kleine Strauch hat samtartig behaarte Blätter.

Schönmalve

Standort
Das tropische Gewächs braucht einen vollsonnigen Platz. Vorteilhaft ist ein Quartier auf Balkon oder Terrasse. Auch in einem warmen Zimmer gedeihen sie gut, müssen allerdings bei 12-15°C überwintert werden, sonst kommt es im folgenden Jahr nicht zur Blüte. Auch neigen zu warm überwinterte Pflanzen zum Befall von Spinnmilben und Läusen.

Pflege
Von März bis August muss die Schönmalve reichlich gegossen und wöchentlich gedüngt werden. In den übrigen Monaten wird die Wasserversorgung stark und das Düngen völlig eingeschränkt. Pflanzen, die im Freien besonders kräftig gewachsen sind, sollten im Herbst, bevor sie ins Winterquartier kommen, entsprechend zurückgeschnitten werden. Im Frühjahr wird die Schönmalve in frische Einheitserde umgepflanzt. Es ist anzuraten, diese mit Lehm zu verbessern.

Vermehrung
Die Vermehrung durch Stecklinge kann im Spätherbst oder Frühjahr vorgenommen werden. Allerdings brauchen sie eine Bodentemperatur von 20-25°C bei feuchter, gespannter Luft.

Gärtnertipp
Sofern die Schönmalve ständig im Zimmer steht, muss sie gelegentlich indirekt besprüht werden.

Schopfcereus

(Scephalocereus senilis)

Blütezeit:	ganzjährig
Familie:	Kakteengewächs
Heimat:	Mexiko

Bezeichnenderweise trägt diese Kaktee auch den Namen Greisenhaupt, zumal der attraktive Säulenkaktus bis zu 10 cm lange weiße Haare hat. In Wohnräumen kann er allenfalls 1,50 m erreichen, in seiner mexikanischen Heimat über 12 m. Die anspruchsvolle Pflanze zeigt erstmals nach einigen Jahren Blüten.

Schopfcereus

Standort
Der eigentümliche Greis ist licht- und wärmebedürftig und muss bei hoher Luftfeuchtigkeit stehen. Durchzug verkraftet er nicht. Im Winter muss die Raumtemperatur mindestens 18°C betragen.

Pflege
Der Schopfcereus wird regelmäßig gegossen und muss in den Sommermonaten alle 14 Tage mit einem speziellen Kakteendünger ernährt werden. Außerdem gedeiht der Kaktus nur wirklich gut, wenn Sie für die nötige Luftfeuchtigkeit sorgen. Besprühen Sie die Pflanze gelegentlich indirekt. Während der Wintermonate muss die Kaktee fast trocken stehen. Ein Umtopfen ist nur in größeren Abständen erforderlich; dazu wird ausschließlich Kakteenerde verwendet.

Vermehrung
Die Vermehrung kann im Frühjahr mit Samen durchgeführt werden.

Gärtnertipp
Das Greisenhaupt möchte gelegentlich eingenebelt werden. Die erhöhte Luftfeuchtigkeit schützt die Pflanze auch vor Schädlingsbefall.

Schopflilie

(Eucomis)

Blütezeit:	Juli–August
Familie:	Liliengewächs
Heimat:	Südafrika

Ihre langen, gewellten Blätter sind rosettenförmig auf einer Zwiebel angeordnet. Die kleinen Blüten erscheinen in hellgrüner Farbe.

Standort
Die Schopflilie steht gern an einem halbschattigen Standort, der mit genügend Frischluft versorgt wird. Die Temperatur sollte im Sommer angenehm warm sein, im Winter bei 10°C liegen.

Pflege
Das Gewächs wird in der warmen Jahreszeit sehr ausgiebig mit Wasser versorgt. In der Ruhepause wird nur ganz wenig gegossen. Umgepflanzt wird die Schopflilie im Herbst. Man setzt die Zwiebel nur zur Hälfte in die Erde ein, und so wird sie überwintert. Im Frühjahr wird sie dann richtig eingepflanzt.

Vermehrung
Die Vermehrung erfolgt im Frühjahr durch Brutzwiebeln.

Gärtnertipp
Für die Zimmerhaltung eignen sich am besten die Sorten E. undulata und E. punctata.

Schopflilie

Schraubenbaum

(Pandanus)

Blütezeit:	Grünpflanze
Familie:	Schraubenbaumgewächs
Heimat:	Tropen

Die tropische Pflanze ist mit ihren langen, schraubenartig gewachsenen Blättern äußerst dekorativ. Da sie sehr ausladend wird und fein bestachelte Blattränder besitzt, ist sie nur für wenige Standorte geeignet.

Standort
Die Pflanze braucht einen hellen, vor praller Sonne geschützten Platz. Mit Zimmertemperaturen von 20-22°C kommt sie das ganze Jahr über gut zurecht, aber nicht mit Temperaturen unter 18°C.

Pflege
Sie sollten die Pflanze mäßig das ganze Jahr über gießen. Am besten machen Sie vor jedem Gießvorgang die Fingerprobe. Wichtig ist noch, daß kein Wasser in den Blattwinkeln stehen bleibt. Gedüngt wird wöchentlich. Da die Pflanze sehr groß und schwer wird, sollten Sie zum Umtopfen besser Ton- statt Kunststofftöpfe verwenden.

Vermehrung
Durch Kindel mit Wurzelansatz. Nebentriebe, die noch keine Wurzeln zeigen, sind an den Schnittstellen mit Holzkohlepulver zu behandeln.

Gärtnertipp
Die Erdoberfläche sollte hin und wieder gelockert und dabei Kindel entfernt werden, damit sich die Pflanze gut entwickeln kann.

Schraubenbaum

Schwertfarn

Schwertfarn

(Nephrolepsis)

Blütezeit:	Grünpflanze
Familie:	Farnpflanze
Heimat:	Tropen

Der Schwertfarn zählt zu den widerstandsfähigsten seiner Art. Er wächst als Rosettenpflanze mit gefiederten Blättern, die parallel angeordnet sind. Ältere Exemplare können Wedel von 1 m Länge erreichen. Damit der Schwertfarn sich in seiner ganzen Schönheit entfalten kann, sollten Sie ihm einen erhöhten Platz auf einem Hocker oder einer Säule zukommen lassen.

Standort
Ein heller, leicht schattiger Platz an Ost- oder Westfenster ist ideal. Flur und Treppenhaus nur dann, wenn sie zugluftfrei sind. Vor allem vertragen Farne keine direkte Sonnenbestrahlung. Ein Lebenselixier hingegen ist eine feuchtwarme Atmosphäre. Mit den Temperaturwünschen gibt es eigentlich selten Probleme. Im Sommer verträgt die Pflanze Temperaturen von etwa 20°C, im Winter etwa 14°C. Sollten Sie keine Möglichkeit für einen Standortwechsel haben, dann schadet eine gemäßigte Zimmertemperatur nicht. Sie müssen die Pflanze nur häufiger besprühen.

Pflege
Für ein Tauchbad anstelle des üblichen Gießens ist der Farn genauso dankbar wie für eine automatische Wasserzufuhr, wobei sich die Pflanze selbstständig bei Bedarf die nötige Wassermenge holt. Wichtig ist, dass der Schwertfarn mit kalkfreiem Wasser, dabei nicht zu wenig, aber auch nicht zuviel gegossen wird. Die Luftfeuchtigkeit muss bei Farnen durch häufiges Sprühen oder einen elektrischen Luftbefeuchter gewährleistet sein. Gedüngt wird von März bis Oktober wöchentlich. Das Umtopfen ist bei Jungpflanzen jährlich, bei älteren Exemplaren nur alle 3 Jahre erforderlich.

Vermehrung
Kräftige Ausläufer werden abgetrennt und in lockere, humose Erdmischung getopft.

Gärtnertipp
Die behaarten Ausläufer können Sie auch, solange sie noch nicht abgetrennt sind, auf eine weitere Schale mit Erde legen und mittels Krampe befestigen. Kaufen Sie Ihren Schwertfarn am besten im Sommer, dann fällt der Pflanze die Umgewöhnung an den neuen Standort leichter. Zur Bewässerung verwenden Sie am besten weiches Wasser.

Seeigelkaktus

(Echinopsis)

Blütezeit:	Mai–Juli
Familie:	Kakteen
Heimat:	Südamerika

Es gibt kaum eine Pflanzenfamilie mit so unterschiedlichen Wuchs- und Blütenformen wie die Kakteen. Ungefähr 3000 Kakteenarten, die in 200 Gattungen unterteilt werden, sind bekannt. Kakteen haben keine Stacheln, sondern Dornen. Sie zählen zu den Stammsukkulenten. Ihre vielfach dickfleischigen Stämme bestehen aus schleimartigen Zellen. In diesen können sie Wasser speichern und so sind sie für lange Zeit überlebensfähig. In ihrer Heimat, der Wüste und Halbwüste, reicht ihnen der Nachttau in Verbindung mit der Regenzeit, um längere Dürrezeiten zu überstehen. Die geringen Pflegeansprüche des Seeigelkaktus, die überaus große Blühwilligkeit und die wunderschönen trichterartig geformten, gleichzeitig duftenden Blüten in Weiß, Zartrosa, Gelb oder Rot haben ihn sehr populär gemacht.

Seeigelkaktus

Standort
Kakteen sind Sonnenanbeter und bevorzugen ein luftiges, sonniges Plätzchen, das während der Sommermonate auch die Terrasse oder der Balkon sein kann. Im Winter benötigt die Pflanze eine Ruhezeit, ab Oktober braucht sie einen kühlen, hellen, vor allem trockenen Standort bei 6-11°C. Trockene Zimmerluft

schadet der Pflanze nicht. Sie können daher auch in einem trockenen, kühlen Keller überwintern.

Pflege
Nur in der Wachstumsperiode von März bis Oktober werden sie gedüngt und sparsam gegossen. Während der Ruheperiode wird der Seeigelkaktus trocken gehalten. Erst bei Erscheinen der ersten Knospen setzt das Gießen erneut ein. Umgetopft wird bei Bedarf alle 2 bis 3 Jahre in nährstoffreiche Kakteenerde.

Vermehrung
Die Vermehrung erfolgt durch Stecklinge und Aussaat.

Gärtnertipp
Es gibt einige Arten, die ihre Blütenpracht nur in der Nacht zeigen.

Segge

(Carex)

Blütezeit:	Grünpflanze
Familie:	Sauer- und Riedgrasgewächs
Heimat:	Südasien, Australien

Grasartige Staude mit langen, schmalen Blättern und einzelnen gelbbraunen Blütenähren, die die Blattspitzen überragen. Sowohl die grüne als auch die bunte Sorte wirken sehr grazil und eignen sich zur Bepflanzung von Blumenschalen.

Standort
Anspruchslose Pflanze, die sowohl an einem schattigen als auch an einem sonnigen Platz gedeiht. In den Sommermonaten liebt die Segge einen luftigen Platz um die 20°C, im Winter Temperaturen um etwa 12°C.

Pflege
Wichtig ist, dass die Pflanze stets gleichmäßig mit nicht zu hartem Wasser feucht gehalten wird, denn beim Trockenwerden der Erde schrumpfen die Blätter zusammen, die Pflanze geht dann meist ein. Das Düngen entfällt. Die Pflanze wird nur bei Bedarf in Einheitserde umgetopft.

Vermehrung
Vermehrt wird durch Teilung. Dazu wird der Ballen in mehrere Teile getrennt und in entsprechend kleinere Töpfe wieder eingepflanzt. Die Staude kann auch ausgesät werden.

Gärtnertipp
Eignet sich sehr gut als Ampelpflanze und zur Beipflanzung in Schalen und Körben.

Segge

Seidenpflanze

(Asclepias curassavica)

Blütezeit:	Juni–August
Familie:	Seidenpflanzengewächs
Heimat:	trop. Amerika

Die tropische Seidenpflanze ist eine Pflanze für Kenner. Besonders interessant sind ihre scharlachroten bis dunkelorangeroten Blüten. Die Blätter sind länglich spitz zulaufend, oberseitig dunkelgrün und von unten leicht bräunlich gefärbt. Die Pflanze kann bis zu 90 cm hoch werden.

Seidenpflanze

Standort
Viel Licht und Sonne sowie reichlich Frischluft, das sind die Grundvoraussetzungen für ein gesundes Wachstum der Seidenpflanze. Daher fühlt sie sich auch während der Sommermonate auf Balkon und Terrasse äußerst wohl. Während der Wintermonate sollte sie kühler, aber weiterhin hell, bei 12°C untergebracht werden.

Pflege
Während der Sommermonate braucht sie reichlich Wasser, jedoch ohne Staunässe. Während dieser Zeit wird sie auch alle 14 Tage gedüngt. Sobald die Pflanze kühler steht, wird gleichzeitig weniger gegossen und nicht mehr gedüngt. Im Frühjahr sollten Sie zur Schere greifen und die Seidenpflanze bis auf 20 cm zurückschneiden. Dadurch erreichen Sie einen buschigen Wuchs. Umtopfen nur bei Bedarf in eine lehmig-humose Erdmischung.

Vermehrung
Durch Aussaat ab Januar bei Bodentemperaturen von 20-25°C oder Teilung nach der Blüte.

Gärtnertipp
Wenn die Seidenpflanze ihre Blätter hängen lässt, ist das ein Anzeichen für unregelmäßiges Gießen.

Sichelfarn

(Cyrtomium)

Blütezeit:	Grünpflanze
Familie:	Schildfarngewächs
Heimat:	Südafrika, Asien

An dem kurzen, dunkelbraunen Stamm sitzen gefiederte, bis zu 50 cm lange Blätter. Die Seitenfiedern sind etwas sichelförmig, derb ledrig und glänzend grün gefärbt.

Standort
Hell bis halbschattig, auf alle Fälle absonnig, wobei die Zimmertemperatur eher kühl sein sollte, möglichst 15°C. Wichtig ist, dass Sie für genügend Frischluft sorgen, daher ist in den Sommermonaten ein Standort auf Terrasse oder Balkon sehr wünschenswert. Während der Ruhezeit im Winter sind Temperaturen von 7-10°C anzuraten, jetzt kann ein Standortwechsel, z.B. ins Treppenhaus, in den Flur oder Wintergarten angebracht sein.

Pflege
Das ganze Jahr über regelmäßig mit kalkfreiem Wasser gießen, denn der Wurzelballen sollte stets leicht feucht gehalten sein. Vorsicht vor Staunässe, die Wurzelfäulnis hervorruft. In den Sommermonaten sollten Sie die Pflanze häufiger mit weichem Wasser besprühen. Gedüngt wird wöchentlich von März bis Oktober, in den Wintermonaten nicht mehr. Umtopfen bei Bedarf in humose Erde, der etwas Torf hinzugefügt wird.

Vermehrung
Die Aussaat durch Sporen ist schwierig, lediglich die Teilung älterer Pflanzen ist für den Hobbygärtner möglich.

Gärtnertipp
Der Sichelfarn ist anspruchsvoll bezüglich Feuchtigkeit und Temperatur.

Silberkerze

(Cleistocactus)

Blütezeit:	keine bei uns
Familie:	Kakteengewächs
Heimat:	Südamerika

Die Silberkerze ist eine langsam wachsende, schlanksäulige Kaktee, die sich an der Basis verzweigt. Der Kakteenkörper ist meist gerippt und sehr dicht behaart. Durch die feinen

Sichelfarn

weißen Stacheln sieht er fast filzig aus. Die Pflanzen blühen meist erst im höheren Alter. Die orange-roten, röhrenartigen Blüten öffnen sich nie ganz und blühen auch nur 4 bis 5 Tage. Die Art C. smaragdiflorus hat meistens rote Früchte, die C. stausii ist übersät mit weißen Stacheln und hat eigenartig rot gefärbte Blüten. Die C. wendlandiorum erkennen Sie an den umgeknickten gelben Blütenröhren.

Standort
Im Sommer hell und sonnig, im Winter hell bei 10-12°C.

Pflege
Von Frühjahr bis Oktober mäßig gießen. Im Winter muss diese Kaktee ausnahmsweise auch etwas gegossen werden. Gedüngt wird in der Wachstumszeit wöchentlich mit einem stickstoffarmen Kakteenspezialdünger.

Vermehrung
Durch Aussaat oder Stecklinge. Die Schnittflächen der Stecklinge müssen immer erst angetrocknet sein, bevor sie in das Erdsubstrat gesteckt werden.

Gärtnertipp
Bei Bedarf wird im März in Kakteenerde umgetopft.

Silberkerze

Simse

Simse

(Scirpus cernuus)

Blütezeit:	Juli–September
Familie:	Riedgrasgewächs
Heimat:	Ostasien

Die grazile Simse wächst in langen, anmutigen Halmen, auf denen sich im Sommer dunkelbraune, doldenförmige Blütenähren bilden. Sie wirkt wie eine Wasserfontäne, wenn sie sich frei in einer Ampel oder auf einem Sims entfalten kann.

Standort
Hell bis halbschattig mit hoher Luftfeuchtigkeit ist ideal. Die Zimmertemperatur darf in den Sommermonaten bis zu 20°C, in den Wintermonaten nur bis zu 12°C betragen. Ein Standortwechsel auf Balkon oder Terrasse bekommt der Pflanze nicht.

Pflege
Das Riedgewächs will im Sommer reichlich und möglichst mit weichem Wasser versorgt werden. Staunässe bzw. ein Fußbad ist in der warmen Jahreszeit willkommen, vergleichbar etwa mit dem Zypergras. Im Winter allerdings wird die Simse nur sparsam gegossen, so dass die Erde leicht feucht bleibt. Gießfehler zeigen sich schnell durch braune Blattspitzen. Von März bis August alle 2 Wochen mäßig düngen, im Frühjahr in Einheitserde umtopfen.

Vermehrung
Im Frühjahr durch Teilung von älteren Pflanzen oder mit frischem Samen.

Gärtnertipp
Die Simse eignet sich gut für Hydrokultur.

Smithianthe

Smithianthe

(Smithiantha)

Blütezeit:	Juli–Oktober
Familie:	Gesneriengewächs
Heimat:	Mittelamerika

Die seltene Smithianthe ist eine geschätzte Blütenpflanze, die kaum im Handel zu finden ist. Ihre leuchtenden Blütenglocken sind rot, rosa oder gelb gefärbt und haben eine helle, dunkel gepunktete Innenseite.

Die Pflanze blüht von Juli bis Oktober. Stängel sowie die Blätter der bis zu 30 cm hoch werdenden Pflanze sind behaart. Die hübschen Blätter sind samtig weich und in der Regel in mehreren Farben gefleckt.

Standort
Das ursprüngliche Waldgewächs liebt den lichten Schatten, direktes Sonnenlicht verträgt sie nicht. Nach Möglichkeit sollte der einmal gefundene Standort nicht verändert werden, die empfindsame Pflanzr reagiert sonst mit Knospen- und Blütenfall. In den Sommermonaten bekommen ihr am besten Temperaturen von 20-25°C bei hoher Luftfeuchtigkeit. Nach der Blüte fühlt sie sich bei niedrigeren Temperaturen bei 16-18°C wohl. Im Herbst zieht dann auch die Pflanze ein, d.h. die oberirdischen Triebe sterben ab. Die verbleibenden Rhizome werden bei 12°C trocken überwintert.

Pflege
Gegossen wird mäßig, aber regelmäßig mit zimmerwarmem, abgestandenem Wasser. Achten Sie darauf, dass kein Wasser auf die Blätter kommt, sonst entstehen Flecken. Gedüngt wird in den Sommermonaten alle 2 Wochen mit Flüssigdünger. Im Frühjahr werden Rhizome gesäubert und in frische Einheitserde getopft.

Vermehrung
Besonders erfahrene Zimmergärtner können die Vermehrung durch Teilung kräftiger Rhizome versuchen. Auch über Blattstecklinge ist die Vermehrung möglich.

Gärtnertipp
Hässliche Blattflecken sind ein Zeichen, dass Sie die Pflanze direkt mit kaltem, kalkhaltigem Wasser besprüht haben.

Sommeramaryllis

Sommeramaryllis

(Vallota)

Blütezeit:	Juli–September
Familie:	Amaryllisgewächs
Heimat:	Südafrika

Dieses Zwiebelgewächs ist mit der bekannten Amaryllis (Hypeastrum) verwandt. Sie schmückt sich ebenfalls mit trichterförmigen Blüten, die bis zu 8 cm groß werden können. Neben der rot blühenden Sommeramaryllis gibt es auch die weiß blühende Sorte Alba.

Standort
Zur Blütenbildung benötigt die Sommeramaryllis direkte Sonne, allerdings ist ein Sonnenschutz während der heißen Mittagssonne empfehlenswert. Normale Zimmertemperaturen bekommen der Sommeramaryllis gut, nur im Winter möchte sie kühler stehen, etwa bei 10-13°C.

Pflege
Während der Wachstums- und Blütezeit regelmäßig gießen und alle 2 Wochen düngen. Ab September wird nur noch sehr wenig gegossen und nicht mehr gedüngt. Achten Sie darauf, dass die Pflanze niemals austrocknet. Überwintert wird die Sommeramaryllis an einem hellen, kühlen Standort. Umtopfen ist nur alle 2 bis 3 Jahre erforderlich. Die beste Zeit hierfür ist von März bis Mai. Dazu verwenden Sie frische Lehmerde mit Sand. Außerdem müssen Sie darauf achten, daß 1/3 der Zwiebel über der Erde sichtbar bleibt.

Vermehrung
Durch Abtrennen einzelner Zwiebeln, die neu getopft werden. Bis zur Blüte vergehen allerdings 3 bis 4 Jahre. Es gibt aber auch die Möglichkeit, die Pflanze über frischen Samen im Frühjahr zu vermehren.

Gärtnertipp
Die Sommeramaryllis eignet sich hervorragend als Hydrokulturpflanze.

Sonnentau

Sonnentau

(Drosera)

Blütezeit:	Juli–August
Familie:	Sonnentaugewächs
Heimat:	Australien, Südafrika

Der Sonnentau wächst rosettenartig. An seinen rötlichen Ferment absondernden Verdauungshaaren (Tentakeln) haften scheinbar winzige Tautropfen, die in der Sonne wie Kristalle funkeln. Doch der Schein trügt, in Wirklichkeit handelt es sich um einen hartnäckigen Leim, dem viele Insekten zum Opfer fallen. Auch kann die Sonnentaupflanze ihre Blätter über der Beute schließen, so dass es kein Entrinnen mehr gibt. Wenn der Standort stimmt, schmückt sich die Pflanze im Sommer mit kleinen, weißen, rosa oder purpurfarbenen Blüten. Die Pflanze ist ein origineller, interessanter Schmuck.

Standort
Viel Sonne, frische Luft, aber ohne Zugluft, so sieht der pflanzengerechte Standort aus. Im Sommer fühlt sich der Sonnentau auch auf Balkon und Terrasse wohl. Im Winter braucht die Pflanze hingegen einen kühlen Raum, besser noch den Wintergarten. Der Sonnentau ist sehr frostempfindlich.

Pflege
Die Fleisch fressende Pflanze muss während der warmen Jahreszeit gut feucht gehalten werden. Sie darf niemals trocken werden, sonst geht sie ein. Zum Gießen des Sonnentaus wird ausschließlich weiches Wasser verwendet. Der Sonnentau wird grundsätzlich weder gedüngt noch umgepflanzt.

Vermehrung
Die Vermehrung der Pflanze erfolgt durch Samen im Frühjahr. Dieser wird nur auf Torf ausgelegt und nicht bedeckt, weil der Sonnentau ein Lichtkeimer ist.

Gärtnertipp
Der Sonnentau muss im Sommer unbedingt konstant mit kalkfreiem Wasser feucht gehalten werden.

Speerfarn

Speerfarn

(Doryoptris palmata)

Blütezeit:	Grünpflanze
Familie:	Sinopteridaceae
Heimat:	trop. Amerika

Dieser hübsche Farn eignet sich gut für eine gemischte Schalenbepflanzung. Der Farn hat ein kurzes Rhizom und aufrechte Blattstiele. Die ledrigen Blätter können sehr verschieden gestaltet sein und sind in der Regel tief eingeschnitten.

Standort
Der Speerfarn muss an einem schattigen Platz in mäßig warmen Räumen stehen. Das Farngewächs braucht eine hohe Luftfeuchtigkeit. Daher bekommt es ihm gut, wenn er in größeren Schalen wächst und von dem Kleinklima anderer Pflanzen profitiert. Die Temperatur sollte in den Sommermonaten zwischen 18-22°C, und im Winter bei 12°C liegen.

Pflege
Je nach Raumtemperatur wird mehr oder weniger gegossen. Zum Gießen darf nur kalkarmes Wasser verwendet werden. Während der Wachstumszeit wird die Pflanze alle 14 Tage gedüngt und regelmäßig besprüht. In den Wintermonaten wird verhalten gegossen. Umzutopfen ist bei Bedarf im Frühjahr in eine leicht saure Einheitserde, der Torf und Waldhumus hinzugefügt wird.

Vermehrung
Die Vermehrung mit Sporen ist schwierig und bleibt dem Fachmann vorbehalten.

Spitzblume

(Ardisia)

Blütezeit:	Grünpflanze
Familie:	Myrsinengewächs
Heimat:	Japan

Seltene, immergrüne, strauchartige Pflanze mit ledrigen Blättern und kleinen weißen Blüten, die sich später in rote Beeren umwandeln. Wenn Sie eine Spitzblume bekommen können, sollten Sie zugreifen, denn die aparte Topfpflanze mit auffallend schönem Beerenschmuck ist eine Rarität.

Spitzblume

Standort
Halbschattig, hell mit hoher Luftfeuchtigkeit und Zimmertemperaturen von mindestens 20°C während der Sommermonate. Überwintert wird die Pflanze bei 12°C. Während der kalten Jahreszeit verträgt die Spitzblume viel Sonne.

Pflege
In den Sommermonaten muss die Pflanze reichlich mit kalkfreiem Wasser versorgt und wöchentlich zweimal gedüngt werden. Im Winter wird das Gießen auf ein Minimum reduziert. Zum Umtopfen sollten Sie eine durchlässige, humose Blumen- oder Einheitserde verwenden.

Vermehrung
Sie erfolgt im Frühjahr über Stecklinge.

Gärtnertipp
Wichtig ist, dass der Blumentopf nicht zu groß gewählt wird. Gegen Schild- und Wolllausbefall sollten Sie Blätter und Zweige mit Kernseifenlauge abwaschen.

Stachelpelz

(Oplismenus)

Blütezeit:	Grünpflanze
Familie:	Gräsergewächs
Heimat:	trop. Länder

Eine hübsche Ampelpflanze für Zimmer, vorausgesetzt, das Zimmer ist im Winter kühl (12-15°C). Der Stachelpelz ist ein schnell wachsendes, kriechendes Grasgewächs mit kleinen, oft hängenden lanzettlichen Blättern. In Kultur ist vor allem die Art O. hirtellus. Bevorzugt wird die Sorte Variegatus, die eine ganz besonders schöne Blattfärbung in Grün, Weiß und Rosa aufweist. In Gewächshäusern und Wintergärten wird der Stachelpelz gern als Einfassungspflanze verwendet.

Standort
Das Gras wünscht sich im Sommer einen sonnigen bis halbschattigen, im Winter vor allem einen sehr hellen Standort. Seine Zierhalme möchten von frischer Luft und einer erhöhten Luftfeuchtigkeit umgeben sein. Überwintert werden sollte die Pflanze bei 12°C.

Pflege
Gegossen wird mit temperiertem Wasser. Für gelegentliche Sprühduschen ist das Stachelgras dankbar. Gedüngt wird auch im Sommer nur minimal und einmal monatlich.

Vermehrung
Jungpflanzen können Sie sehr einfach selbst heranziehen: von April bis Juni bildet die Pflanze Triebspitzen, die abgenommen werden und in Anzuchterde mit Sandzusatz bei 20°C schnell bewurzeln. Auch Ableger treibt die Pflanze fleißig. Wenn Sie davon einen kleinen auf die Erdoberfläche legen, so bekommt der Ableger schnell Wurzeln.

Gärtnertipp
Das Stachelgras ist eine grazile Ampelpflanze.

Stachelpelz

Steckenpalme

Steckenpalme

(Rhapis)

Blütezeit:	Grünpflanze
Familie:	Palmengewächs
Heimat:	China

Eine äußerst widerstandsfähige Pflanze mit bambusähnlichen, schlanken Stängeln, die mit braunen Fasern besetzt sind. Die Blätter, fächerförmig gefiedert, erreichen 15-30 cm in ihrer Breite.

Standort
Hell bis halbschattig, aber keine Sonne. Diese unproblematische, pflegeleichte Palme eignet sich für dunklere Standorte. Auch im Hinblick auf die Raumtemperatur ist sie sehr genügsam. Sie kann im Winter bei 18-20°C gehalten werden, aber keinesfalls unter 5°C.

Pflege
Von Frühjahr bis zum Herbst müssen Sie reichlich gießen, im Winter wesentlich sparsamer. Die Wedel sind hin und wieder zu besprühen. Von Mai bis August sollte wöchentlich schwach dosiert gedüngt werden. Für einen

Aufenthalt im Freien ab Mai, an sonnengeschützter Stelle, ist die Pflanze dankbar.

Vermehrung
Durch Samen oder Ableger, die von der Pflanze abgetrennt werden.

Gärtnertipp
Es gibt 2 Arten: Rhapsis humilis, die kleine Steckenpalme, sie wird nur 1 m hoch, und Rhapsis excelsa, sie erreicht eine Höhe von bis zu 2 m.

recht gut. Im Sommer sollten die Temperaturen nicht über 25°C liegen, im Winter nicht unter 16°C.

Pflege
In den Sommermonaten ist eine gleichmäßige Ballenfeuchtigkeit erforderlich. Gegossen wird mit weichem, zimmerwarmem Wasser. Im Winter wird nur noch wenig gegossen. Das ganze Jahr über ist auf eine hohe Luftfeuchtigkeit zu achten, die Sie durch regelmäßiges Besprühen mit kalkfreiem bzw. abgestandenem Wasser erreichen. Während der Blüte darf die Pflanze nicht direkt mit Wasser besprüht werden. Von Frühjahr bis Spätsommer wird die Miltonie mit einem speziellen Orchideendünger versorgt. Zum Umtopfen im Frühjahr verwenden Sie ein Orchideensubstrat.

Stiefmütterchen-Orchidee

(Miltonia-Hybriden)

Blütezeit:	meist ganzjährig
Familie:	Orchideengewächs
Heimat:	Brasilien

Die Gattung Miltonia umfasst etwa 20 epiphytische Arten, sie verbreiten fast alle einen angenehm süßlichen Duft. Die Miltone ist eine aparte, großblütige Orchidee. Sie blüht ununterbrochen 4 bis 6 Wochen, wobei sich die einzelne Blüte bis zu 6 Wochen hält. Meist kommt die Pflanze auch noch ein zweites Mal zum Blühen. Beim Kauf der Stiefmütterchen-Orchidee ist auf das Herkunftsland zu achten. Kolumbianische Arten wünschen mehr Kühle, brasilianische, erkennbar an den gelblich grünen Blättern und abgeflachten Pseudobulben, lieben Wärme und Licht. Die Züchter haben die interessant gezeichnete Lippe der Miltonia-Hybride immer größer werden lassen, so dass die Blüte dem Stiefmütterchen sehr ähnlich geworden ist. Blühende Pflanzen sind das ganze Jahr über erhältlich.

Standort
Die Miltonie liebt das ganze Jahr über einen hellen Standort ohne direkte Sonnenbestrahlung. Auch im Halbschatten gedeiht sie noch

Stiefmütterchen-Orchidee

Vermehrung
Geteilt werden die Scheinbulben nach beendeter Blüte.

Gärtnertipp
In der Ruhepause der Pflanze gelbe Blätter nicht entfernen.

Strauchveronika

(Hebe)

Blütezeit:	Juli–Oktober
Familie:	Braunwurzgewächs
Heimat:	Neuseeland

Der Name stammt aus der griechischen Mythologie. Hebe war die Tochter von Zeus und Hera. Es gibt über 100 Arten dieser immergrünen, bei uns leider nicht winterharten Sträucher. Die Blätter der Strauchveronika sind ledrig glänzend, ihre Blüten weiß, violett oder rot. Sie zeigen sich in achselständigen Trauben oder Ähren.

Standort
Die Strauchveronika ist keine typische Zimmerpflanze. Sie sollte möglichst in ungeheizten Räumen stehen. Vergessen Sie nicht, die Pflanze zu besprühen. In kühlen Räumen kann die Pflanze durchaus in voller Sonne stehen. Nach der Blüte macht die Strauchveronika eine Winterpause. Dann muss sie noch kühler, aber dennoch hell, bei 10°C stehen.

Pflege
Während der Wachstumszeit von Frühjahr bis Herbst muss die Pflanze regelmäßig und sehr ausgiebig gegossen und alle 14 Tage gedüngt werden. Stauende Nässe verträgt sie allerdings nicht. Während der Ruhezeit kann sie trockener stehen. Bei Bedarf ist die Pflanze im Frühjahr in etwas größere Gefäße mit Einheitserde umzutopfen.

Strauchveronika

Vermehrung
Es ist einen Versuch wert, die Strauchveronika im Frühjahr durch Stecklinge in sandiger Erde heranzuziehen, und zwar unter Folie bei einer Bodentemperatur von 20°C.

Gärtnertipp
Überwinterte Pflanzen können zurückgeschnitten und ab Mai in den Garten gebracht werden.

Stromanthe

(Stromanthe)

Blütezeit:	Dezember–Februar
Familie:	Marantengewächs
Heimat:	trop. Regenwälder

Die bunt gefärbte Tropenpflanze besitzt außergewöhnlich hübsch gemusterte Blätter, aber sie ist sehr empfindlich. Am besten ist sie in einem warmen Wintergarten oder einem Gewächshaus aufgehoben. Bei optimalem Standort zeigen sich dann rote Kelche, die innen weiße Blüten haben.

Standort
Tropische Wärme, die Temperaturen dürfen auch im Winter nicht unter 18 °C sein. Hohe Luftfeuchtigkeit und ein halbschattiger Standort ohne Zugluft sind Voraussetzung für gutes Gedeihen. Bei greller Sonne macht die Pflanze sofort schlapp.

Pflege
Während der Sommermonate braucht die Stromanthe viel Wasser. Achten Sie darauf, dass es nie zu Staunässe kommt. In den Wintermonaten begnügt sich das Gewächs mit weniger Wasser, aber es darf nie trocken werden. Von Zeit zu Zeit sollten Sie die Blätter feucht abwischen, also die Pflanze ent-

stauben. Düngen müssen Sie im Abstand von 14 Tagen das ganze Jahr über. Im Frühjahr wird die Stromanthe in einen etwas größeren Topf mit Einheitserde, der Sie etwas Styromull beigemengt haben, umgetopft.

Vermehrung
Am einfachsten ist die Vermehrung im Frühjahr durch Teilung des Wurzelstocks.

Gärtnertipp
Stromanthen werden das ganze Jahr über gleichmäßig gepflegt, sie haben keine Ruheperiode.

Stromanthe

Südseemyrte

(Leptospermum scoparium)

Blütezeit:	Juni–September
Familie:	Myrtengewächs
Heimat:	Australien, Neuseeland

Durch die hübschen Kontraste der weißen, rosa oder roten kleinen Blüten zu den immergrünen Blättern, die auch bräunlich grün oder bronzerot getönt sein können, hat die Südseemyrte schon viele Liebhaber gefunden. Das darf aber nicht darüber hinwegtäuschen, dass die Pflanze pflegeaufwendig und anspruchsvoll ist.

Südseemyrthe

Standort
Das ganze Jahr über braucht die Südseemyrte einen sehr hellen Standort. Von reichlich frischer Luft möchte die Pflanze stets umgeben sein. Aus diesem Grund ist ein Plätzchen auf Balkon oder Terrasse während der Sommermonate empfehlenswert. Im Winter wird es schwieriger, denn nur glückliche Wintergartenbesitzer verfügen über ein kühles, helles, luftiges Quartier mit 8°C (Kalthaus).

Pflege
Gegossen werden darf nur mit weichem, zimmerwarmem Wasser. Sorgen Sie dafür, dass der Ballen nie trocken wird. Neben dem regelmäßigen Gießen ist auch das Düngen im wöchentlichen Abstand wichtig. Während der winterlichen Ruhepause darf nicht mehr gedüngt und nur mäßig gegossen werden. Umgepflanzt wird nur bei Bedarf in eine humose, durchlässige Fertigerde (pH-Wert 5-6).

Vermehrung
Die Vermehrung der Pflanze ist relativ einfach. Sie erfolgt über Stecklinge, die im Sommer geschnitten und getopft werden.

Gärtnertipp
Damit die Südseemyrte buschig bleibt, ist ein Rückschnitt nach der Blüte angebracht. Zum Gießen verwenden Sie am besten weiches Wasser.

Swainsona

(Swainsona)

Blütezeit:	Juli–September
Familie:	Schmetterlingsblütler
Heimat:	Australien

Der Schmetterlingsblütler schmückt sich mit hübschen, roten Blütentrauben. Im Spätherbst entwickeln sich daraus kleine, rote und weiße Hülsenfrüchte.

Swainsona

Standort
Der Standort sollte sonnig, hell und zugluftgeschützt sein. Sofern vorhanden, kann die Pflanze auch an einem windgeschützten Platz auf Balkon oder Terrasse während der Sommermonate stehen. In den Wintermonaten darf die Temperatur nicht höher als 10°C sein. Für ausreichend frische Luft ist das ganze Jahr über zu sorgen.

Pflege
In der warmen Jahreszeit wird die Pflanze sehr regelmäßig gegossen, in den kühleren Wintermonaten entsprechend sparsamer. Düngen und Umpflanzen entfällt bei dem einjährigen Gewächs.

Vermehrung
Im Herbst können Sie die Pflanze mit Stecklingen oder auch durch Samen vermehren. Wichtig ist dabei eine Raumtemperatur von 20°C. Die Stecklinge können von Anbeginn in Einheitserde gesetzt werden. Zur Bewässerung verwenden Sie am besten weiches Wasser.

Gärtnertipp
Bei uns ist die Sorte S. galegifolia am bekanntesten.

Tillandsie

(Tillandsia cyanea)

Blütezeit:	Januar–Dezember
Familie:	Ananasgewächs
Heimat:	Amerika

Eine der apartesten Arten, die auch im Zimmer gedeiht, ist die Tillandsia cyanea. Der pastellfarbene, schuppenartige Blütenstand wächst schräg aus der Pflanzenmitte heraus. Er ist sehr dekorativ. Wenn sich zu den rosaroten Hochblättern dann noch die leuchtend blauen Blüten öffnen, ist die Farbsymphonie perfekt. Lufttrockenheit verhindert das Aufgehen der blauen Blüten. Oft genügt eine kleine Drehung, so dass der Blütenstand nicht unmittelbar über der Heizung steht.

Standort
Tillandsien brauchen im Sommer Temperaturen zwischen 21-24°C, im Winter sollten sie niedriger sein, aber mindestens 15°C betragen. Wichtig ist eine hohe Luftfeuchtigkeit das ganze Jahr über, egal ob der Standort nun hell oder halbschattig ist. Tillandsien können in herkömmlichem Blumenmoos auf einem Epiphytenstamm aufgebunden werden.

Pflege
Es ist ratsam, die Pflanzen häufig mit Regenwasser bzw. weichem Wasser zu besprühen. Die Wurzeln der Pflanzen müssen das ganze Jahr über leicht feucht gehalten werden.

Vermehrung
Die Vermehrung erfolgt durch Teilung der Rhizome.

Gärtnertipp
Zum Gießen verwenden Sie am besten weiches Wasser.

Tillandsie

Topfrose

Topfrose

(Rosa)

Blütezeit:	März–September
Familie:	Rosengewächs
Heimat:	China

Die überaus beliebte Rose wird in Miniaturform auch als Topfpflanze verschenkt. Es gibt diese Rosen in den verschiedensten Rot-, Gelb- und Weißtönen.

Standort
Der Standort muss hell und luftig und vor praller Sonne geschützt sein. Die liebenswerte Rose gedeiht am besten bei Temperaturen um 20 °C. An einem sonnigen Fenster, besser noch auf einem Balkon, sind sie entsprechend geschützt.

Pflege
Rosen brauchen während der Sommermonate regelmäßig reichlich Wasser. Im Winter, wenn sie kühler stehen, werden die Wassergaben reduziert. Gedüngt wird alle 14 Tage vom Frühjahr bis zum August. Nach Möglichkeit wird die Pflanze im Herbst nicht im Haus, sondern im Wintergarten oder Garten an einem geschützten Platz überwintert. Damit sie nicht erfriert, muss die Erde angehäufelt und die Pflanze unbedingt mit Fichtenreisig abgedeckt werden.

Vermehrung
Diese sollten Sie der Gärtnerei überlassen.

Gärtnertipp
Topfrosen sind anfällig für Blattläuse.

Tradeskantie

(Tradescantia)

Blütezeit:	Januar–Dezember
Familie:	Commelinengewächs
Heimat:	trop. Afrika

Drei Arten sind besonders verbreitet: Die grünblättrige T. albiflora mit ihren kleinen weißen Blüten am Ende der hängenden, durch knotige Gelenke gegliederten Triebe, die Rio-Tradeskantie T. fluminensis, die bläulich bis violettgrüne Blätter trägt und die T. blossfeldiana mit behaarten Blättern, die oben meist dunkelgrün und von unten violett sind.

Tradeskantie

Standort
Hell oder dunkel, warm oder kühl, das spielt für grünblättrige Tradeskantien keine Rolle. Buntblättrige Zuchtformen wünschen mehr Licht und Wärme. Nur vor direkter Sonne ist die Pflanze zu schützen, trockene Heizungsluft hingegen macht ihr nichts aus. Besonders schön entfalten Tradeskantien sich, wenn ihre Triebe lang herunterhängen können. Das ideale Ampelgewächs.

Pflege
In Maßen gießen und düngen, denn die Tradeskantie ist genügsam. Wenn die Triebe zu lang werden, können sie jederzeit gekürzt und als Steckling benutzt werden. Zum Umtopfen können Sie Einheitserde verwenden. Bei buntblättrigen Zuchtformen sollten Sie das Substrat mit Sand verbessern.

Vermehrung
Die Vermehrung können Sie durch 10 cm lange Stecklinge das ganze Jahr über durchführen. Die Bewurzelung kann im Wasser oder in der Erde erfolgen.

Gärtnertipp
Vor Zugluft muss die Pflanze geschützt werden.

Tüpfelfarn

(Polypodium)

Blütezeit:	Grünpflanze
Familie:	Tüpfelfarngewächs
Heimat:	trop. Südamerika

Der Tüpfelfarn gehört zu den Sporenpflanzen. Er bekommt keine Blüten, kann aber bei guter Pflege sehr üppig werden. Diese Farne haben sehr unterschiedlich gestaltete Blätter im Hinblick auf Farbe und Größe.

Standort
Halbschattig bei normaler Raumtempertaur während des ganzen Jahres. Sorgen Sie für viel frische Luft. Im Winter kann der Farn auch kühler stehen, aber nicht unter 16°C. Sonne verträgt die Pflanze überhaupt nicht.

Pflege
Einer der wenigen Farne, die mit der trockenen Zimmerluft zurechtkommen. Gleichwohl ist es ratsam, die Wedel hin und wieder indirekt zu besprühen. Wichtig ist das gleichmäßige Feuchthalten mit abgestandenem bzw. weichem Wasser. Vorsicht! Gegen Ballentrockenheit ist dieses Farngewächs äußerst empfindlich, ebenso gegen Staunässe und das direkte Ansprühen der Blätter. Gedüngt wird alle 2 Wochen während der Wachstumsperiode. Umgetopft wird bei Bedarf im Frühjahr, nach Möglichkeit in Lauberde mit scharfem Sand.

Vermehrung
Die Vermehrung erfolgt durch Teilung im Frühjahr.

Gärtnertipp
Der Tüpfelfarn ist eine schöne Ampelpflanze und bestens für die Hydrokultur geeignet.

Tüpfelfarn

Usambaraveilchen

Usambaraveilchen

(Saintpaulia)

Blütezeit:	Januar–Dezember
Familie	Gesneriengewächs
Heimat:	Ostafrika

Am bekanntesten sind die blau blühenden Sorten mit leuchtend gelben Pollen. Es gibt aber auch weißblütige mit rosafarbener Mitte oder rosafarbene Umsambaraveilchen mit glatten und gekrausten, einfachen und gefüllten Blüten.

Standort
Halbschattig, sonnenabgewandt, im Winter hell bei normalen Zimmertemperaturen um 20°C das ganze Jahr über.

Pflege
Mäßig feucht halten, mit zimmerwarmem, weichem Wasser gießen. Achten Sie darauf, dass die Blätter beim Gießen nicht feucht werden, dadurch entstehen unschöne, braune Flecken. Die Pflanze darf auf keinen Fall und zu keiner Jahreszeit mit Wasser besprüht werden. Von März bis September wird wöchentlich und von Oktober bis Februar monatlich gedüngt. Bei nachlassender Blüte sollte die Pflanze in frische, humusreiche Erde umgetopft werden.

Vermehrung
Völlig unproblematisch. Aus einer Pflanze können Sie innerhalb eines Jahres 30 liebenswerte Geschenke machen. Am einfachsten ist es, Blätter im Wasser zu bewurzeln. In das mit Wasser gefüllte Glas kommt ein Stückchen Holzkohle, das Glas wird mit Cellophanpapier bespannt. In die Löcher des Cellophanpapiers stellen Sie die Blattstecklinge so ein, dass sie sich nicht gegenseitig berühren und ihre Stielenden ins Wasser ragen. Innerhalb von 4 bis 8 Wochen zeigen sich erste Würzelchen.

Gärtnertipp
Unermüdlich blühen Usambaraveilchen, wenn Sie alle Vierteljahre eine Anti-Baby-Pille in die Erde stecken.

Vanda

Vanda

(Vanda coerulea)

Blütezeit:	meist ganzjährig
Familie:	Orchideengewächs
Heimat:	Assam, Burma

Alle 60 Arten wachsen epiphytisch. Es sind monopodiale Orchideen, d. h., die Pflanzen wachsen nur an der Blattspitze. Die Blätter sind ledrig, fast fleischig und meist flach. Die auffallend schönen, hellblauen Blüten erinnern an Schmetterlinge. Sie duften intensiv und zeigen eine kleine, dunkelviolette Lippe.

Standort
Wärme, viel Licht und eine hohe Luftfeuchtigkeit brauchen alle Vandaarten. Wichtig ist, dass sie keine direkte Sonne bekommen und die Temperaturen das ganze Jahr mindestens 20°C betragen. Starke Temperaturschwankungen oder Unregelmäßigkeiten hinsichtlich der Luftfeuchtigkeit, die bei 60 % liegen sollte, sind zu vermeiden.

Pflege
Wichtig ist, dass das Gießwasser immer Zimmertemperatur hat und nicht zu hart ist. Hin und wieder müssen die Blätter mit Wasser besprüht werden. Nur voll durchwurzelte Orchideen werden gedüngt, und zwar mit speziellem Orchideendünger. Die Vanda hat keine Pseudobulben und daher auch keine ausgesprochene Ruhezeit. Dennoch wird sie im Winter etwas weniger gegossen und kaum gedüngt. Beim Umtopfen ist Vorsicht geboten, denn die Wurzeln dieser Orchideen brechen leicht und faulen dann. Wenn umgetopft werden muss, bekommt das Pflanzgefäß zunächst eine Dränageschicht. Als Substrat ist spezielle Orchideenerde zu verwenden.

Vermehrung
Durch Abtrennen und Eintopfen bewurzelter Seitentriebe.

Gärtnertipp
Besonders gut entwickelt sich die Vanda in einem Orchideenkorb.

Venusfliegenfalle

Venusfliegenfalle

(Dionaea)

Blütezeit:	Mai–Juni
Familie:	Sonnentaugewächs
Heimat:	Amerika

Die Venusfliegenfalle ist ein biologischer Fliegenfänger. Ihre Opfer erhascht sie mit der rot-rosa Lockfarbe ihrer Klappfallen. Sobald ein Insekt sich der Pflanze nähert, gerät es in den Bann dieser Pflanze. Beim Berühren ihrer nierenförmigen Blätter klappen die Fallen reflexartig innerhalb von Bruchteilen einer Sekunde zusammen. In der gefalteten Blattmitte wird das Insekt durch pflanzliche Sekrete aufgelöst.

Standort
Die Pflanze will hell und so feucht wie möglich stehen und braucht dabei viel Frischluft. Am besten stellen Sie das Pflanzgefäß in einen Übertopf mit feuchtem Moos. Im Sommer darf der Standort halbsonnig und warm sein, im Winter hingegen kühl, 3-10°C sind ideal.

Pflege
Es empfiehlt sich, die Venusfliegenfalle einmal in der Woche mit Regenwasser gründlich zu wässern. Solange die Pflanze fleißig Insekten fängt, braucht sie nicht gedüngt zu werden. Ab November hält die Venusfliegenfalle ihren Winterschlaf. Sie erkennen das daran, dass die Grünteile der Pflanze langsam absterben.

Gärtnertipp
Sobald die Grünteile eingezogen sind, sollten Sie die Pflanze austopfen, den Wurzelballen in feuchtes Moos hüllen, in eine Plastiktüte stecken und bei 4-5°C im Gemüsefach des Kühlschrankes überwintern. Im folgenden Frühjahr wird die Pflanze dann frisch getopft. Sie bildet im Sommer einen hohen Blütenstand mit kleinen weißen Blüten. Die Blütenbildung kostet viel Kraft, so dass der Fangeifer nachlässt. Gießen Sie die Pflanze immer mit weichem Wasser.

Versteckblüte

(Cryptanthus)

Blütezeit:	März–August
Familie:	Ananasgewächs
Heimat:	Brasilien

Die Versteckblüte hat beinahe sternförmig angeordnete Rosetten, die durch ihre Ausläuferbildung nach allen Seiten größere Bodenflächen bedecken kann. Den eigentlichen Zierwert stellen die leicht gewellten Blätter mit ihren vielfältigen reizvollen Mustern und Bänderungen dar. Die Blüten sind, wie der Name schon andeutet, klein, weiß und unscheinbar. Eine besonders interessante Blattzeichnung mit gelbgrünen Streifen hat Cryptanthus tricolor.

Standort
Hell bis halbschattig, je nach Blattfärbung. Wichtig ist eine gleichmäßige Wärme und Luftfeuchtigkeit. Am besten kommt die Versteckblüte in einem Blumenfenster oder Flaschengarten zur Geltung.

Pflege
Die Versteckblumen benötigen eine besonders nährstoffreiche, lockere, humose Erde und Temperaturen zwischen 20 und 25°C, die auch während der Überwinterung nicht unter 18°C liegen sollten. Die Erde muss gleichmäßig feucht gehalten werden, ideal hierfür ist angewärmtes Regenwasser bzw. kalkarmes Wasser. Gedüngt wird sehr zurückhaltend, im Sommer alle 2 bis 3 Wochen mit halber Konzentration. Wie alle Bromeliensorten muss auch die Versteckblüte öfter besprüht werden.

Vermehrung
Durch Seitensprosse (Kindel) bei gleichmäßig hoher Wärme von etwa 25°C. Ein übergestülptes Weckglas trägt zur raschen Wurzelbildung bei.

Gärtnertipp
Die Versteckblüte erfreut sich einer langen Lebensdauer. Sobald die Mutterpflanze abstirbt, wachsen die Kindel heran.

Versteckblüte

Vriesea

Vriesea
(Vriesea splendens)

Blütezeit:	Februar–Juli
Familie:	Ananasgewächs
Heimat:	trop. Regenwälder

Eine typische Vertreterin der Bromelie mit großer, trichterförmig angeordneter Rosette, die sich aus langen, schön gezeichneten Blättern aufbaut. Am bekanntesten ist Vriesea splendens, auch Flammendes Schwert genannt, mit leuchtend roter Blütenähre. Beliebt ist auch die zierliche Vriesea psittacina mit hellgrüner Rosette und einem breit ovalen, papageifarbigen Blütenstand.

Standort
Feuchtwarm möglichst ohne direkte Sonneneinstrahlung, dennoch muss die tropische Schönheit aus dem Regenwald hell stehen. Die Temperatur sollte das ganze Jahr über 18-20°C betragen.

Pflege
Bromelien werden nur mäßig mit weichem, temperierten Wasser gegossen, wobei auch im Blatttrichter eine Wasserpfütze stehen muss. Bromelien sind immer von oben zu gießen, der Blumentopf darf nie im Wasser stehen. Gedüngt wird mäßig alle 4 Wochen. Bromelien brauchen ein Substrat aus Torf, Lauberde und gehacktem Moos.

Vermehrung
Vriesea bildet Kindel. Diese sind vorsichtig von der Pflanze abzutrennen und bei einer Temperatur von mindestens 25 °C und hoher Luftfeuchtigkeit zu bewurzeln.

Gärtnertipp
Nach ihrer Blütezeit ist die Vriesea eine reine Blattpflanze. Die Zeichnung ihrer grünen, rotbraun quer gebänderten Blätter bleibt erhalten.

Wachsblume

Wachsblume
(Hoya bella)

Blütezeit:	April–September
Familie:	Seidenpflanzengewächs
Heimat:	Südostasien

Eine prächtige, dankbare Kletter- und Ampelpflanze. Die Blüten verbreiten einen intensiven, süßlichen Duft. Die wüchsige Pflanze kann bogenartig oder als Ampel mit meterlangen Trieben gezogen werden.

Standort
Hell und luftig, im Sommer vor praller Sonne schützen, denn das führt zu gelben Flecken auf den Blättern. Wenn die Pflanze zu dunkel steht, blüht sie kaum oder gar nicht. Auch sollte der Standort nach der Knospenbildung nicht mehr verändert werden, sonst kommt es zum Abwerfen der Blüten. Im Winter sollte die Temperatur 10-15°C betragen, bis 18°C schadet ihr nicht. Bei wärmeren Temperaturen können Schild- oder Wollläuse auftreten.

Pflege
Mit Gefühl gießen, gleichmäßige Feuchtigkeit ist wichtig. Wachsblumen reagieren empfindlich auf Staunässe. Eine Dränageschicht im Topf ist unbedingt erforderlich. Bei niedrigeren Temperaturen im Winter ist das Gießen stark einzuschränken. Gedüngt wird zwei- bis dreimal im Monat. Zum Umtopfen sollten Sie Einheitserde verwenden, die Sie mit Styromull auflockern.

Vermehrung
Durch Blattstecklinge oder Absenker von Frühjahr bis Sommer möglich. Dazu wird unterhalb der Blattknoten ein Seitentrieb geschnitten. Entfernt werden die unteren Blätter. Der Steckling sollte mindestens ein gesundes Blatt haben. Er wird 1 cm in ein feuchtes Torf-Sand-Gemisch gesteckt. Darüber kommt ein Folienbeutel als Verdunstungsschutz.

Gärtnertipp
Die kurzen Sprossen, die einmal geblüht haben, dürfen auf keinen Fall abgebrochen oder zurückgeschnitten werden. Sie sind die Vorboten der neuen Blüten. Je älter die Pflanze wird, desto üppiger blüht sie.

Warzenkaktus

Warzenkaktus

(Mammillaria)

Blütezeit:	Januar–Dezember
Familie:	Kakteengewächs
Heimat:	Mexiko

Die über 300 kugelig bis länglichen Arten sind ungeheuer vielseitig in Form und Farbe der Bedornung. Ihre Blüten sind unterschiedlich groß, kurz- oder langröhrig, glockig oder trichterförmig. Das Farbangebot reicht von Weiß über Gelb bis hin zu Rot.

Standort
Ein sonnig-heller Standort. Das Südfenster ist besonders geeignet und für die Blütenzahl und Ausfärbung entscheidend. Das Quartier sollte im Sommer warm sein, im Winter 10-12°C haben. Der Warzenkaktus verabscheut jegliche Standortveränderung. Es ist angebracht, die Pflanze das ganze Jahr über am gleichen Standort zu belassen.

Pflege
Während der Sommermonate wenig, im Winter gar nicht gießen. Vor allen Dingen darf niemals von oben gegossen werden, Staunässe ist schädlich. Gedüngt wird in der Wachtstumszeit wöchentlich mit einem speziellen Kakteendünger. Umgetopft wird in Kakteenerde.

Vermehrung
Durch Samen. Ältere Pflanzen bilden Seitensprossen, die abgetrennt und nach dem Antrocknen der Schnittfläche in ein sandiges Substrat eingetopft werden können. Die Keimtemperatur muss zwischen 20-25°C liegen.

Gärtnertipp
M. zeilmanniana zählt zu den blühfreudigsten Arten. Sie wird rotblütig und neuerdings auch mit weißer Blüte angeboten.

Washington-Palme

Washington-Palme

(Washingtonia)

Blütezeit:	Grünpflanze
Familie:	Palmengewächs
Heimat:	Nordamerika

Ihren einprägsamen Namen erhielt diese Zimmerpflanze nach dem ersten Präsidenten der USA, George Washington.

Standort
Eine Pflanze für kühle Wohnräume und Wintergärten. Sie sollte hell bis halbschattig und möglichst luftig stehen. Sie verträgt keine pralle Sonne. Bei Frischluftmangel kann es zur Blattfleckenkrankheit kommen. Auch im Wintergarten bei 5-12°C ist daher für Frischluft zu sorgen.

Pflege
Während der Sommermonate muss die Pflanze gut feucht und mit nicht zu hartem Wasser gegossen werden. In der kalten Jahreszeit hingegen kann sie fast trocken bleiben. Die Blätter sind öfters mit lauwarmem, weichem Wasser und einem Schwamm abzuwischen. Ein monatlicher Düngeguss mit speziellem Blattpflanzendünger verstärkt das Wachstum und verhindert außerdem das Eintrocknen der Wedel.

Vermehrung
Washingtonien sind aus Samen zu ziehen, allerdings müssen Sie viel Geduld aufwenden.

Gärtnertipp
Beim Umtopfen in Einheitserde müssen die Wurzeln der Jungpflanzen sehr vorsichtig gelöst werden. Keinesfalls darf der mit dem Keimling verbundene Samen gelöst werden.

Weihnachtskaktus

(Schlumbergera Hybriden)

Blütezeit:	Oktober–Februar
Familie:	Kakteengewächs
Heimat:	Brasilien

Der Weihnachtskaktus blüht nicht nur zur Weihnachtszeit, er kann bei guter Pflege dreimal jährlich mit reichem Blütenschmuck erfreuen. Neben der beliebten, hängenden Topfpflanze werden neuerdings auch Hochstämmchen angeboten. Hierbei geht es um eine Veredelung auf stammbildender Unterlage. Der Weihnachtskaktus gehört zu den Blatt- und Gliederkakteen.

Weihnachtskaktus

Standort
Hell bis halbschattig. Während der Sommermonate freut sich die Pflanze über ein Quartier im Freien. Mit normalen Zimmertemperaturen kommt sie gut zurecht, im Herbst und Winter sollte sie allerdings etwas kühler stehen (10-15°C). Bei Temperaturen über 22°C findet keine Blütenbildung mehr statt.

Pflege
In den Sommermonaten gleichmäßig mit weichem, zimmerwarmem Wasser gießen. Während der Blütezeit werden die Wassergaben reduziert. Um das Wachstum des Weihnachtskaktus zu unterstützen, wird hin und wieder anstelle des Kakteendüngers ein normaler Volldünger verwendet. Nach jeder Blüte braucht das Gewächs eine Ruhezeit von etwa 4 Wochen, in der die Pflanze fast trocken gehalten wird. Sobald sich die ersten Knospen zeigen, sollten Sie mehr gießen. Im März wird die Pflanze nach dem Umtopfen etwas wärmer gestellt.

Vermehrung
Von mehrjährigen Pflanzen werden Blattstecklinge abgenommen. Die Schnittfläche muß 8 Tage antrocknen, bevor sie in stark torfhaltiges Substrat getopft werden kann.

Gärtnertipp
Vorsicht! Sobald die Pflanze Knospen zeigt, darf sie nicht mehr umgestellt werden.

Weihnachtsstern

(Pointsettie)

Blütezeit:	Oktober–März
Familie:	Wolfsmilchgewächs
Heimat:	Mexiko, Mittelamerika

Der Weihnachtsstern zählt zu den beliebtesten Topfpflanzen, ob eintriebig, mehrtriebig, als Miniatur, Ampelpflanze oder Hochstamm. Das Farbspiel reicht von Rot, Rosé, Weiß bis hin zu zart gemusterten Varianten. Neuzüchtungen tragen auffällig große Hochblätter.

Weihnachtsstern

Standort
Möglichst hell, aber keinesfalls sonnig, vor allem fernab von Heizkörpern und nicht im Durchzug. Bei überhitzten Wohnräumen oder auf Fensterbänken über der Heizung ist die schöne Blütenpracht nicht von Dauer. Der Weih-

nachtsstern liebt gleichmäßige Wärme, volles Licht und feuchte Luft. Geeignet sind schattierte Südfenster.

Pflege
Gegossen wird mit zimmerwarmem, möglichst weichem Wasser, sobald die Erdoberfläche trocken ist. Während der Blütezeit sollten Sie alle 2 Wochen flüssig düngen. Die selbst gezogene zweijährige Pflanze ist kompakter als die gekaufte. Während der Blütezeit benötigt sie gleich bleibende Feuchtigkeit. Abgeblühte Pflanzen werden bis etwa April oder Mai nur sparsam gegossen. Vor Beginn der Wachstumszeit sollte man die Pflanze kräftig zurückschneiden. Den Sommer über wird sie wöchentlich gedüngt.

Vermehrung
Die Vermehrung wird durch Einsetzen der Triebspitzen in neue Erde im Sommer erzielt.

Gärtnertipp
Der Weihnachtsstern enthält einen weißen, sehr giftigen Wolfsmilchsaft. Deshalb ist es empfehlenswert, die Pflanze nur mit Handschuhen zu behandeln.

Winterrakete

(Veltheimia)

Blütezeit:	Januar–März
Familie:	Liliengewächs
Heimat:	Südafrika

Reich blühendes Zwiebelgewächs, das eine Höhe von 50-60 cm erreicht und von Januar bis März hell- bis dunkelrosafarbene Blütenschäfte trägt, die sich aus zahlreichen gelblich grünen, rot gepunkteten Röhrenblüten aufbauen. Der hohe, kahle Schaft wächst kerzengerade aus der blauroten Zwiebel und ist umgeben von stark gewellten Blättern.

Winterrakete

Standort
Besonders prächtig entfaltet sich die Winterrakete an einem hellen, kühlen Platz bei 12°C. Auf Zugluft reagiert die Winterrakete allergisch. Während der Ruhezeit im Sommer kann die Pflanze wärmer stehen.

Pflege
Wenn die Raumtemperatur niedrig ist, sind die Pflegeansprüche bezüglich Gießen und Düngen minimal. In der Ruhezeit nach der Blüte, etwa von Mai bis August, wird kaum mehr gegossen, das Düngen kann ganz entfallen. Ab September wird die Zwiebel erneut angetrieben. Sie wird in neue, lockere humose Erde umgesetzt. Von nun an heißt es, wieder etwas gießen und ab und zu düngen.

Vermehrung
Beim Umsetzen der Zwiebeln trennt man die kleinen Brutzwiebeln vorsichtig ab und setzt sie in kleine Töpfe.

Gärtnertipp
Bei kühlen Raumtemperaturen haben Sie an der Blüte lange Freude.

Wollmispel

(Eriobotrya)

Blütezeit:	September
Familie:	Rosengewächs
Heimat:	Asien

In ihrer Heimat wächst die Pflanze als Baum oder Strauch mit großen immergrünen, ledrigen Blättern. Im Handel ist die Sorte E. japonica auch als Japanmistel bekannt. Die Pflanze hat längliche, ledrige, grob gezähnte Blätter, deren Unterseiten bräunlich gefärbt sind. Im Herbst erscheinen große, rosarote Trauben, die aber in unseren Breitengraden nicht ausreifen und nicht verzehrt werden sollten.

Wollmispel

Standort
Sonnig, hell und luftig. Das gilt besonders für die Wintermonate. Die Temperatur sollte um die 10 °C liegen. Diese Standortwünsche sind meist schwer realisierbar. Aus diesem Grunde bleibt sie wohl eine Rarität für Kenner.

Pflege
Im Sommer und Herbst reichlich gießen, im Winter weniger. Vorsicht vor Staunässe. Während des Wachstums sollte die Mispel wöchentlich gedüngt werden. Zum Umtopfen wird eine lehmige Humuserde benötigt.

Vermehrung
Empfehlenswert ist die Aussaat im Frühjahr, die Samen keimen bei 20-22 °C. Erfahrene Hobbygärtner können auch im Herbst leicht verholzte Stecklinge in ein sandiges Substrat stecken.

Gärtnertipp
Die Wollmispel ist eine schöne Ampelpflanze, aber nicht unproblematisch.

Wüstenrose

(Adernium obesum)

Blütezeit:	April–September
Familie:	Hundsgiftgewächs
Heimat:	Ostafrika

Die bizarre Schönheit gehört zu den Neuheiten auf der Fensterbank. Es geht um eine Sukkulente mit stark verdicktem Stamm und auffallend schönen Blüten. Ihre großen fünfzipfligen, rosarot geränderten Blüten mit heller Mitte erscheinen im Frühjahr, und mit etwas Glück ein zweites Mal im Herbst. Die kultivierte Wüstenrose ist zwittrig, der Adeniumstamm mit seinen schmalen Blättern wurde auf einen Oleanderreis gepropft. Durch diese Pflanzenehe wird das Wachstum erheblich beschleunigt und die Blütenzahl vermehrt. Die einzelnen Blüten können bis zu 2 Wochen halten.

Wüstenrose

Standort
Ideal mit seinem Sonnenlicht ist das Südfenster. Nur während der heißen Mittagszeit sollte die Wüstenrose vor der prallen Sonne geschützt werden. Wünschenswert sind Temperaturen zwischen 18-25°C. Ab Mai ist die Exotin für einen sonnigen Platz auf Balkon oder Terrasse sehr dankbar. Damit die Pflanze nicht krumm wächst, sollte sie von Zeit zu Zeit gedreht werden. Wenn die Wüstenrose im Winter warm steht, wächst sie weiter, bei kühlerem Standort legt sie die von Natur aus vorgegebene Ruhepause ein und verliert dabei ihre Blätter.

Pflege
In der Wachstumszeit sollte der Wurzelballen gleichmäßig mit nicht zu hartem Wasser feucht gehalten werden. Staunässe ist aber unbedingt zu vermeiden. Auch vor Zugluft muss die Pflanze bewahrt werden. Mit trockener Zimmerluft kommt die Wüstenbewohnerin durchaus klar, Sie müssen nur immer wieder für Frischluftzufuhr sorgen. Während der Ruhezeit wird das Gießen völlig eingestellt. Gedüngt wird in geringer Konzentration im Frühjahr und Herbst mit einem Kakteendünger. Das Umtopfen in ein sandiges Substrat ist nur alle 2 bis 3 Jahre erforderlich, die günstigste Jahreszeit sind die Monate Juli bis September.

Vermehrung
Durch Kopfstecklinge, deren Schnittstelle 1 bis 2 Tage antrocknen sollte, bevor sie in das Erdsubstrat kommen.

Gärtnertipp
Vorsicht! Der Milchsaft der Pflanze ist hochgiftig, daher beim Rückschnitt unbedingt Handschuhe anziehen.

Yucca

Yucca

(Yucca elephantipes)

Blütezeit:	Grünpflanze
Familie:	Agavengewächs
Heimat:	Mittelamerika

Der palmenähnliche Schopf gab ihr den Namen Palmlilie, obwohl sie botanisch gesehen keine Palme ist. Die außergewöhnlich robuste Yucca erfreut sich großer Beliebtheit. Sie steht fast in jedem Haushalt, dafür gibt es mehrere Gründe. Sie ist preiswert, leicht zu kultivieren und kinderleicht zu vermehren. Außerdem kann sie jederzeit zimmergerecht zurückgeschnitten werden. Die aus dem Stamm treibenden Blattschöpfe werden mit der Zeit dichter, der Stamm wächst dabei nicht mit, er behält die erworbene Größe. Bei Pflanzen, die 10 Jahre und älter sind, kann es zu einer Blüte kommen. Der Blütenstand wirkt wie riesige Maiglöckchen.

Standort
Palmlilien lieben einen hellen, sonnigen Standort. Stauende Wärme hinter den Fensterscheiben können Sie durch

Lüften vermeiden. Während der Sommermonate ist ein geschützter Platz im Freien wünschenswert. Normale Zimmerwärme ist rund ums Jahr möglich. Besser ist es jedoch, wenn Sie der Palmlilie im Winter ein kühles und helles Quartier bei 10-15 °C einräumen können.

Pflege

Gegossen wird nach Bedarf und möglichst mit nicht zu hartem Wasser. Vor jedem erneuten Gießvorgang muss die Erdoberfläche angetrocknet sein. Die Yucca ist nicht durstig: im Winter kommt sie bei kühlem Standort sogar ohne Wasser aus. Von April bis August wird wöchentlich gedüngt, im Winter können die Düngegaben eingestellt werden. Vergessen Sie nicht, von Zeit zu Zeit den Staub von den Blättern zu entfernen.

Vermehrung

Voraussetzung sind viel Wärme und eine sehr hohe Luftfeuchtigkeit. Sie können es aber mit Stammstecklingen versuchen. Am einfachsten ist es bei höheren, älteren Pflanzen. Sobald Sie den Seitentrieb abgeschnitten haben, heißt es zu warten, bis die Schnittfläche angetrocknet ist. Dann kommt sie zur Bewurzelung in die Erde.

Gärtnertipp

Ein Tongefäß ist dem Kunststofftopf vorzuziehen. Das Umpflanzen ist nur alle 2 bis 3 Jahre erforderlich.

Zahnzunge

(Odontoglossum)

Blütezeit:	meist ganzjährig
Familie:	Orchideengewächs
Heimat.	trop. Südamerika, Mexiko

Zahnzunge

Ihrer Herkunft nach gehört die Zahnzunge zu den Gebirgsorchideen, die in Höhen von 1500-3500 m wachsen. Es geht hierbei um eine attraktive Orchidee für Liebhaber mit den entsprechenden Räumlichkeiten. Odontoglossum cordatum hat gelbbraun gefleckte Blüten, ihre herzförmige Lippe ist weiß-grün mit braunen Flecken.

Standort

Im Sommer kann die Zahnzunge hell bis halbschattig, geschützt vor direkter Sonne, an einem luftigen Plätzchen auf Balkon oder Terrasse stehen. Im Winter wird ein kühler, heller und luftiger Raum (z.B. Schlafzimmer oder Treppenhaus) mit Tagestemperaturen zwischen 10-16°C benötigt, die Temperatur darf zu keiner Zeit unter 5°C sinken.

Pflege

Die schöne Orchidee verträgt nur weiches Wasser und darf nur indirekt besprüht werden. Auf hohe Luftfeuchtigkeit ist das ganze Jahr über zu achten, Staunässe ist zu vermeiden. Mit ihren dicken Wurzeln ist diese Art besonders für die Haltung in Körben geeignet. Ab Oktober/November wird die Pflanze trocken gehalten, bis im März die ersten Knospen erscheinen. Dann heißt es, wieder vermehrt zu gießen. Gedüngt wird äußerst sparsam (etwa die Hälfte der angegebenen Portion) und nur mit einem speziellen Orchideendünger. Umgetopft wird bei Bedarf. Dazu verwenden Sie spezielles Orchideensubstrat mit mittlerer Körnung.

Vermehrung

Sie geschieht durch Teilung.

Gärtnertipp

Achten Sie auf eine gute Dränage, das heißt auf eine Tonscherbeneinlage im Pflanzgefäß.

Zebrakraut

Zebrakraut

(Zebrina)

Blütezeit:	Grünpflanze
Familie:	Commelinengewächs
Heimat:	Mexiko

Das Zebrakraut sieht der Tradeskantie sehr ähnlich. Es handelt sich hierbei um eine anspruchslose Schmuckpflanze für Ampeln, die sich auch bestens als Bodendecker im Blumenfenster eignet.

Standort
Hell bis halbschattig, fernab der direkten Sonne. Die Intensität der Blattfärbung hängt von der Lichtstärke ab. Je kräftiger die silbrig weißen Streifen auf den Blättern ausgeprägt sind, desto mehr Licht verlangt die Pflanze. Im Sommer liebt das Zebrakraut die Wärme, im Winter darf es kühler werden. Ideal sind dann 12°C, bei höheren Temperaturen verblasst die Blattfärbung.

Pflege
Mäßig gießen, im Winter weniger. Ältere Pflanzen werden leicht unansehnlich. Sie können das verhindern, indem Sie die Triebe zurückschneiden und die Kopfstecklinge gleichzeitig zu neuen Pflanzen heranziehen. Gedüngt wird alle 2 bis 3 Wochen mit einem Blattpflanzendünger.

Vermehrung
Am einfachsten bewurzeln die Stecklinge im Wasser. Sie können die Kopfstecklinge auch in einem Sandgemisch bei 20°C bewurzeln lassen. Zum Einpflanzen der Jungpflanzen sollten Sie eine lockere, humose Einheitserde verwenden.

Gärtnertipp
Je höher die Luftfeuchtigkeit, desto besser gedeiht das Zebrakraut.

Zierananas

(Ananas comosus)

Blütezeit:	keine bei uns
Familie:	Ananasgewächs
Heimat:	Südamerika

Die ansprechende Pflanze baut sich aus einer dichten Rosette auf, bestehend aus 30 bis 50 schwertförmigen langen, oberseits dunkelgrünen und unterseits graugrünen Blättern. Die Blüten sind rosa.

Zierananas

Standort
Zierananas brauchen viel Platz, einen sehr sonnigen, aber vor praller Sonne geschützten Standort mit relativ geringer Luftfeuchtigkeit. Je wärmer es in den Sommermonaten wird, desto besser, 25-30°C werden sehr gut vertragen. Während der Vegetationspause im Winter sollten die Temperaturen um die 17°C sein.

Pflege
Gemäß der hohen Raumtemperaturen braucht die Zierananas im Sommer reichlich Wasser. Zum Gießen wird ausschließlich weiches, temperiertes Wasser verwendet. Im Winter wird nur noch sparsam gegossen. Gedüngt wird von März bis September wöchentlich.

Vermehrung
Zum Umtopfen und Vermehren wird Gartenerde mit Torf und Sand angereichert bzw. eine Einheitserde verwendet. Vermehrt werden kann durch Kindel, die sich an der Basis der Mutterpflanze bilden. Mitunter glückt auch der Versuch, aus dem grünen Fruchtschopf eine neue Pflanze zu ziehen. Wichtig ist, dass die Ananasfrucht frisch ist und der Schnitt etwa 1 cm unter der Rosette angesetzt wird, denn dort sitzen erste kleine Wurzelansätze. Die Schnittfläche muss 24 Stunden antrocknen, bevor die Blattrosette in eine Pflanzschale mit viel Sand und feuchten Torfmull gesteckt wird. Zur besseren Bewurzelung wird sie mit einer Plastiktüte bedeckt und an einen warmen, hellen Platz gestellt.

Gärtnertipp
Die Zierananas ist genügsam und kommt auch mit etwas dunkleren Standorten gut zurecht.

Zierhopfen

Zierhopfen

(Beloperone)

Blütezeit:	Januar–Dezember
Familie:	Akanthusgewächs
Heimat:	trop. Amerika, Mexiko

Seine Blütenstände ähneln dem Hopfen. Gelb-rotbraun sind die Hüllblätter der Ähren, die sehr lange halten und Sie mit Ausnahme der Wintermonate November bis Februar das ganze Jahr über erfreuen. Allerdings sind die eigentlichen Blüten recht unscheinbar und fallen sehr schnell ab.

Standort
Zum Lebenselexier des Zimmerhopfens gehört reichlich Licht, aber pralle Sonne bekommt ihm weniger, deshalb muss in der Mittagszeit schattiert werden. In jedem Fall muss der Zimmerhopfen vor Zugluft bewahrt werden, sonst verliert die aparte Pflanze ihre Blätter. In den Sommermonaten darf die Temperatur bei 25°C liegen, im Winter etwa bei 12-15°C.

Pflege
Von April bis August braucht die Pflanze viel Wasser, im Winter ist der Wasserbedarf gering. Gedüngt wird während der Vegetationszeit wöchentlich. Ein phosphorbetonter Dünger macht die Blütenähren leuchtender. Umpflanzen nach der Ruhezeit in eine humose Erde, pH-Wert um 6. Das Umtopfen im Frühjahr ist verbunden mit einem starken Rückschnitt.

Vermehrung
Die beim Rückschnitt im Frühjahr anfallenden Stecklinge können zur Vermehrung genutzt werden. Sie bewurzeln gut in einem Torf-Sand-Gemisch. Beim späteren Topfen der Stecklinge sollten Sie gleich 5 bewurzelte Pflänzchen zusammensetzen, damit der Zimmerhopfen von vornherein buschig wirkt. Darüber hinaus sind die Stecklinge mehrfach zu stutzen, bevor sie ihre Blütenstände in den Wintermonaten bilden.

Gärtnertipp
Achten Sie darauf, dass keine Staunässe entsteht. Die Pflanze braucht reichlich frische und dabei etwas feuchte Luft, damit es nicht zum Befall von Blattläusen kommt.

Zierpfeffer

(Capsicum annuum)

Blütezeit:	Juni–August
Familie:	Nachtschattengewächs
Heimat:	Mittel-, Südamerika

Die einjährige, Früchte tragende Zier- und Nutzpflanze wird von Sommer bis Spätherbst im Handel angeboten. Beliebt sind ihre länglichen bis kugelförmigen, essbaren Früchte in leuchtendem Rot, Gelb, Orange oder Violett.

Zierpfeffer

Standort
Sehr hell, aber vor praller Sonne geschützt. Während der Sommermonate kann der Zierpfeffer auch auf Balkon oder Terrasse gestellt werden.

Pflege
Das Nachtschattengewächs muss regelmäßig gegossen und wöchentlich gedüngt werden. Es gehört, ähnlich wie die Tomate, zu den stark zehrenden Pflanzen. Wichtig ist, dass keine Staunässe entsteht, sonst ist die Pracht schnell dahin.

Vermehrung
Lohnt sich kaum bei der einjährigen Pflanze.

Zierspargel

(Asparagus)

Blütezeit:	Grünpflanze
Familie:	Liliengewächs
Heimat:	Ost-, West-, Südafrika

Der Zierspargel der Sorte Sprengeri ist besonders robust; es handelt sich um eine üppige Hängepflanze mit frischen, grünen, meterlangen Trieben.

Zierspargel

Standort
Halbschattig bis schattig mit viel Frischluft. Während der Wachstumsperiode 20°C, in den Wintermonaten 12°C.

Pflege
Aufgrund der großen Oberfläche verdunsten die kleinen Blätter des Asparagus zwar viel Wasser, dennoch wird mäßig gegossen. Zum Gießen sollten Sie stets temperiertes Wasser verwenden. Die Pflanze kann, wenn sie einmal das Gießen vergessen haben, durchaus überleben, denn sie speichert in ihren dicklichen Wurzeln Wasser. Wenn der Zustand der Trockenheit zu lange währt, besteht die Gefahr, dass der Wurzelballen austrocknet und Gießwasser nicht mehr aufgenommen werden kann. Die letzte Rettung kann dann ein Tauchbad sein, dem Sie ein paar Tropfen Spülmittel hinzufügen. Gedüngt wird von Mai bis September wöchentlich. Pflanzen, die im Winter warm stehen, müssen weiterhin gegossen werden. Bei kühler Überwinterung kann das Düngen entfallen, auch die Wassergaben können sehr stark reduziert werden.

Vermehrung
Ältere Pflanzen können durch Teilung des Wurzelballens vermehrt werden. Zum Umtopfen brauchen Sie eine lockere, etwas lehmhaltige Pflanzerde.

Gärtnertipp
Zugluft ist gefährlich. Sie kann zum Befall von Läusen und Spinnmilben führen.

Zimmeresche

(Radermachera)

Blütezeit:	Grünpflanze
Familie:	Begoniengewächs
Heimat:	China

Schöne, immergrüne, auf dem Markt noch relativ neue Pflanze. Angeboten werden meist kleine, buschig verzweigte, strauchähnliche Pflanzen mit dunkelgrünen, glänzenden, zweifach gefiederten Blättern.

Standort
Die Pflanze verträgt im Sommer übliche Zimmertemperaturen, aber keine direkte Sonne, sonst verbrennen ihre Blätter. Im Winter muss die Temperatur deutlich niedriger sein, um die 15°C sind ideal.

Pflege
Gießen sollten Sie mit Fingerspitzengefühl und nach der Fingerprobe. Erst wenn die Erde leicht angetrocknet ist, darf gegossen werden. Für gelegentliches Tauchen ist die Pflanze dankbar, wobei Sie Staunässe vermeiden sollten, denn die ist schädlich. Gedüngt wird ebenfalls sparsam im Rhythmus von 14 Tagen, von April bis September. Zum Umtopfen brauchen Sie eine nährstoffreiche Einheitserde. Achten Sie vor allem auf eine Dränageschicht.

Vermehrung
Am besten durch Triebspitzen-Stecklinge. Diese werden im Frühjahr in einen kleinen Blumentopf mit Anzuchterde gesteckt. Eine Folie sorgt für gespannte Luft.

Gärtnertipp
Die Radermachera liebt Nichtraucher, bei Rauchern verliert sie sofort ihre Blätter. Damit die Pflanze buschig wird, ist sie im Frühjahr zu beschneiden. Dabei fallen Stecklinge zur Bewurzelung an.

Zimmeresche

Zimmerhafer

(Billbergia nutans)

Blütezeit:	September–Februar
Familie:	Ananasgewächs
Heimat:	Mexiko

Die widerstandsfähige Pflanze bildet eine Blattrosette, wird 40-60 cm hoch und trägt grüne, blau gesäumte Blütenblätter. Seine rotrosa gefärbeten Hochblätter bilden einen nickenden Blütenstand.

Standort
Ein schattiertes Südfenster, ohne direkte Sonnenbestrahlung und Zugluft, ist der Pflanze willkommen. Im Sommer muss die Pflanze

hell, luftig und warm stehen, im Winter bei 12°C.

Pflege

Die Pflanze sollte regelmäßig, aber mäßig mit temperiertem, weichem Wasser gegossen werden, mit Ausnahme der Wintermonate sollte auch in den Trichtern stets etwas Wasser sein. Neben dem Gießen muss die Pflanze im Sommer auch täglich mit weichem Wasser besprüht werden. Von Mai bis September ist wöchentlich zu düngen.

Vermehrung

Sie kann durch Kindel oder Teilung erfolgen. Die beste Zeit hierfür ist der Frühsommer. Zum Topfen der Jungpflanzen brauchen Sie Einheits- oder Gartenerde, die mit Torf und Sand versetzt wird.

Gärtnertipp

Der Zimmerhafer ist auch für Anfänger eine empfehlenswerte Pflanze.

Zimmerhafer

Zimmerlinde

(Sparmannia)

Blütezeit:	Grünpflanze
Familie:	Lindengewächs
Heimat:	Südafrika, Madagaskar

Die nostalgische Pflanze aus Großmutters Zeiten mit ihren samtigen, weich behaarten Blättern ist zur Zeit groß im Kommen. Der baumartige Strauch aus Südafrika hat herzförmige Blätter und bildet im Winter weiße Blüten.

Zimmerlinde

Standort

Sie braucht einen hellen, kühlen und luftigen Standort mit viel Platz. Im Sommer kann die Zimmerlinde auch ins Freie gestellt werden, sofern ein heller, kühler Standort vorhanden ist. Während der Wintermonate liegt die ideale Temperatur zwischen 5-10°C.

Pflege

Im Sommer muss die Zimmerlinde reichlich gegossen und alle 2 Wochen mit einem Blattpflanzendünger ernährt werden. Achten Sie darauf, dass sich keine Staunässe bildet. Im Winter wird die Pflanze je nach Temperatur nur noch mäßig gegossen. Ein Problem ist das Säubern der behaarten Blätter. Wenn Sie können, sollten Sie die Pflanze bei leichtem Sommerregen nach draußen stellen oder mit einem weichen Pinsel entstauben. Das Umtopfen ist nur alle 2 bis 3 Jahre im Frühjahr in Einheitserde nötig.

Vermehrung

Durch Kopfstecklinge ganz einfach. Schneiden Sie die Stecklinge nach Möglichkeit von Trieben, die bereits geblüht haben, ab.

Gärtnertipp

Die Zimmerlinde muss stets ausreichend mit Dünger versorgt werden, weil bei mangelnder Ernährung sich die Blätter unschön verfärben und abfallen.

Zimmertanne

(Araucaria)

Blütezeit:	Grünpflanze
Familie:	Araukariengewächs
Heimat:	Norfolk-Insel, Chile

Die dekorative Zimmertanne ist eine Pflanze für Fortgeschrittene, denn sie ist nicht ganz pflegeleicht. Beim Kauf sollten Sie auf einen ebenmäßigen Wuchs achten und auf vollbenadelte Zweige.

Zimmertanne

Standort
Hell bis halbschattig, kühl und luftig, bei erhöhter Luftfeuchtigkeit. Keine Pflanze für moderne zentralbeheizte Wohnräume! Das Solitärgewächs braucht viel Platz. Im Sommer gedeiht die Pflanze gut an einem hellen, absonnigen Platz im Freien.

Pflege
Wichtig ist die gleich bleibende Versorgung mit weichem, temperiertem Wasser. Auch sollten Sie stets für einen guten Wasserabzug sorgen, denn Staunässe führt zu gelben und später rieselnden Nadeln. Vor jedem neuen Gießvorgang muss das Erdreich leicht angetrocknet sein. Gedüngt wird alle 14 Tage von März bis August. Besonders geeignet ist Azaleen- oder Rhododendrondünger. Überwintert werden sollte die Pflanze bei 5°C. Sie wird dann nur noch sparsam gegossen, damit keine Ballentrockenheit entsteht. Umgetopft wird nur alle 2 bis 3 Jahre. Beim Quartierwechsel ist unbedingt darauf zu achten, daß der Stamm nur bis zum Wurzelansatz in die Erde kommt.

Vermehrung
Sie wird im Spätherbst mit Samen durchgeführt. Nach etwa 4 Monaten keimen dann die Samen.

Gärtnertipp
Zum Gießen der Zimmertanne verwenden Sie am besten weiches Wasser.

Zimmerzypresse

(Cupressus macrocarpa)

Blütezeit:	Grünpflanze
Familie:	Zypressengewächs
Heimat:	Kalifornien

Eine elegante Konifere fürs Zimmer. Durch das frische, helle, leicht gelbgrüne Nadelkleid passt sie gut zu unserem Zeitstil.

Zimmerzypresse

Standort
Ein luftiger Platz wird dem Pflanzenanspruch gerecht, möglichst hell, geschützt vor direkter Sonne. Im Sommer ist ein Platz auf Balkon oder Terrasse wünschenswert. Im Winter muss die Zimmerzypresse deutlich kühler stehen. Eine Raumtemperatur zwischen 10-12°C sind ideal. Sie muss aber weiterhin hell stehen.

Pflege
Nicht zu viel und nicht zu wenig gießen, die bewährte Fingerprobe hilft Ihnen dabei, das rechte Maß zu finden. Achten Sie darauf, dass der Wurzelballen niemals austrocknet. Gedüngt wird nur in der Wachstumsperiode von April bis Oktober alle 14 Tage. Im Winter nur sparsam gießen. Zum Umtopfen im Frühjahr verwenden Sie Einheitserde, der Sie etwas feinen Kies untermengen.

Vermehrung
Relativ einfach mit Stecklingen, die im Frühjahr geschnitten werden. Die Bodentemperatur sollte um die 22°C betragen.

Gärtnertipp
Wenn die Luft hungrige Pflanze in die Höhe schießt und lange Internodien entwickelt, ist der Standort zu dunkel.

Zitruspflanze

(Citrus)

Blütezeit:	Januar–Dezember
Familie:	Rautengewächs
Heimat:	Mittelmeerraum

Die mehrjährigen Zitruspflanzen sind in den subtropischen und tropischen Klimazonen heimisch.

Standort
Zitruspflanzen benötigen einen geschützten, sonnigen Platz. Sie sind jedoch kühl zu überwintern. Im Winter können die Temperaturen im Zimmer auf 15°C ansteigen. Die Calamondin-Orange verträgt höhere Temperaturen.

Pflege
Diese Gewächse sind sorgfältig und mit weichem Wasser zu gießen. Zu feuchte Ballen oder ein Bespritzen der Blätter und Zweige vertragen sie schlecht. Lediglich die oberste Erdschicht sollte hin und wieder ausgetauscht werden. Beim Umtopfen wählt man relativ kleine Töpfe. Hierbei ist es wichtig, die Wurzelballen vor dem Einsetzen vorsichtig zu lockern.

Vermehrung
Vermehrung ist nur durch Gärtnereien möglich.

Gärtnertipp
Zum Gießen verwenden Sie am besten weiches Wasser .

Zitrusblüte

Zungenblatt

(Glottiphyllus)

Blütezeit:	Mai–Juni
Familie:	Mittagsblumengewächs
Heimat:	Südafrika

Zungenblatt

Die hochsukkulente Pflanze ist ein kriechendes Gewächs mit dickfleischigen, grünen, an den Rändern leicht rötlich erscheinenden Blättern. Im Frühsommer blüht das Zungenblatt in goldgelber Farbe. Sie finden die Pflanze auch an weniger besuchten Stränden auf Korsika.

Standort
Hell und sonnig, aber vor prallem Sonnenlicht geschützt, sonst vergehen die Blüten zu schnell. In den Sommermonaten spielen die Temperaturen keine Rolle. Über den Winter sollte das Zungenblatt, wie Kakteen, um 7°C gehalten werden.

Pflege
Das Zungenblatt sollte nur minimal gegossen und überhaupt nicht gedüngt werden. Die Pflanze macht im Spätwinter und nach der Blüte eine Ruhezeit durch. Während dieser Zeit wird sie trocken gehalten. Zum Umtopfen wird ein Substrat aus Erde, Sand und Lehm gemischt. Wichtig ist das Lockern des Erdsubstrates, damit die kurzen Wurzeln stets gut belüftet werden.

Vermehrung
Für die Vermehrung trennen Sie von einer größeren Pflanze ein kleines Stück ganz vorsichtig ab und pflanzen den jungen Trieb in eine flache Schale.

Gärtnertipp
Je weniger Sie sich um diese Pflanze kümmern, desto besser gedeiht sie.

Zwergpfeffer

(Peperomia)

Blütezeit:	März–April
Familie:	Pfeffergewächs
Heimat:	Mittel-, Südamerika

Das Prächtige an Peperomien ist ihre Blattfärbung und -zeichnung. Die Blätter können ei- oder herzförmig sein. Dickblättrige Arten sind für zentralbeheizte Räume vorzuziehen, da sie unempfindlicher sind gegen Lufttrockenheit. Weichblättrige Arten hingegen eignen sich für Flaschengärten, Gewächshäuser, Blumenfenster.

Standort
Hell bis halbschattig, keine direkte Sonne. Buntblättrige Pflanzen müssen heller und wärmer stehen als grüne Arten. Der Zwergpfeffer liebt das ganze Jahr über normale Raumtemperaturen. Sie dürfen auch im Winter nicht unter 18°C liegen.

Pflege
Mäßig feucht halten, im Sommer alle 3 Wochen düngen. Im Winter verlieren Pfeffergewächse einen Teil ihrer Blät-

ter. Machen Sie sich keine Sorgen, das ist völlig normal, denken Sie nur daran, dass die Pflanzen während dieser Zeit nicht gedüngt werden dürfen. Während der Wachstumszeit ist für eine hohe Luftfeuchtigkeit durch Überbrausen zu sorgen. Zwergpfefferarten haben nur winzige Wurzeln. Daher dürfen sie nur in kleine Töpfe umgetopft werden, am besten im Frühjahr. Verwenden Sie eine humose, lockere Erde, der Sie etwas Sand hinzufügen.

Vermehrung
Die meisten Arten können über Kopf- oder Blattstecklinge das ganze Jahr über vermehrt werden. Sie müssen mit einer hohen Ausfallquote rechnen.

Gärtnertipp
Wie bei allen baumaufsitzenden Pflanzen sind die Wurzeln nur schwach entwickelt. Daher ist Staunässe so gefährlich und führt meist zur Wurzelfäulnis. Staunässe lässt sich durch eine Dränageschicht im Blumentopf vermeiden.

Zwergpfeffer

Zypergras

Zypergras

(Cyperus)

Blütezeit:	Grünpflanze
Familie:	Ried- oder Sauergras
Heimat:	Madagaskar, Ostafrika

Zypergras ist eine ausgesprochen pflegeleichte Grünpflanze mit unscheinbaren Blüten in den Blattschöpfen. Die Pflanze braucht viel Platz. Besonders wirkungsvoll ist, wenn Sie den Topf mit dem Zypergras in ein großes, mit Kieselsteinen gefülltes Glasgefäß stellen.

Standort
Hell und sonnig, wenn es zu heiß wird, muss in der Mittagszeit schattiert werden. Zypergras verkraftet auch einen schattigen Standort. Ideal sind normale Zimmertemperaturen zwischen 15-18°C. Heizungsnähe sollten Sie unbedingt meiden, ebenso Temperaturen unter 10°C.

Pflege
Die Sumpfpflanze braucht viel feuchte Luft, sonst werden die Blattspitzen braun. Deshalb sollten Sie die Wedel so oft wie möglich mit weichem Wasser besprühen und die im Blumentopf wachsenden Zypergräser in einen mit Wasser gefüllten Untersatz stellen. Sie ist eine der wenigen Zimmerpflanzen, die Staunässe nicht nur verträgt, sondern als Voraussetzung zum guten Gedeihen auf jeden Fall benötigt. Gedüngt wird in den Sommermonaten etwa alle 14 Tage mit einem Flüssigdünger. Wichtig für das Gedeihen der Pflanze ist, dass die Pflanzenerde kräftig und nährstoffreich ist. Die rasant wachsende Pflanze wird im Frühjahr in Einheitserde, der Sie etwas Lehm und Sand hinzufügen müssen, umgetopft. Das neue Pflanzgefäß sollte allerdings erheblich größer sein als das erste.

Vermehrung
Die Vermehrung des Zypergrases ist sehr einfach, sie geschieht durch Teilen, beliebter noch durch Blattschöpfe. Unansehnlich gewordene Blätter schneiden Sie rundherum um die Hälfte zurück und stecken anschließend den verbleibenden Teil kopfüber in ein Glas mit Wasser. Schon nach kurzer Zeit wachsen aus der Rosette kleine Wurzeln und neue Triebe.

Gärtnertipp
Kalkhaltiges Wasser hemmt Wuchs und Entwicklung der Pflanze. Gut aufgehoben ist die Pflanze in Aquarien. Zugluft und trockene Zimmerluft müssen Sie unbedingt vermeiden. Für Katzen ist Zypergras eine Delikatesse, so dass die Freude an dem Gras bei Katzenhaltung nur von kurzer Dauer sein wird.

Edel und dekorativ: eine weiße Calla

Allgemeiner Standort

Im Gegensatz zu Mensch und Tier kann die Pflanze den vom Menschen zugewiesenen Platz nicht verlassen. Eine Pflanze kann ihr Unbehagen lediglich durch gelb und fahl werdende Blätter, durch Geilwuchs oder schlaff herabhängende Blätter bekunden. Die Frage, welche Voraussetzungen der optimale Standort haben sollte, lässt sich nicht generell beantworten.

Jungpflanzen sind wesentlich anpassungsfähiger als ältere Exemplare. Sie lassen sich daher auch sehr viel leichter an einen nicht so optimalen Standort gewöhnen. Berücksichtigt werden müssen dabei im Wesentlichen drei Faktoren:
Licht, Luft, Wärme.

Licht
Blütenpflanzen brauchen in der Regel mehr Licht als Blattpflanzen und buntblättrige wieder mehr als reine Grünpflanzen. Panaschierte Gewächse mit einer weißen oder gelblichen Blattzeichnung haben eine wesentlich geringere Assimilationsfläche, da die hellen Stellen kein Chlorophyll besitzen.

Licht ist also ein Lebenselixier für Pflanzen. Trennwände für das natürliche Licht sind z.B. Fensterscheiben. Das heißt, dass hinter Glasscheiben die Lichtmenge erheblich geringer ist als im Freien. Die Lichtverhältnisse im Wohnbereich werden aber nicht nur von der Verglasung, sondern auch von der jeweiligen Jahres- und Tageszeit sowie der aktuellen Witterung bestimmt. Lichtmindernd wirken neben anderem auch weite Dachüberstände, Hausschatten, Bäume, Balkone und getönte Fensterscheiben.

Die Lichtstärke am Pflanzenstandort lässt sich am besten mit dem Luxmeter ermitteln. Messen Sie das Licht am Pflanzenstandort in der lichtreichen Jahreszeit, aber nur bei indirektem Sonnenlicht. Die Messzeit ist dabei von der Himmelsrichtung des Blumenfensters abhängig. Beim Ostfenster wird morgens, beim Südfenster morgens oder abends, beim Nordfenster mittags und nachmittags gemessen.

Pflanzen, die mit 200-400 Lux auskommen:
Baumfreund, Bergpalme, Einblatt, Fensterblatt, Kolbenfaden.

Pflanzen, die mit 400-500 Lux auskommen:
Aralie, Bogenhanf, Dieffenbachie, Drachenbaum, Efeuaralie, Farne, Gardenie, Grünlilie, Gummibaum, Kastanienwein, Schefflere, Weihnachtsstern, Lanzenrosette, Efeu.

Pflanzen, die mit 600-800 Lux auskommen:
Birkenfeige, Fingeraralie, Keulenlilie, Klimme, Pfeilwurz, Schamblume, Schraubenbaum, Usambaraveilchen, Wachsblume, Yucca.

Pflanzen, die mit 1000 Lux auskommen:
Ananas, Hibiskus, Kakteen, Kroton, Banane, Sukkulenten, Weihnachtsstern, Zwergpfeffer.

Zimmerpflanzen brauchen Sauerstoff und Luftfeuchtigkeit
Frisch und feucht sollte die Luft für die meisten Pflanzen sein. Tatsächlich liegt die relative Luftfeuchtigkeit in den Wintermonaten bei 30%, hinzu kommen schlechte Lichtverhältnisse und zu hohe Raumtemperaturen. Das sind unerträgliche Lebensbedingungen für Pflanzen.

Schädlinge stellen sich unter diesen ungünstigen Bedingungen ein. Spinnmilben, Läuse und weiße Fliege fühlen sich von trockener, warmer Luft besonders angezogen. Zu feuchtes Klima aber ist der Nährboden für Pilz- und Schimmelbildung. Die Blätter der meisten Pflanzen verraten, wie hoch ihr Feuchtigkeitsbedarf ist. Tropische Pflanzen besitzen in der Regel große und weiche Blätter. Sie brauchen eine Luftfeuchtigkeit von 60%. Auch für den Erfolg mit Orchideen ist eine hohe Luftfeuchtigkeit Voraussetzung, ebenso für Farne, Palmen sowie für alle Ananasgewächse.

Um für diese Pflanzen ein feuchtes Mikroklima zu schaffen, haben sich als Untersatz Gitterschalen mit Wasserspeicher bewährt. Bei einigen Pflanzen genügt es schon, wenn sie diese in Nassräume stellen und den Badedämpfen aussetzen. Ebenso empfehlenswert ist das Aufstellen von Wasserverdunstungsgefäßen oder das Einfüttern der Topfpflanzen in feuchten Torf bzw. das Einbetten der Pflanzen in mit Wasser und Kieselsteinen gefüllte Gefäße. Ferner das Besprühen der Pflanzen mit kalkfreiem, zimmerwarmem Wasser.

Wärme
Die meisten Zimmerpflanzen lieben die Raumtemperaturen zwischen 18-22 °C. Klar ist, dass für alle tropischen Gewächse wie Gummibäume, Medinillen, Bananen und Orchideen Raumtemperaturen unter 20°C schädlich sind. Darüber hinaus gibt es eine Reihe von Pflanzen, die zur Blütenbildung Temperaturen unter 16°C brauchen. Beim Standort und bei der Pflege werden diese Punkte jeweils genannt.

Pflanzen für den Büro- und Wohnbereich

18 Zimmerpflanzen stehen laut Statistik bei uns zu Lande in jedem Haushalt. So gesehen sind wir eines der blumenfreundlichsten Länder.

Büro-Pflanzen
Lebendes Grün kann den tristen Arbeitsalltag freundlicher gestalten, vorausgesetzt, die Pflanzen werden

regelmäßig gepflegt. Das Kernproblem in den Büro- und Arbeitsräumen ist die Wasserversorgung.
Für das Büro kommen nur robuste, pflegeleichte Pflanzen in Betracht, die ein Wochenende auch ohne Wasser überstehen können.
Im Übrigen schadet eine Klimaanlage den Pflanzen nicht, im Gegenteil, die meisten gedeihen bei der gleichmäßigen Temperatur und der hohen Luftfeuchtigkeit besonders gut.

Für **Büroräume** eignen sich die im Buch mit dem nebenstehendem Symbol gekennzeichneten Pflanzen.

Büro-Pflanze: Zimmerlinde

Nassraum-Pflanzen
Ob in der Küche oder im Bad, frisches Grün hilft, den grauen Alltag lichter zu gestalten. In einer hellen Wohnküche können ganz nach Geschmack auch Pflanzen stehen, die neben ihrer Zierde einen Nutzwert besitzen.
So gedeihen Kräuter wie Schnittlauch, Petersilie, Majoran, Zitronenmelisse in der Küche recht gut. Kräuter stets frisch vom Küchenfenster zu ernten macht Spaß.
Pflanzen als natürlicher Insektenschutz können ihren Platz in der Küche finden. Mit ihren starken Duftstoffen hält z. B. die Weihrauchpflanze Fliegen und Mücken in der Küche fern.

Für welche Pflanzen Sie sich auch entscheiden, schlagen Sie im Zimmerpflanzen-Ratgeber von A-Z nach.

Dort finden Sie die Pflanzen mit dem nebenstehenden Symbol gekennzeichnet, die für die Küche oder das Bad geeignet sind.

Nassraum-Pflanze: Zypergras

Schlafzimmer-Pflanzen
In der Regel sind Schlafräume kühler als Wohnräume, daher sind sie bestens für Pflanzen geeignet.

Ungeeignet sind für Schlafräume Pflanzen, die intensiv duften. Auch Pflanzen mit großen Blättern sind weniger zu empfehlen, da sie beim täglichen Bettenmachen stark einstauben. Pflanzen, die Allergien hervorrufen können, sollten ebenfalls nicht in Schlafräumen aufgestellt werden.

Die Zimmerpflanzen für Schlafzimmer sind im Buch mit dem nebenstehenden Symbol ausgezeichnet.

Kinderzimmer-Pflanzen
Flaschengärten sind fürs Kinderzimmer besonders geeignet. Dazu wird ein kleines, klares Glasgefäß gebraucht. Dieses füllen Sie bis zu 1/3 mit sandiger Erde oder Kakteenerde. Mit einem Wäschezerstäuber lässt

Schlafzimmer-Pflanze: Echeverie

sich die Erde gut anfeuchten. Dann wird der Kakteensamen ausgestreut. Zum Schluss müssen Sie das Gefäß dicht verschließen, am besten mit einem versiegelten Korken. Dann sollte das Ganze an ein sonniges Fenster gestellt werden. Nach 4 bis 6 Wochen keimen die Kakteen. Für die nächsten 3 Jahre können sie ohne weitere Fürsorge in dem Glas verbleiben. In der eigenen Ökowelt fühlen sich die daumennagelgroßen Pflanzen äußerst wohl und kommen teilweise sogar zum Blühen.

Spezielle Zimmerpflanzen für das Kinderzimmer sind im Buch mit dem nebenstehenden Symbol gekennzeichnet.

Kinderzimmer-Pflanze: Wachsblume

Vermehrung

Ein besonderes Erlebnis ist für viele Hobbygärtner, Pflanzen selbst heranzuziehen. Die mit Liebe und Geduld herangezogenen Pflanzen sind meist unempfindlicher als gekaufte, denn sie wachsen mit den jeweils vorhandenen Licht-, Wärme und Luftverhältnissen auf.

Vermehrung durch Stecklinge
Der einfache Weg, den Bestand an Zimmerpflanzen zu erweitern, ist die vegetative Vermehrung. Hierzu werden Stecklinge aus Trieben, Blättern oder Stammstücke von der Mutterpflanze geschnitten. Die beste Jahreszeit dafür ist die Wachstumsperiode der Pflanzen, also die Zeit von März bis September.
Zur Bewurzelung sind alle Stecklingsarten gleichermaßen geeignet, sofern der Stängel den richtigen Reifegrad hat und weder zu weich noch zu verholzt ist. Stecklinge sollten Sie nur von gesunden, kräftigen Pflanzen schneiden. Zum Stecklingsschnitt gehört ein scharfes Messer oder eine Rasierklinge.

Entwicklungsstufen eines Stecklings

Kopf- und Teilstecklinge
Kopfstecklinge werden aus der Sprossspitze geschnitten. Teilstecklinge sind beblätterte Stängelstücke ohne Spitze; als Blattstecklinge werden Einzelblätter mit kurzem Stiel bezeichnet. Ein Kopfsteckling hat etwa 4 bis 6 Blätter. Bei Pflanzen mit weiten Blattabständen wie bei der Efeutute und der Wachsblume braucht es nur 1 Blatt zu sein. Den Schnitt sollten Sie immer 1/2 cm unterhalb einer Blattansatzstelle machen, vor einem so genannten Knoten. Die Stecktiefe beträgt etwa 3-4 cm, so dass der Steckling Halt findet. Die erfolgreiche Bewurzelung hängt von der Pflanzenart, dem sauber ausgeführten Stecklingsschnitt sowie gleichbleibender Feuchtigkeit und Wärme ab.

Bewurzelung im Wasserglas

Beachten Sie, dass verholzte Stecklinge länger zum Bewurzeln brauchen als solche mit weichen Stängeln. Besonders einfach hingegen ist die Vermehrung mit Kopf- oder Blattstecklingen, die im Wasser selbstständig Wurzeln bilden.

Vermehrung aus Fruchtkernen

Zur Bewurzelung im Wasser eignen sich besonders Efeutute, Usambaraveilchen, Zwergpfeffer, verschiedene Philodendron-Arten, Fleißige Lieschen.

Damit die Stiele der Blatt- oder Kopfstecklinge nicht faulen, sollten Sie Holzkohlestückchen in ein mit Wasser gefülltes Glas legen. Dann schneiden Sie wie beim Einmachen von Marmelade ein Stück Cellophanpapier zurecht, feuchten es leicht an und spannen es mit Hilfe eines Gummirings über das Gefäß. Danach brauchen Sie nur noch ein paar Löcher mit der Stricknadel in das gespannte Cellophanpapier zu stechen. Nun stecken Sie die einzelnen, im Wasser zu bewurzelnden Stecklinge durch die Löcher. Durch das Abdecken mit Cellophan verdunstet das Wasser nicht, und die Wurzelbildung lässt sich durch das Glas gut beobachten.

Teilblattstecklinge
Zypergras können Sie durch Samen, Teilung oder Stecklinge vermehren. Die quirlartige Krone, auch Blattschopf genannt, wird bis auf 4 cm eingekürzt und mit den Achselknospen umgekehrt auf einen flachen Teller mit Wasser gelegt.
Übrigens, den zu groß gewordenen Bogenhanf können Sie durch Teilung verkleinern und gleichzeitig vermehren. Je nach Blattgröße des Bogenhanfs können Sie von einem Blatt bis zu fünf 3 cm große, U-förmige Teilblattstecklinge schneiden. Für die Bewurzelung entscheidend ist neben dem U-förmigen Schnitt das schräge Einstecken in das Erdsubstrat.
Ebenfalls durch Teilblattstecklinge werden Drehfrucht und die Blatt- oder Rex-Begonie vermehrt. Hier darf das Blatt allerdings nicht willkürlich getrennt werden. Bewurzelungsfähig sind nur mindestens 2 cm lange, rautenförmige Stücke. Sie werden so aus dem unteren Blattteil geschnitten, dass die Spitze der Blattader getrennt wird, während

das Blatt der Drehfrucht, ähnlich wie bei dem Bogenhanf, einfach nur in 3 cm lange Teilblattstecklinge zerlegt wird. Für die Bewurzelung der Drehfrucht gibt es folgende Möglichkeiten:

- Die Teilblattstecklinge schräg in die fein gesiebte Erde einstecken.
- Die Blattunterseite auf die Erde legen und mit kleinen Steinen beschweren oder mit Haftnadeln fest mit der Erde verbinden und die Blattadern an mehreren Stellen anritzen. Schon nach einiger Zeit entwickeln sich an diesen Schnittstellen junge Pflänzchen. Bogenhanf lässt sich zwar durch Teilblattstecklinge vermehren, allerdings werden bis dahin gelb gestreifte Arten wieder grün. Bei Teilung der Rhizome fällt die Pflanze nicht in die Naturform zurück.

Stammstecklinge

Ein klassisches Beispiel hierfür ist der Gummibaum. Nur wenn jedes Blatt mit einem Stück Stamm gesteckt wird, bilden sich unter dem Blatt Wurzeln. Die Temperatur im Vermehrungskasten sollte 25-30°C betragen.

Wenn Sie im April Ihre Pflanzen durch Kopf-, Blatt-, Stamm- oder Teilblattstecklinge vermehren, können Sie schon 5 Monate später mit Jungpflanzen rechnen.

Abmoosen

Ältere, unansehnliche oder zu groß gewordene Pflanzen, wie z.B. Fensterblatt, Baumfreund, Gummibaum, Kamelie, Myrte lassen sich auch durch Abmoosen verjüngen und vermehren. Vor allem fortgeschrittenen Hobbygärtnern sei diese Methode empfohlen. Die beste Jahreszeit dafür ist der Sommer.

Und so wird's gemacht:
An einem besonders schön gewachsenen Ast, der nicht stärker als 3 cm und nicht dünner als 1 cm ist, wird rund um den Ast an der Stelle, an der sich die Wurzeln bilden sollen, ein etwa 1 cm breiter Streifen Rinde abgeschält. Die Schnittfläche wird mit einer Handvoll feuchtem Moos umgeben und mit einer Plastikfolie umwickelt, die oberhalb und unterhalb der Schnittstelle mit Bast zusammengebunden wird. Die Folie sollte durchsichtig sein, um das Wurzelwachstum zu beobachten.

Selbständige Vermehrung

Die Bildung von Kindel

Beim Judenbart und bei der Grünlilie brauchen Sie auf Blattknoten keine Rücksicht zu nehmen. Diese Pflanzen bilden Kindel, das sind bewurzelte Jungpflanzen. Diese Seitensprossen werden von der Mutterpflanze mit einem Messer abgetrennt und in einen Blumentopf mit humoser Erde gepflanzt.

Brutpflanzen

Brutpflanzen wiederum sind lebend gebärende Pflanzen. Dazu zählt die "Henne mit Küken", eine altbekannte Zimmerpflanze. Die jungen Pflänzchen entwickeln sich in diesem Fall aus Knospen, die in den Ausbuchtungen der Mutterpflanzen-Blätter entstehen. Sobald das Blatt herabgebogen wird und so mit der Erde in Berühung kommt, bilden sich Erdwurzeln.

Vermehrung durch Aussaat

Nun gibt es nicht nur die Möglichkeit, über Stecklinge neue Pflanzen zu gewinnen, sondern auch durch Aussaat. Diese generative Vermehrung ist die gebräuchlichste.

Anzucht

Am einfachsten ist die Bewurzelung in einem Anzucht-Set. Es enthält alle notwendigen Dinge für die Vermehrung. Bei der Aussaat müssen Sie unbedingt die angegebenen Kulturhinweise einhalten. Bei der beliebten Königspalme heißt es, den Samen zur besseren Keimung in handwarmem Wasser vorquellen zu lassen. Die Zwergpalme gilt als besonders leicht anzuziehende Zimmerpflanze. Ihr Samen muss aber ebenfalls für 24 Stunden in handwarmem Wasser vorquellen. Dieser Trick hat sich auch bei der Zwergpalme, dem Bananenbaum/Zierbanane und der Passionsblume bewährt. Wenn Sie Ihre Pflanzen künftig selbst anziehen möchten, ist eine tägliche Beobachtung und Pflege (Lüften, Anfeuchten, Pikieren) für den Erfolg ausschlaggebend.

Grünlilien lassen sich leicht aus Kindeln ziehen

Überwintern

Die meisten Zimmerpflanzen stammen aus tropischen oder subtropischen Regionen der Erde (z.B. Gummibaum, Fensterblatt, Philodendron etc.). Am Naturstandort gedeihen sie rund ums Jahr im selben Milieu, das heißt bei gleichen Lichtverhältnissen, konstanter Wärme und hoher Luftfeuchte. Dort wachsen sie natürlich auch das ganze Jahr gleichmäßig. Bei uns müssen sie sich jedoch den örtlichen Gegebenheiten anpassen. Besonders macht ihnen das geringe Licht im Winterhalbjahr zu schaffen. In dieser Zeit gehen viele, insbesondere empfindliche Pflanzen zugrunde, weil sie oft hohe Temperaturen hinnehmen müssen und zum Wachsen angeregt werden, aber zu wenig Licht bekommen. Obwohl Zimmerpflanzen keine speziellen Winterquartiere bekommen – immerhin sollen sie ja besonders im Winter die Atmosphäre im Haus verbessern –, sollten sie wenigstens nicht überfordert und so gut wie möglich akklimatisiert werden. Vor allem sollte ihnen so viel Licht wie möglich zukommen (eventuell mit Hilfe von Pflanzenleuchten oder durch Umstellung an hellere Plätze).
Außerdem ist die Wasserversorgung dem verminderten Wachstum anzupassen. Dünger brauchen sie in der Winterzeit normalerweise nicht. Erst ab Februar, wenn die Tage wieder spürbar länger werden, kommt den Zimmerpflanzen wieder mehr Wasser und Dünger zugute.

Wintergarten – Planung und Bepflanzung
Im Winter, wenn die Natur kahl und öde erscheint, wächst die Sehnsucht nach mehr Grün in der Wohnung, nach ungetrübten Freuden an Pflanzen. Den Traum vom Garten mitten im Winter voller grüner und blühender Pflanzen erfüllen sich immer mehr Hobbygärtner. Tatsächlich ist der Wintergarten ein Paradies für Blumen- und Pflanzenliebhaber. Er erweitert den Wohnbereich um ein grünes Zimmer, verbessert das Wohnklima mit mehr Sauerstoff und höherer Luftfeuchtigkeit. Gleichzeitig wird Energie durch die im Glashaus eingefangene Sonnenwärme gespart.
Die Veranda- und Balkonverglasung ist die einfachste Lösung, die Sonnenstrahlen einzufangen. Sie lässt sich sowohl bei ein- als auch bei mehrgeschossigen Wohnhäusern verwirklichen.

Das Wohnhaus mit integriertem Wintergarten
Der große Nutzen eines verglasten Gartens liegt in der ganzjährigen Einbeziehung der Natur in die Wohnatmosphäre. Südländisches Flair, mit tropischen oder subtropischen Pflanzen zu genießen, gelingt nur, wenn diese Pflanzen im Schutz von lichtdurchlässigem Glas vor Witterungseinflüssen bewahrt, gehegt und gepflegt werden können. Bevor Sie also planen, sollten Sie sich eingehend nach den ortsbedingten Möglichkeiten erkundigen. Wichtig ist auch abzuklären, ob der geplante Wintergarten genehmigungspflichtig ist. Am besten fragen Sie hierzu einen Architekten.

Geeignete Pflanzen für das Kalthaus
Soll der Wintergarten das ganze Jahr über genutzt werden oder geht es um ein Kalthaus im Temperaturbereich von 5-10°C? Ein Kalthaus ist für alle Mittelmeerpflanzen wie Palmen, Agaven, Akazien, Bougainvilleen, Bubiköpfchen, Eukalyptus, Fuchsie, Kamelie, Clivie, Pelargonien, Gerbera, Mimose, Passionsblume, Schmucklilie, Schönmalve usw. zum Überwintern ideal.

Geeignete Pflanzen für das Warmhaus
Das Warmhaus kann als Wohnraum mit Temperaturen 10-18°C genutzt werden. Folgende Pflanzen fühlen sich in einem solchen Wintergarten wohl: Banane, Birkenfeige, Bromelien, Drachenbaum, Drehfrucht, Efeu, Flamingoblume, Geweihfarn, Grünlilie, Gummibaum, Calla, Columnee, Kranzschlinge, Kroton, Losbaum, Orchideen, Philodendron, Schwertfarn Steckenpalme, Schefflere, Tibouchina, Wachsblume, Yucca, Zimmerlinde, Zypergras.

Hydrokultur

»Hydrokultur« ist nichts Künstliches, sondern etwas ganz Natürliches, denn das Vorbild für Hydrokultur ist die Natur. Einst gab es als Existenzgrundlage für Pflanzen Lavagestein und Wasser. Das Wort "Hydro" kommt aus dem Griechischen, es bedeutet Wasser. Der Begriff "Kultur" wiederum ist dem Lateinischen entnommen und bedeutet soviel wie Züchtung von Pflanzen. Demnach könnte Hydrokultur sinngemäß mit Wasserzucht oder Wasserkultur übersetzt werden. Es wird hier aber keineswegs Erde durch Wasser ersetzt, vielmehr tritt an die Stelle der Erde Tongranulat. Dieses wird in Form von gebrannten Tonkügelchen von 2-16 mm Durchmesser angeboten. Das natürliche, poröse Material hat den Vorteil, dass es sauber, biologisch neutral und salzarm ist. Das sind günstige Voraussetzungen für ein gesundes Wachstum ohne Bodenschädlinge.

Für gesundes Wachstum: Hydrokultur

Von der Erd- zur Hydrokulturpflanze

Mit der Umstellung sollten Sie möglichst zu Beginn der Wachstumsperiode der Pflanze, also im März/April beginnen. Bis spätestens Anfang Oktober muss der Prozess abgeschlossen sein, weil dann die Ruhepause der Pflanzen beginnt. In den lichtarmen Wintermonaten November bis Februar sind die Erfolgschancen weitaus geringer. Auch dürfen Sie auf keinen Fall Pflanzen während der Blütezeit umstellen. Am besten starten Sie Ihre ersten Versuche mit jungen gesunden Pflanzen.

Zur Umstellung brauchen Sie Tongranulat, Kulturtopf, Hydrokulturgefäß, Wasserstandsanzeiger und Nährstoffe.

Besonders einfach umzustellen sind folgende Pflanzen: Dieffenbachie, Schefflere, Drachenbaum, Zwergpfeffer, Bogenhanf, Yucca, Zypergras, Hibiskus, Philodendron-Arten. Außerdem Kolbenfaden, Fensterblatt, Efeutute, Wachsblume, Bergpalme, Fingeraralie und Flammendes Käthchen.

Das Tongranulat sollten Sie zunächst unter fließendem Wasser abspülen. Anschließend bleibt es 24 Stunden im Wasser liegen, damit es sich vollsaugen kann. In der Zwischenzeit wird der Wasserstandsanzeiger in den zur Pflanzengröße passenden Kulturtopf eingesetzt. Nun sollten Sie die Erdpflanze austopfen und mit ihrem Wurzelballen etwa 1/2 Stunde in lauwarmes Wasser stellen. Danach ist die Erde vorsichtig vom Wurzelballen zu lösen. Mit einer Dusche oder unter einem lauwarmen Wasserstrahl geht es am besten. Sie müssen so lange ausspülen, bis keine Erde mehr an den Wurzeln haftet. Den Kulturtopf füllen Sie dann zu 1/4 mit dem gewässerten Tongranulat. Darauf wird die Pflanze so gesetzt, dass das Wurzelwerk sich locker nach allen Seiten ausbreitet und gut in das einzufüllende Tongranulat eingebettet ist. Sie füllen so weit auf, dass die Wurzeln völlig bedeckt sind und der Kulturtopf randvoll ist. Zum Schluss sollten Sie den Topf kurz aufstoßen, damit das Tongranulat sich dicht um die Pflanzenwurzeln legt. Beim anschließenden Gießen ist lauwarmes Leitungswasser zu verwenden. Der Wasserstand sollte die Optimal-Markierung nicht übersteigen.

Schritt für Schritt, so wird's gemacht

Um der Pflanze die Umstellung zu erleichtern, sollten Sie ihr einen schützenden Mantel geben. Durch Überstülpen einer Klarsichtfolie erreichen Sie ein pflanzenfreundliches Ökosystem, das dem Gewächshausklima gleich kommt. Zum Spannen der Plastikfolie können Sie z.B. vier Schaschlikstäbe am Topfrand einstecken. Zur gesunden Pflanzenentwicklung erhält die Plastikfolie zum Schluss ein paar Luftlöcher. Nach Umstellung der noch empfindlichen und daher besonders pflegebedürftigen Pflanzen ist ein warmer, heller Standort erforderlich. Berücksichtigen Sie, dass die Pflanze in den nächsten Wochen die für Hydrokultur typischen Wasserwurzeln bildet. Ältere Erdwurzeln sterben gleichzeitig ab. Daher ist es wichtig, dass Sie den Wurzelballen nach 3 bis 4 Wochen noch einmal durchdringend wässern. Dazu nehmen Sie den Kulturtopf aus dem Hydrokulturgefäß und halten ihn unter die lauwarme Dusche. In der Regel ist dann die Wurzelentwicklung so weit fortgeschritten, dass die Pflanze ohne zusätzlichen Schutz Wasser und Nährstoffe aufnehmen kann.

Ob die Umstellung von Erfolg gekrönt war, erkennen Sie durch Befühlen der Blätter.

Übrigens, düngen dürfen Sie die neue Hydrokulturpflanze erst nach 2 bis 4 Wochen. Besonders einfach ist das mit Hilfe einer Nährstoffbatterie. Sie wird einfach in die dafür geschaffene Aussparung unter dem Kulturtopf eingesetzt. Selbstverständlich können Sie auch rieselfähigen Spezialnährstoff verwenden. Weitaus schwieriger ist es, Pflanzen mit stark verzweigtem Wurzelwerk oder verfilztem Ballen umzustellen. Dazu zählen Farne, Begonien und Flamingoblumen. Der Hibiskus dagegen lässt sich trotz seiner feinen Wurzeln gut umstellen. Allerdings müssen Sie der Pflanze helfen, die Assimilationsfläche zu verkleinern, wozu alle verholzten Triebe bis auf 1/3 der Länge zurückgeschnitten werden müssen.

Regenwasser sammeln

Gießen

Offensichtlich haben viele Zimmergärtner Probleme mit dem Gießen. So manche Zimmerpflanzen werden zu reichlich gegossen. Die Pflanzen welken, weil ihre Wurzeln durch die stehende Nässe nicht mehr genügend Sauerstoff bekommen. Die Wurzeln faulen und können kein Wasser mehr aufnehmen. Nur ganz wenige Gewächse wie das Zypergras verkraften reichlich bemessene Wassergaben und sogar Staunässe. Generell sollten Sie, um

Wurzelfäule zu verhindern, überschüssiges Gießwasser nie länger als ein paar Minuten im Untersatz oder Übertopf stehenlassen.

Für ein gelegentliches Tauchbad sind viele Pflanzen wie Farne, Alpenveilchen, Orchideen und vor allem alle Moorbeetgewächse wie Kamelien, Heidekraut und Azaleen dankbar. Wenn der torfhaltige Ballen einmal zu trocken geworden ist, hilft nur noch, die Pflanze bis über den Topfrand in leicht temperiertes Wasser zu stellen, dem Sie einen Spritzer Spülmittel hinzufügen. Nur entspanntes Wasser kann noch von einem ausgetrockneten Erdballen aufgenommen werden.

Zugabe von Flüssigdünger

Gießrhythmus
Leider gibt es keine allgemein gültige Antwort, wie der Gießrhythmus sein soll. Der Wasserbedarf einer Pflanze hängt nämlich von der Raumtemperatur, der Jahreszeit, der Pflanzengröße und Pflanzenart ab. Auch die Lichtverhältnisse am Standort bestimmen den Wasserbedarf. Nicht nach Gutdünken – mal viel, mal wenig – dürfen Sie das lebensnotwendige Nass der Pflanze zukommen lassen, sondern in wohldosierten Mengen. Gegossen wird grundsätzlich, wenn das Erdreich abgetrocknet ist, abgetrocknet heißt aber nicht ausgetrocknet.

Es empfiehlt sich, Zimmerpflanzen das ganze Jahr über mit temperiertem, abgestandenem Leitungswasser von 20-26°C zu vergießen.

Nicht jedes Wasser ist pflanzenfreundlich
Hartes Wasser behindert das Wachstum. Der Erfolg mit Zimmerpflanzen hängt nicht nur von dem so genannten grünen Daumen ab. Auch die Qualität des Gießwassers spielt eine große Rolle, denn unser Leitungswasser ist – je nach Härtegrad – mit unterschiedlichen Mengen an Salz belastet. Im Laufe der Zeit reichern sich diese Salze im Erdsubstrat an. Die Folge davon sind Schäden wie gelbe Blätter und eingetrocknete Blattspitzen. Hartes Leitungswasser wird überhaupt nicht vertragen von empfindlichen Zimmerpflanzen wie Orchideen, Tillandsien, Fleisch fressende Pflanzen, Bromelien, Farn, Kamelien, Apfelsinenbäumchen, Gardenien und Brunfelsien. Regenweiches Wasser hingegen lieben fast alle tropischen und subtropischen Gewächse.

Was ist zu tun?
Bisher haben viele Pflanzenfreunde Regenwasser gesammelt oder nur abgekochtes, abgestandenes Wasser zum Gießen verwendet bzw. einen mit Torf gefüllten Perlonstrumpf in das Wasser gelegt und so das Gießwasser enthärtet.

Die jeweiligen Zimmerpflanzen, die ein zu hartes Gießwasser nicht vertragen, sind vorne im Hauptteil von A-Z mit einem Symbol (siehe S. 3) ausgewiesen.

Düngen

Dünger wird in flüssiger, pulverisierter oder in gepresster Form (Düngestäbchen) angeboten.
Gedüngt wird nach Gebrauchsanweisung vor und während der Blütezeit bzw. in der Wachstumsperiode. Die Wachstumsperiode liegt in der Regel in den lichtreichen Monaten von März bis September.

Wenig oder gar nicht gedüngt wird in der Ruhezeit einer Pflanze. In der Regel sind das die lichtarmen Monate von Oktober bis März. Frisch umgesetzte Pflanzen dürfen ebenfalls nicht gedüngt werden.

Stickstoff (N) baut Eiweiß auf und fördert damit als Motor im Pflanzengewebe die Entwicklung von Trieben und Blattmasse. Stickstoffmangel äußert sich bei allen Pflanzen durch eine gleichmäßig gelblich grüne Verfärbung und unzureichenden Wuchs. Ein Stickstoffüberschuss bewirkt ein aufgeschwemmtes Gewebe. Die Pflanzen werden anfällig gegen Krankheiten und Schädlinge.

Nitratbestimmung während der Hauptwachstumszeit
Die Messung des Nitratgehalts im Pflanzensaft sollte mit Teststreifen in der Hauptwachstumszeit durchgeführt werden.
Die Stickstoffwerte in den Grünteilen sind ein Maßstab für den Stickstoffhaushalt in der Pflanzerde.

Weitere Pflanzennährstoffe und ihre Aufgaben
Phosphorsäure (PO) ist ganz entscheidend für alle Blütenpflanzen, denn Phosphorsäure fördert die Blühwilligkeit sowie Frucht- und Samenbildung. Durch die Phosphorsäure wird auch das Wurzelwachstum unterstützt.

Kali (KO) ist entscheidend für Blätter und Früchte. Kali schafft feste Zellwände und erhöht die Widerstandskraft der Pflanze gegen Krankheiten und tierische Schädlinge.

Kalk (Ca) ist eine Art Schutzpolizei im Pflanzengewebe und im Boden. Durch Kalk werden überschüssige Säuren neutralisiert, er beschleunigt Umsetzungsvorgänge und macht verschiedene schwer aufnehmbare Nährstoffe pflanzenverfügbar.

Magnesium (Mg) und Eisen (Fe)
Zählen zu den wichtigsten Bausteinen des Blattgrüns. Von ihrem Vorhandensein hängt der Aufbau von Zucker und Stärke in der Pflanze ab.

Mikronährstoffe und Spurenelemente
Etwa 10 Elemente, wie z.B. Bohr, Kupfer, Mangan, Zink usw. werden zum Wachstum dringend benötigt.
Bei einem Molybdänmangel zeigt die Pflanze schwächere, schmale Blätter. Der Mangelerscheinung können Sie mit Natriummolybdat vorbeugen. Dazu wird 1 Gramm in 5 Liter zimmerwarmem Regenwasser aufgelöst.

Bewässerung im Urlaub

Zum Problem können lieb gewonnene Pflanzen in der Urlaubszeit werden. Schließlich geht es um Lebewesen, die Sie nicht sich selbst überlassen können. Zimmerpflanzen versorgen sich eben nicht automatisch mit Regen, Sonnenlicht und Nährstoffen. Während des Urlaubs verreist ein Großteil der Bürger, und nicht jede Familie hat Nachbarn, Freunde oder Verwandte, die sich um Haus und Grün kümmern können, zumal die Wohnverhältnisse auch anders als früher sind.

Deshalb erhalten Sie hier einige Tipps, die ein Maximum an Sicherheit im Hinblick auf die Bewässerung und die Düngung bieten. Diese Langzeitbewässerungsmöglichkeiten sind sowohl professionell in Gartenbaubetrieben und Forschungsinstituten als auch selbst erprobt worden. Vielleicht sind Sie aber als passionierte Zimmergärtner mehr an einer dauerhaften Lösung interessiert, die die Pflanzen regelmäßig ohne jede Überbewässerung und -düngung mit Wasser und Nährstoffen versorgt.

Vorbereitung der Pflanzen auf die Selbstversorgung
Etwa 3 bis 4 Wochen vor der Reise müssen Sie die Pflanzen auf die Umstellung vorbereiten. Konkret heißt das, dass Sie das System vorher ausprobieren und dabei auch überlegen sollten, welche sonstigen Veränderungen – außer der Art der Bewässerung und Düngung – noch während der Zeit der Abwesenheit auf die Pflanzen einwirken.

Die Bewässerung von Orchideen erfordert Fingerspitzengefühl

Bewährt haben sich folgende Methoden zur Vorbereitung
- Verblühtes abschneiden, dürre Zweige und Blätter ausputzen, nach Möglichkeit auch die Blätter von oben nach unten abduschen, damit sie staubfrei sind und besser atmen können.
- Vor dem Umstellen auf das ausgewählte System Pflanzen satt wässern. Dazu tauchen Sie die Pflanze mit ihrem Gefäß bis über den Topfrand in einen Eimer mit lauwarmem Wasser (ca. 20°C). Wenn nach 10 bis 15 Minuten keine Luftbläschen mehr aufsteigen, ist der Ballen ausreichend getränkt.
- Düngervorrat überprüfen und gegebenenfalls ergänzen.
- Pflanzen nach Möglichkeit in ihrer gewohnten Umgebung belassen.

Tonkegel
Auf der Saugfähigkeit von Ton beruht das folgende Bewässerungsverfahren. Der hohle Kegel besteht im unteren spitzen Teil aus Ton und ist mit einem zylindrischen Teil aus starrem Kunststoff verlängert. Auf diesen Kunststoffteil wird eine Kappe aus Kunststoff aufgesteckt, an der ein dünner Kunststoffschlauch angebracht ist. Den Kegel sollten Sie mit dem Tonteil von oben in den Wurzelballen der Pflanze stecken, den Schlauch in den Wasserbehälter. Die Saugleitung kommt dadurch zustande, dass der untere Tonteil so viel Wasser an die Pflanze abgibt, wie diese verbraucht.

Und so wird's gemacht:
- Die Pflanze im Kulturtopf gut wässern. Den Tonkegel mit Schlauch und Kappe so lange in Wasser tauchen, bis keine Luftblasen mehr aufsteigen; er ist dann vollgesogen.
- Die Kappe unter Wasser auf den Tonkegel aufsetzen.
- Den Wasserspeicher randvoll auffüllen und neben die Pflanze stellen.

- Den Kegel aus dem Wasser nehmen und neben die Pflanze in den Wurzelballen stecken, dabei den Schlauch so tief wie möglich in den Wasserspeicher hängen lassen; das Ende beschweren.
- Den Wasserstand kontrollieren, Ansaugvorgang – wenn nötig – wiederholen.

Darüber hinaus bietet der Handel sehr hilfreiche »Rundum-Pflegesysteme« an, die gerade auch das Bewässerungsproblem während der Urlaubszeit für Sie gut und einfach lösen.

Umtopfen

Zimmerpflanzen leben anders als ihre Schwestern in der freien Natur, ihr Lebensraum ist stark begrenzt. Dennoch können diese Pflanzen bei guter Pflege wachsen und gedeihen. Zu ihrem Wohlbefinden gehört zunächst das richtige Pflanzgefäß mit entsprechender Erde.

Richtiger Zeitpunkt zum Umtopfen
Anfang März beginnt die neue Wachstumssaison. Jungpflanzen müssen in einen größeren Topf in frische Pflanzenerde umgetopft werden. Jungpflanzen wachsen besonders stark, sie sollten jährlich umgetopft werden. Ältere Pflanzen werden nach Bedarf alle 2 bis 3 Jahre umgepflanzt. Ältere Exemplare, die bereits 3 bis 4 Jahre im gleichen Kulturgefäß wachsen, sollten ebenfalls einen Erdwechsel und durch einen größeren Topf mehr Lebensraum erhalten. Verblühtes, welke Pflanzenteile und Teiltriebe sollten Sie gleichzeitig entfernen.
Wenn die Wurzeln bereits aus dem Topf herauswachsen, wird es höchste Zeit zum Quartierwechsel. Das gilt auch für Pflanzen, die dem Gefäß sichtbar entwachsen sind und sich bereits aus dem Topf herausdrücken. Dennoch sollten Sie mit dem Umtopfen nach Möglichkeit bis zum Frühlingsbeginn warten! Die beste Jahreszeit hierfür ist die Wachstumsphase von April bis Juni.

Die Auswahl des richtigen Gefäßes: Ton- oder Kunststofftopf
In Tontöpfen brauchen Pflanzen mehr Wasser. Dennoch hat der Tontopf Vorteile, er ist atmungsaktiv und weit weniger klimatischen Schwankungen wie Hitze und Kälte ausgesetzt. Tontöpfe sollten Sie vor der Bepflanzung 2 Stunden lang in kaltes Wasser legen. Wenn Sie Ihre Zimmerpflanze in einen ungewässerten Tontopf pflanzen, entzieht der Ton der Erde die letzte Feuchtigkeit, so dass die Pflanze verdursten kann. Für besonders schwere, große Pflanzen sind auf alle Fälle Tontöpfe zu empfehlen.

Wertvolle Komposterde

Aber nicht nur, wenn die Wurzeln aus dem Topf wachsen oder die Pflanze sich deutlich vom Topf abhebt, wird umgetopft. Es muss auch umgetopft werden, wenn vor lauter Wurzelfilz keine Erde mehr zu erkennen ist oder wenn Moos die Erdoberfläche bedeckt.

Topfgröße
Grundsätzlich gilt, dass der neue Topf nur eine Nummer größer als der vorherige sein sollte. Nach altbewährter Methode kommen zunächst Tonscherben zur Abdeckung des Bodenlochs und als Dränage in den Topf.

Austopfen
Vor dem Austopfen wird der Ballen ringsherum mit dem Messer vorsichtig von dem alten Topf gelöst. Anschließend sollte der Pflanzentopf umgedreht und mit dem Rand leicht auf der Tischkante aufgeklopft werden. Rutscht der Erdballen so nicht aus dem Topf, geht es dem Tontopf mit dem Hammer an den Kragen, seine Scherben sind ja für die Drainageschicht ideal. Übrigens

Terrakottatöpfe

empfiehlt es sich, Pflanzen, die umgetopft werden sollen, vorher nicht mehr zu gießen, weil ein trockener Ballen sich leichter von dem alten Topf löst als ein feuchter. Einen Kunststofftopf müssen Sie, falls der Ballen sich nicht löst, mit der Schere aufschneiden. Der Erdballen sollte dabei unbeschädigt bleiben.
Um die Wurzeln zu neuem Wachstum anzuregen, wird der Wurzelfilz ringsherum mit einer Wurzelkralle oder Gabel aufgelockert. Auch die oberste Erdschicht wird abgebröselt. Ganz besonders wichtig ist dieses Lockern bei Moorbeetpflanzen, also bei Azaleen, Kamelien und Heidekraut.

Sind die Wurzelspitzen weiß oder hell, so können Sie davon ausgehen, daß Ihre Pflanze ganz gesund ist. Braune oder abgestorbene Wurzeln müssen beim Umtopfen mit der Schere entfernt werden, und zwar so weit, bis helle Wurzeln zum Vorschein kommen.

Zur Qualität der Erde

Am einfachsten ist es, zum Umtopfen Einheitserde zu verwenden. Wenn Sie eine ganze Galerie von Topfpflanzen umzutopfen haben, wird es mit selbst gemischter Erde billiger. Als Mischung eignet sich 1/3 Torf, 1/3 Sand, 1/3 Komposterde. Vorsicht! Nur wirklich reifer, mindestens 3 Jahre alter Kompost darf verwendet werden. Sicherheitshalber sollte Komposterde im Backofen eine Stunde bei 250°C keimfrei gemacht werden.
Die drei Erdkomponenten werden anschließend angefeuchtet und kräftig miteinander vermischt.

Nicht jede Erde ist für jede Pflanze geeignet

So brauchen **Orchideen** z.B. eine besondere Erdmischung, die ihrem natürlichen Standort entspricht. Lebensnotwendig für Orchideen ist ein besonders durchlässiges Substrat, dessen pH-Wert zwischen 5 und 5,5 liegen sollte. Diese Borkensubstrate sind für Orchideen in verschiedenen Körnungen erhältlich.
Für Orchideen, die in größeren Gefäßen wachsen und viel Luft im Wurzelbereich benötigen, sollten Sie die Körnung 1-3 cm kaufen. Für die in Erde wachsenden kleineren Orchideen reicht die feinere Körnung von 0,3-1,5 cm aus.

Orchidee

Kakteen und andere **Sukkulenten** brauchen ein durchlässiges Substrat, das der Staunässe vorbeugt, und zwar mit einem pH-Wert von 4,5-6,5. Das mineralische Substrat für Kakteen besteht aus 1/3 Gartenerde, 1/3 Torf und 1/3 Sand unter Zusatz von Holzkohle und Lehm.

Eine stark saure Erde besteht aus einer Substratmischung mit einem pH-Wert von 4,5 bis 5,5. Sie besteht in der Regel aus saurem Hochmoor-Weißtorf, Nadelerde, saurer Lauberde und kalkarmem Lehm. Moorbeetpflanzen wie Azaleen, Kamelien, Heidekraut und Hortensien sind auf diese spezielle Erdmischung angewiesen.

Eintopfen

Auf die Tonscherben kommt zunächst eine Erdschicht, darauf dann die Pflanze. Halten Sie die Pflanze gerade. Sie darf nicht tiefer als im alten Topf eingepflanzt werden. Mit der einen Hand wird die Pflanze gehalten, mit der anderen wird die Erde aufgefüllt. Sobald das neue Gefäß gefüllt ist, wird die Erde angedrückt. Dabei ist auf einen ausreichenden Gießrand zu achten.
Frisch umgepflanzte Zimmerpflanzen müssen zum Schluss gut angegossen werden. In den nächsten Wochen darf weder gedüngt noch die Pflanze der prallen Sonne ausgesetzt werden. Nach dieser Schonzeit pflegen Sie die Pflanze wie üblich.

Kakteen brauchen durchlässiges Substrat

Pflanzenverzeichnis

Pflanzennamen Deutsch-Latein

Agave	Agave
Akazie	Acacia
Allamande	A. cathartica
Aloe	Aloe vera
Alokasie	Alocasia
Alpenveilchen	Cyclamen
Amaryllis	Hippeastrum
Aralie	Fatsia japonica
Aschenblume	Cineraria
Austral. Silbereiche	Grevillea robusta
Avocado	Persea americana
Azalee	Rhododendron
Bambusgras	Bambusa aspera
Bananenbaum	Musa
Baumfreund	Philodendron
Baumwolle	Gossypium
Baumwucherer	Dendrobium
Begonie	Begonia
Bergpalme	Chamaedorea
Betelpalme	Areca
Birkenfeige	Ficus benjamina
Bischofsmütze	Astrophytum
Blattbegonie	Begonia-Rex-Hybride
Blattkaktus	Epiphyllum
Blaues Lieschen	Exacum affine
Bogenhanf	Sansevieria
Bougainville	Bouganvillea
Brassia	Brassia
Brunfelsie	B. pauciflora
Bubiköpfchen	Soleivolia
Buckelkaktus	Notocactus
Buntnessel	Coleus
Buntwurz	Caladium
Calla	Zantedeschia
Catharanthus	Catharanthus
Cattleye	Cattleya
Centradenia	Centradenia
Christusdorn	Euphorbia milii
Clivie	Clivia
Columnea	Columnea
Cotyledon	Cotyledon
Crossandre	Crossandra
Cymbidie	Cymbidium
Dattelpalme	Phoenix dactylifera
Dickblattgewächs	Crassula brevicaule
Dieffenbachie	Dieffenbachia
Dipladenie	Dipladenia
Doldenrebe	Ampelopsis
Drachenbaum	Dracaena
Drehfrucht	Streptocarpus
Duftgeranie	Pelargonium
Dyckia	Dyckia
Echeverie	Echeveria
Edel-Pelargonie	Pelargonium
Efeu	Hedera helix
Efeuaralie	Fatshedera lizei
Efeutute	Epipremnum
Eidechsenwurz	Sauromatum
Eierbaum	Solanum melongena
Einblatt	Spathiphyllum
Elefantenohr	Haemanthus
Elfenspiegel	Nemesia
Epidendrum	Epidendrum
Eukalyptus	Eucalyptus
Feigenkaktus	Opuntia
Fensterblatt	Monstera diliciosa
Fetthenne	Sedum
Fingeraralie	Dizygotheca
Fittonie	Fittonia
Flamingoblume	Anthurie scherzerianum
Flammendes Käthchen	Kalanchoe
Fleißiges Lieschen	Impatiens
Frauenhaarfarn	Adiantum
Fuchsie	Fuchsia Hybriden
Gardenie	G. jasminoides
Gasterie	Gasteria
Geißklee	Cytisus
Gerbera	Gerbera
Geweihfarn	Platycerium
Glanzkölbchen	Aphelandra squarrosa
Glockenblume	Campanula
Gloriose	Gloriosa
Gloxinie	Sinningia
Glücksklee	Oxalis deppei
Goldähre	Pachystachys lutea
Grünlilie	Chlorophytum comosum
Gummibaum	Ficus elastica
Guzmanie	Guzmania
Gynure	Gynura
Hanfpalme	Trachycarpus
Haworthie	Haworthia
Heidekraut	Erica
Henne mit Küken	Tolmiea meziesii
Herzenskelch	Eucharis
Hibiscus	Hibiscus
Hirschzungenfarn	Phyllitis
Hohlnarbe	Coelogyne
Hornklee	Lotus
Hortensie	Hydrangea macrophylla
Hyazinthe	Hyacinthus
Iresine	Iresine herbstii
Ixore	Ixora
Jakobinie	Jacobinia
Jasmin	Jasminum
Judenbart	Saxifraga stolonifera
Jungfernrebe	Parthenocissus
Kängurublume	Anigozanthus
Kaffeestrauch	Coffea arabica
Kalmus	Acorus
Kamelie	Camellia
Kannanplanze	Nepenthes
Kanonierblume	Pilea
Kap-Hyazinthe	Lachenalia
Kastanienwein	Tetrastigma
Katzenschwanz	Acalypha
Kentia-Palme	Howeia
Keulenlilie	Cordyline
Kirschmyrte	Eugenia

Kletterfarn	Lygodium
Kletterfeige	Ficus pumila
Klimme	Cissus
Knollenbegonie	B. tuberhybrida
Köcherblümchen	Cuphea
Königin der Nacht	Selenicereus
Königswein	Cissus rhombifolia
Kohlerie	Kohleria
Kokuspälmchen	Microcoelum weddelianum
Kokospalme	Cocos nucifera
Kolbenfaden	Aglaonema
Korallenbäumchen	Solanum
Korallenmoos	Nertera
Korbmarante	Calathea
Kranzschlinge	Stephanotis
Kreisfahne	Chorizema
Kreuzkraut	Senecio
Krokus	Crocus
Kroton	Codiaeum
Kußmäulchen	Hypocyrta glabra
Laelia	Laelia
Lanzenrosette	Aechmea
Lebende Steine	Lithops
Leuchterblume	Ceropegia woodii
Lobivie	Lobivia
Losbaum	Clerodendrum
Madagaskarpalme	Pachypodium
Malaienblume	Phalaenopsis
Marante	Marante Calatha
Medinilla	Medinilla magnifica
Melonenkaktus	Melocactus
Microlepie	Microlepia
Mimose	Mimosa pudica
Mistelfeige	Ficus deltoidea
Mooskraut	Selaginella
Mottenkönig	Plectranthus
Myrte	Myrtus
Neoporterie	Neoporteria
Neoregelie	Neoregelia
Nestfarn	Asplenium
Nestrosette	Nidularium
Orangenblume	Choisya
Osterkaktus	Rhipsalidopsis
Palisanderbaum	Jacaranda
Palmfarn	Cycas revuluta
Pantoffelblume	Calceolaria
Paradiesvogelblume	Strelizia reginae
Parodie	Parodia
Passionsblume	Passiflora caerulea
Pavonie	Pavonia
Peitschenkaktus	Aporocactus
Pentas	Pentas
Pfeffer	Piper
Pfeilwurz	Maranta
Primel	Primula
Punktblume	Hypoestes
Rhoeo	Rhoeo
Rippenfarn	Blechnum
Ruhmesblume	Clianthus
Säulenkaktus	Cereus
Sauerklee	Oxalis regnellii
Saumfarn	Pteris
Schamblume	Aeschynanthus
Schattenröhre	Episcia
Schefflere	Schefflera
Schiefteller	Achimenes
Schildblume	Aspidistra
Schildfarn	Polystichum
Schnapskopf	Lophophora williamsii
Schneebusch	Breynia
Schönmalve	Abutilon
Schopfcereus	Cephalocereus
Schopflilie	Eucomis
Schraubenbaum	Pandanus
Seeigelkaktus	Echinopsis
Segge	Carex
Seidenpflanze	Asclepias curassavica
Sichelfarn	Crytomium
Silberkerze	Cleistocactus
Simse	Scirpus cernuus
Smithianthe	Smithiantha
Sommeramaryllis	Vallota
Sonnentau	Drosera
Speerfarn	Doryopteris
Spitzblume	Ardisia
Stachelpelz	Oplismenus
Steckenpalme	Rhapis
Stiefmütterchen-O.	Miltonia
Strauchveronika	Hebe
Stromanthe	Stromantha
Südseemyrte	Leptospermum
Swaisona	Swaisona
Tillandsie	Tillandsie
Topfrose	Rosa
Tradeskantie	Tradescantia
Tüpfelfarn	Polypodium
Usambaraveilchen	Saintpaulia
Vanda	Vanda
Venusfliegenfalle	Dionaea
Versteckblüte	Cryptanthus
Vriesea	Vriesea splendens
Wachsblume	Hoya bella
Warzenkaktus	Mammillaria
Washington-Palme	Washingtonia
Weihnachtskaktus	Schlumbergera
Weihnachtsstern	Pointsettie
Winterrakete	Veltheimia
Wollmispel	Eriobotrya
Wüstenrose	Adenium obesum
Yucca	Y. elephantipes
Zahnzunge	Odontoglossum
Zebrakraut	Zebrina
Zierananas	Ananas comosus
Zierhopfen	Beloperone guttata
Zierpfeffer	Capsicum annuum
Zierspargel	Asparagus
Zimmeresche	Rademachera
Zimmerhafer	Billbergia
Zimmerlinde	Sparmannia
Zimmertanne	Araucaria
Zimmerzypresse	Cupressus
Zitrusfrüchte	Citrus
Zungenblatt	Glottiphyllus
Zwergpfeffer	Peperomia
Zypergras	Cyperus

Pflanzennamen Latein–Deutsch

Pflanzennamen Latein-Deutsch

Abutilon	Schönmalve
Acacia	Akazie
Acalypha	Katzenschwanz
Achimenes	Schiefteller
Acorus	Kalmus
Adernium obesum	Wüstenrose
Adenium	Frauenhaarfarn
Aechmea	Lanzenrosette
Aeschynanthus	Schamblume
Agave	Agave
Aglaonema	Kolbenfaden
Allamanda	Allamande
Alocasia	Alokasie
Aloe vera	Aloe
Ampelopsis	Doldenrebe
Ananas comosus	Zierananas
Anigozanthos	Kängurublume
Anthurie scherzerianum	Flamingoblume
Aphelandra squarrosa	Glanzkölbchen
Aporocactus	Peitschenkaktus
Araucaria	Zimmertanne
Ardisia	Spitzblume
Areca	Betelpalme
Asclepias curassavica	Seidenpflanze
Asparagus	Zierspargel
Aspidistra	Schildblume
Asplenium	Nestfarn
Astropythum	Bischofsmütze
Bambusa aspera	Bambusgras
Begonia	Begonie
Begonia-Rex-Hybride	Blattbegonie
Begonia tuberhybr.	Knollenbegonien
Beloperone guttata	Zierhopfen
Billbergia	Zimmerhafer
Blechnum	Rippenfarn
Bougainvillea	Bougainvillee
Brassia	Brassia
Breynia	Schneebusch
Brunfelsia pauciflora	Brunfelsie
Caladium	Buntwurz
Calathea	Korbmarante
Calceolaria	Pantoffelblume
Camellia	Kamelie
Campanula	Glockenblume
Capsium annunm	Zierpfeffer
Carex	Segge
Catharanthus	Catharanthus
Cattleya	Cattleye
Centradenia	Centradenia
Cephalocereus	Schopfcereus
Cereus	Säulenkaktus
Ceropegia woodii	Leuchterblume
Chamaedorea	Bergpalme
Choisya	Orangenblume
Chlorophytum comosum	Grünlilie
Chorizema	Kreisfahne
Cineraria	Aschenblume
Cissus	Klimme
Cissus rhombifolia	Königswein
Citrus	Zitrusfrüchte
Cleistocactus	Silberkerze
Clerodendrum	Losbaum
Clianthus	Ruhmesblume
Clivie	Clivie
Cocos nucifera	Kokospalme
Codiaceum	Kroton
Coelogyne	Hohlnarbe
Coffea arabica	Kaffeestrauch
Coleus	Buntnessel
Columnea	Columnea
Cordyline	Keulenlilie
Cotyledon	Cotyledon
Crassula brevicaule	Dickblattgewächs
Crocus	Krokus
Crossandra	Crossandre
Cryptanthus	Versteckblüte
Cryptomium	Sichelfarn
Cuphea	Köcherblümchen
Cupressus	Zimmerzypresse
Cycas revuhuta	Palmfarn
Cyclamen	Alpenveilchen
Cymbidium	Cymbidie
Cyperus	Zypergras
Cystisus	Geißklee
Dendrobium	Baumwucherer
Dieffenbachia	Dieffenbachie
Dionaea	Venusfliegenfalle
Dipladenia	Dipladenie
Dizygotheca	Fingeraralie
Doryoptris palmata	Speerfarn
Dracaena	Drachenbaum
Drosera	Sonnentau
Dyckia	Dyckia
Echeveria	Echeverie
Echinopsis	Seeigelkaktus
Epidendrum	Epidendrum
Epiphyllum	Blattkaktus
Epipremnum	Efeutute
Episcia	Schattenröhre
Erica	Heidekraut
Eriobotrya	Wollmispel
Eucalyptus	Eukalyptus
Eucharis	Herzenskelch
Eucomis	Schopflilie
Eugenia	Kirschmyrte
Euphorbia milii	Christusdorn
Exacum affine	Blaues Lieschen
Fatshedera Lizei	Efeuaralie
Fatsia japonica	Aralie
Ficus benjamina	Birkenfeige
Ficus deltoidea	Mistelfeige
Ficus elastica	Gummibaum
Ficus pumila	Kletterfeige
Fittonia	Fittonie
Fuchsia-Hybriden	Fuchsie
Gardenia jasminoides	Gardenie
Gasteria	Gasterie
Gerbera	Gerbera
Gloriosa	Gloriose
Glottiphyllum	Zungenblatt
Gossypium	Baumwolle
Grevillea robusta	Australische Silbereiche
Guzmania	Guzmanie
Gynura	Gynure
Haemanthus	Elefantenohr
Haworthia	Haworthie
Hebe	Strauchveronika
Hedera helix	Efeu
Hibiscus	Hibiskus
Hippeastrum	Amaryllis
Howeia	Kentia-Palme

Hoya bella	Wachsblume
Hyacinthus	Hyazinthe
Hydrangea macrophylla	Hortensie
Hypocyrta glabra	Kussmäulchen
Hypoestes	Punktblume
Impatiens	Fleißiges Lieschen
Iresine herbstii	Iresine
Ixora	Ixore
Jacaranda	Palisanderbaum
Jacobinia	Jakobinie
Jasminum	Jasmin
Kalanchoe	Flammendes Kätchen
Kohleria	Kohlerie
Lachenalia	Kap-Hyazinthe
Laelia	Laelia
Leprospermum	Südseemyrte
Lithops	Lebende Steine
Lobivia	Lobivie
Lophophora williamsii	Schnapskopf
Lotus	Hornklee
Lygodium	Kletterfarn
Mammillaria	Warzenkaktus
Maranta	Pfeilwurz
Maranta calathea	Marante
Medinilla magnifica	Medinilla
Melocactus	Melonenkaktus
Microcoelum wuddelianum	Kokospälmchen
Microlepie	Microlepie
Miltonia	Stiefmütterchen-Orchidee
Mimosa pudica	Mimose
Monstera diliciosa	Fensterblatt
Musa	Bananenbaum
Myrtus	Myrte
Nemesia	Elfenspiegel
Neoporteria	Neoporterie
Neoregelia	Neoregelie
Nepenthes	Kannenpflanze
Nertera	Korallenmoos
Nidularium	Nestrosette
Notocactus	Buckelkaktus
Odontoglossum	Zahnzunge
Oplismenus	Stachelpelz
Opuntia	Feigenkaktus
Oxalis deppei	Glücksklee
Oxalis regnellii	Sauerklee
Pachypodium	Madagaskarpalme
Pachystachys	Goldähre
Pandanus	Schraubenbaum
Parodia	Parodie
Parthenocissus	Jungfernrebe
Passiflora caerulea	Passionsblume
Pavonia	Pavonie
Pelargonium	Duftgeranie
Pelargonium	Edel-Pelargonie
Pentas	Pentas
Peperomia	Zwergpfeffer
Persea americana	Avocado
Phalaenopsis	Malaienblume
Philodendron	Baumfreund
Phelebodium	Tüpfelfarn
Phoenix dactylifera	Dattelpalme
Phyllitis	Hirschzunge
Pilea	Kanonierblume
Piper	Pfeffer
Platycerium	Geweihfarn
Plectranthus	Mottenkönig
Polystichum	Schildfarn
Primula	Primel
Pteris	Saumfarn
Radermachera	Zimmeresche
Rhapis	Steckenpalme
Rhipsalidopsis	Osterkaktus
Rhododendron	Azalee
Rhoeo	Rhoeo
Rosa	Topfrose
Saintpaulia	Usambaraveilchen
Sansevieria	Bogenhanf
Sauromatum	Eidechsenwurz
Saxifrage stolonifera	Judenbart
Schefflera	Schefflere
Schlumbergera	Weihnachtskaktus
Scirpus cernus	Simse
Sedum	Fetthenne
Selaginella	Mooskraut
Selenicerus	Königin der Nacht
Senecio	Kreuzkraut
Sinningia	Gloxinie
Smithiantha	Smithianthe
Solanum	Korallenbäumchen
Solanum melongena	Eierbaum
Soleirolia	Bubiköpfchen
Sparmannia	Zimmerlinde
Spathiphyllum	Einblatt
Stephanotis	Kranzschlinge
Strelizia reginae	Paradiesvogelblume
Streptocarpus	Drehfrucht
Stromantha	Stromanthe
Swaisona	Swaisona
Testrastigma	Kastanienwein
Tillandsia	Tillandsie
Tolmiea menziesii	Henne mit Küken
Trachycarpus	Hanfpalme
Tradescantia	Tradeskantie
Vallota	Sommeramaryllis
Vanda	Vanda
Veltheimia	Winterrakete
Vriesea splendens	Vriesea
Washingtonia	Washington Palme
Yucca elephantipes	Yucca
Zantedeschia	Calla
Zebrina	Zebrakraut